AF635215

Sandra Richter

Vorurteilen und Diskriminierung in der Kita begegnen

Die Reflexionskarten für die Teamarbeit

Sandra Richter
Vorurteilen und Diskriminierung in der Kita begegnen
40 Reflexionskarten für die Teamarbeit
ISBN 978-3-451-39676-2

Die 40 Reflexionskarten zum Buch „Vorurteilen und Diskriminierung in der Kita begegnen“ bieten Gelegenheit, sich darüber bewusst zu werden, wann, wie und wo Diskriminierung stattfindet, sich gezielt damit auseinanderzusetzen und die pädagogische Praxis kontinuierlich zu reflektieren.

Fragen und Aussagen laden zum Nachdenken ein. Infos auf der Rückseite jeder Karte bieten Erklärungen zum Thema und setzen Impulse für die Praxis.

MIX
Papier | Fördert gute Waldnutzung
FSC® C010798
FSC www.fsc.org

© Verlag Herder GmbH, Freiburg im Breisgau 2024
Alle Rechte vorbehalten
www.herder.de

Umschlagkonzeption und -gestaltung: Sabine Hanel, Gestaltungssaal
Umschlagmotiv: © hudiemm - iStock, Charunee Yodbun - shutterstock
Illustrationen: Natascha Welz
Papierstruktur im Innenteil: © Charunee Yodbun - shutterstock
Satz: Sabine Hanel, Gestaltungssaal
Herstellung: Graspo CZ. Zlín

Printed in the Czech Republic

ISBN Print 978-3-451-39755-4
ISBN EBook (EPUB) 978-3-451-83210-9
ISBN EBook (PDF) 978-3-451-83209-3

Sandra Richter

Vorurteilen und Diskriminierung in der Kita begegnen

Vorurteilsbewusste Bildung und Erziehung©
als inklusives Praxiskonzept

HERDER

FREIBURG · BASEL · WIEN

Danksagung

Ich danke all den Menschen, die mich daran erinnern, meine privilegierten Leerstellen und Dominanzen zu erkennen und abzubauen. Menschen, die kritisch waren und sind und gleichzeitig Kontakt und Dialog ermöglichen. Allen voran dem Team der Fachstelle Kinderwelten, meinen Kolleg*innen und Freund*innen sowie meiner Tochter, ohne die ich diesen Weg nicht gehen könnte. Besonderer Dank gilt den Menschen, die mir ihre Stimmen zum Thema „Verbündet handeln“ geschenkt haben. Euer Vertrauen bedeutet mir mehr, als ich in Worte fassen kann. Darüber hinaus bedanke ich mich bei allen Seminarteilnehmer*innen und Erzieher*innen, die meine Sicht mit ihren Perspektiven, Erfahrungen und Fragen fortwährend bereichern. Dieses Buch wurde von mir geschrieben, ein Großteil meines Wissens beruht jedoch auf der Arbeit von Generationen marginalisierter Menschen, die ich mit Zitaten und Verweisen versucht habe sichtbar zu machen, hoffend, dass mir dies gelungen ist. Abschließend möchte ich dem Herder-Verlag für die Zusammenarbeit danken, besonders Franziska Martinet und Eva Killmann.

Inhalt

Einleitung

Vorurteile und Diskriminierung in Kitas sind Themen, die für viele Menschen ohne Diskriminierungserfahrungen nicht zusammenpassen. Sie sind jedoch bereits für junge Kinder allgegenwärtig, und sie erleben Ausgrenzung, Diskriminierung und Benachteiligung aufgrund ihrer Identitätsmerkmale wie Herkunft, Geschlechtsidentität, Hautton, sozio-ökonomischer Status, Familienkonstellation, BeHinderung, Körperform, Alter, Sprachen oder Religion. Die Auswirkungen auf Kinder sind oftmals gravierend und verwehren ihnen Wohlbefinden, Teilhabe und Bildung.

Langjährige Erfahrungen bestätigen zudem: Bereits junge Kinder übernehmen Ansichten und Vorstellungen von Erwachsenen. Damit aus diesen Vorannahmen keine Vorurteile entstehen, die in Ausgrenzung und Diskriminierung münden, bedarf es einer Kita-Praxis, die Kinder dabei unterstützt, die Vielfalt der Welt **diversitätsbewusst und diskriminierungskritisch** zu erfassen. Erwachsene sind deshalb aufgefordert, Ungleichheitsverhältnisse wahrzunehmen und diesen aktiv entgegenzutreten. Es gilt, **Bildungsgerechtigkeit** anzustreben, kein Kind auszuschließen und die Teilhabe aller Kinder und Familien zu sichern. Für Kitas wird das Thema Inklusion damit zugleich Anspruch und Verpflichtung.

Der **Ansatz der Vorurteilsbewussten Bildung und Erziehung©**[1] setzt sich zum Ziel, Kitas dabei zu unterstützen, ihr Angebot so zu gestalten, dass allen Kindern Bildung in hoher Qualität ermöglicht wird. Er bietet ein fundiertes Konzept und einen systematischen Rahmen für die Entwicklung inklusiver pädagogischer Praxis. Dabei stellt der Ansatz kein zusätzliches pädagogisches Konzept dar, sondern eine Gelegenheit, die vorhandenen Rahmenbedingungen und Abläufe daraufhin zu prüfen, ob sie die vielfältigen Identitäten und Lebensbedingungen der Kinder berücksichtigen, zu erarbeiten, wie Diskriminierungsmechanismen abgebaut werden können, und dies in die Praxis umzusetzen.

Was heißt das konkret? Gemäß dem Motto „Vielfalt respektieren (Diversitätsbewusstsein) – Ausgrenzung widerstehen (Diskriminierungskritik)" gilt es, die unterschiedlichen Ausgangsbedingungen von Kindern und Familien zu berücksichtigen, um **Chancengleichheit** zu ermöglichen. Barrieren, die Kindern den Zugang zu Einrichtungen verwehren, müssen **erkannt und beseitigt** werden – ebenso wie

1 Der „Ansatz der Vorurteilsbewussten Bildung und Erziehung©" bezeichnet einen von der Fachstelle Kinderwelten entwickelten pädagogischen Ansatz. Um der aus der Bezeichnung des Ansatzes herausgelösten Verwendung des Adjektivs „vorurteilsbewusst" entgegenzuwirken und die Urheber*innenschaft der Fachstelle kenntlich zu machen, verwenden wir hier bei der Nennung des Ansatzes das ©. Im Folgenden wird auf die Verwendung verzichtet.

Abb. 1: Vielfalt respektieren - Ausgrenzung widerstehen

strukturelle Barrieren, Barrieren in der Ausstattung, in den täglichen Abläufen, der Interaktion mit Kindern und in der Zusammenarbeit mit den Familien der Kinder.

Wie kann das praktisch in der Kita aussehen? Davon handelt dieses Buch. Es erläutert die Ziele vorurteilsbewusster Bildung und Erziehung und enthält zur Unterstützung Ihrer pädagogischen Arbeit zu jedem der vier **Handlungsfelder** (Gestaltung der Lernumgebung, Interaktion mit Kindern, Zusammenarbeit mit Bezugspersonen, Zusammenarbeit im Team) **konkrete Methoden, Umsetzungstipps und Beispiele. Herausforderungen** auf dem Weg zu einer vorurteilsbewussten Kitapraxis werden benannt und **Lösungsansätze** vorgestellt. Abgerundet werden die einzelnen Kapitel durch **Reflexionsfragen,** die es Ihnen ermöglichen, ganz konkret auf einzelne Bereiche zu schauen, dabei die vorhandenen Stärken zu erkennen, Entwicklungsbedarfe sichtbar zu machen und Praxisveränderungen anzustoßen.

1.

Grundlagen vorurteilsbewusster Bildung und Erziehung

Die Themen in diesem Kapitel sind

→ wie der Ansatz der Vorurteilsbewussten Bildung und Erziehung und der Anti Bias-Approach in Verbindung stehen

→ wie junge Kinder Vorurteile entwickeln

→ welche Auswirkungen Vorurteile auf Kinder haben

→ was Bildungsgerechtigkeit in pädagogischen Kontexten bedeutet

→ welches Inklusionsverständnis dem Ansatz der Vorurteilsbewussten Bildung und Erziehung zugrunde liegt

1.1 Die Implementierung des Anti Bias-Ansatzes in Deutschland

Der Ansatz der Vorurteilsbewussten Bildung und Erziehung basiert auf dem **Anti Bias-Approach**[2] (Anti = gegen; Bias = Voreingenommenheit, Vorurteil, Einseitigkeit; Approach = Ansatz), der in den 1990er Jahren von Louise Derman-Sparks, Carol Brunson Phillips und weiteren Kolleg*innen für den US-amerikanischen frühpädagogischen Bereich entwickelt wurde. Geprägt wurde ihre Arbeit maßgeblich von der Schwarzen Bürgerrechtsbewegung und den Social Justice-Bewegungen. In Südafrika nutzen und entwickeln Pädagog*innen der „Early Learning Resource Unit"[3] den Ansatz in Kombination mit anderen Methoden ebenfalls seit den 1990er Jahren. Vom Institut für den Situationsansatz (ISTA) wurde der Anti Bias-Approach im Rahmen zahlreicher Kinderwelten-Projekte seit Ende der 1990er Jahre an die Situation in Deutschland angepasst sowie gemeinsam mit pädagogischen Fachkräften erprobt und weiterentwickelt. Zudem fand der Ansatz zu dieser Zeit durch das Projekt „Vom Süden Lernen" (INKOTA-netzwerk e.V.[4]) in enger Zusammenarbeit mit südafrikanischen Trainer*innen Eingang in die politische Bildungsarbeit in Deutschland und wird besonders vom Anti-Bias-Netz[5] für die schulische und erwachsenenpädagogische Bildungsarbeit kontinuierlich genutzt.

Der Ansatz ist ein „[...] aktiver Ansatz, der sich der Herausforderung durch Vorurteile, Stereotypisierungen, Einseitigkeiten und ins System eingelassene'-ismen' stellt und dabei von der Annahme ausgeht, dass es für jeden Einzelnen nötig ist, sich einzumischen und die individuellen Verhaltensweisen und institutionellen Mechanismen zu bekämpfen, die Unterdrückung aufrechterhalten" (Derman-Sparks 2001, S. 1). „Anti Bias-Approach" wurde dabei mit „Ansatz Vorurteilsbewusster Bildung und Erziehung" übersetzt. Es wird bewusst nicht von vorurteilsfrei gesprochen.

Die pädagogischen Ziele des Situationsansatzes (Autonomie, Solidarität, Kompetenz) in Verbindung mit den fünf theoretischen Dimensionen (Lebensweltorientierung, Bildung, Partizipation, Gleichheit und Differenz, Einheit von Inhalt und Form) und den Planungsschritten (Erkunden, Entscheiden, Handeln, Auswerten) boten bei der Adaption des Ansatzes einen hilfreichen Rahmen.

2 Für eine vertiefende Auseinandersetzung mit dem Anti Bias-Ansatz empfiehlt sich u.a. die Arbeit von Prassad Reddy (2020).

3 www.elru.co.za.

4 www.inkota.de

5 https://www.anti-bias-netz.org

Beide Ansätze, Anti Bias- und Situationsansatz, erkennen die **hohe Bedeutung frühpädagogischer Arbeit** auf dem Weg zu mehr sozialer Gerechtigkeit an und möchten sowohl pädagogische Fachkräfte als auch Kita-Träger ermutigen, ihren Einfluss zu nutzen, um einen Beitrag zu mehr Bildungsgerechtigkeit zu leisten. Denn „[…] mit dem, was wir in Kindertageseinrichtungen tun, setzen wir den Anfang für das, was mit Kindern in unserer Gesellschaft geschieht" (ebd., S. 11).

DIE ZIELE VORURTEILSBEWUSSTER BILDUNG UND ERZIEHUNG

Ziel 1: Alle Kinder in ihren Identitäten stärken
Ziel 2: Allen Kindern Erfahrungen mit Vielfalt ermöglichen
Ziel 3: Kritisches Denken über Gerechtigkeit und Ungerechtigkeit unterstützen und anregen
Ziel 4: Das Aktivwerden gegen Unrecht und Diskriminierung unterstützen

Weitere Informationen zu den vier Zielen für die Arbeit mit Kindern, für pädagogische Fachkräfte sowie für Leiter*innen finden Sie in den Kapiteln 2.2.1 bis 2.2.3.

1.2 Junge Kinder - keine Vorurteile?

> *„Man lernt Vorurteile aus dem Kontakt mit den vorherrschenden Einstellungen in einer Gesellschaft, nicht aus dem Kontakt mit dem Einzelnen."* (Louise Derman-Sparks 1998, S. 6)

Der Auslöser für Louise Derman-Sparks, sich intensiv mit der Thematik auseinanderzusetzen und infolgedessen einen Ansatz für die Arbeit mit jungen Kindern zu entwickeln, war, neben den gesamtgesellschaftlichen Bewegungen, eine konkrete Situation. „Bereits mit zwei Jahren begann mein Sohn Fragen über sich selbst zu stellen, die mir zeigten, dass Kinder sehr früh auf Hautfarben aufmerksam werden. Als er vier Jahre alt war, verkündete er, dass er nicht mehr Schwarz sein wolle. Das zu hören war sehr schmerzhaft, weil es so klang, als lehne mein Kind ab, zu sein, wer es ist. Ich fand heraus, dass er ein Feuerwehrmann sein wollte, der ein großes Feuerwehrauto fuhr, die Leiter bediente und all diese aufregenden Dinge tat. Aber alle Leute, die das in seiner Lieblingsserie im Fernsehen taten, waren weiß. Er lehnte nicht wirklich sich selbst ab, sondern er hatte mit seinen vier Jahren bereits etwas über Vorurteile in unserer Gesellschaft gelernt: Er müsste seine Hautfarbe ändern, um einer dieser Feuerwehrmänner sein zu können" (Derman-Sparks in DECET 1998).

Kindern begegnet die in einer Gesellschaft existierende Vielfalt nicht neutral, sondern immer im Zusammenhang mit Bewertungen. Welche **Identitätsmerkmale** dabei als positiv oder negativ bewertet werden, lernen bereits die Jüngsten von ihren Bezugspersonen (vgl. Wagner 2017, S. 87). Mit Aufnahme in die Krippe, Kita oder Tagespflege kommen weitere prägende Meinungen hinzu: die der pädagogischen Fachkräfte und mit zunehmendem Alter auch die der Peergroup.

Spätestens ab einem Alter von zwei Jahren entwickeln Kinder erste Vorstellungen über Unterschiede. Sie beginnen, in der Gesellschaft vorherrschende Vorstellungen über verschiedene Gruppen anzunehmen, und übernehmen Zuschreibungen oder Vorurteile aus ihrer Umgebung oder wie Stephanie Cuff-Schöttle (Cuff-Schöttle 2020, S. 56) schreibt: „Wir zeigten auf, dass es eine ganze Reihe an Experimenten und Studien[6] gibt, welche eindeutig belegen, dass schon Kinder im Alter von 3 bis 4 Jahren nicht nur Unterschiede zwischen Menschen (z.B. unterschiedliche Hauttöne etc.) wahrnehmen, sondern auch schon genügend an die äußere Realität angepasst sind, um die real existierenden Vorurteile und Stereotype bestimmten Personengruppen gegenüber zu erkennen, diese zu verinnerlichen und in ihre eigenen Denk- und Handlungsweisen zu integrieren".

Infolgedessen zeigen junge Menschen zum einen häufig Unbehagen oder auch Angst gegenüber Menschen mit Merkmalen, die ihnen nicht vertraut sind, und entwickeln sogenannte **Vor-Vorurteile,** zum anderen fließen diese äußeren Bewertungen häufig in das Selbstbild marginalisierter Kinder ein. So haben bereits dreijährige Kinder, sowohl weiße als auch Schwarze Kinder und Kinder of Color, eine positive Assoziation zu „Weißsein" entwickelt, und fünf- bis achtjährige Kinder verbinden anerkannte Berufe mit hellen Hauttönen (vgl. Mac Naughton 2006, S. 4ff.; Van Ausdale & Feagin 2001; Clark & Clark 1940).

6 so z.B. Clark & Clark 1947; Milner 1975; Spurlock 1973; Beuf 1981; Wilson 1987; Hopson-Powell & Hopson 1990; Tizard & Phoenix 1993

DEFINITION

Schwarz – B/I/PoC – weiß

Der Begriff **Schwarz** ist eine politische Selbstbezeichnung: „Die Großschreibung von Schwarz verweist auf die Strategie der Selbstermächtigung und zeigt das symbolische Kapital des Widerstandes gegen Rassismus an, welches rassistisch markierte Menschen und Kollektive sich gemeinsam erkämpft haben" (Piesche 2012, S. 7). Über die Schwarze Position wird die Analysekategorie **weiß** hergestellt, die kleingeschrieben wird und Menschen umfasst, die nicht negativ von Rassismus betroffen sind.
BIPoC ist die Abkürzung von Black, Indigenous, People of Color. Auch diese Begriffe sind politische Selbstbezeichnungen.
People of Color (PoC)[7] verbindet all diejenigen, die geteilte Erlebnisse und Erfahrungen mit Rassismus machen: „Unter der Selbstbezeichnung People of Color können Bündnisse zwischen all jenen geschlossen werden, die durch weiße Dominanzkultur marginalisiert und durch koloniale Gewalt kollektiv unterdrückt und abgewertet werden." (Ha 2007, S. 37)
Wird der Abkürzung PoC ein **„B"** (für Black) vorangestellt, schließt der Begriff auch Schwarze Personen ein. Mit der Erweiterung um das **„I"** zu BIPoC erfolgt der Einschluss indigener Menschen.
Die differenzierte Nutzung der Begriffe PoC, BPoC und BIPoC hat wiederum zum Ziel, die sich unterscheidenden Diskriminierungserfahrungen sichtbar zu machen. Die Verwendung der einzelnen Abkürzungen dient der besseren und klareren Unterscheidung der jeweiligen Realitäten und Erfahrungen.

Dabei ist das Denken junger Kinder teilweise noch widersprüchlich, so kann es zum Beispiel passieren, dass ein Kind, dessen Mutter lange Haare hat, zu einer Mutter mit kurzen Haaren sagt: „Du bist aber keine richtige Mama! Richtige Mamas müssen lange Haare haben!" Wohingegen die Mutter des besten Freundes, unabhängig von ihrer Frisur, klar als dessen Mutter anerkannt wird.

Zudem entnehmen Kinder ihrer Umgebung permanent bewusste und unbewusste Botschaften. Beides macht es Stereotypen leicht, sich fortzuschreiben. Und auch das, was in ihrer Umgebung nicht sichtbar ist, hat für Kinder eine Bedeutung. So-

7 Zur Vertiefung sh. auch Kien Nghi Ha (2009): „People of Color" als solidarisches Bündnis.

wohl **Sichtbares** als auch **Unsichtbares** gibt ihnen Aufschluss darüber, was wichtig, „richtig" und „normal" ist und was nicht (vgl. Wagner 2017, S. 27). Das bedeutet: auch wenn Kinder bisher keinerlei Kontakt zu den durch die Vorurteile adressierten Menschen hatten, entwickeln sie wertende Kategorien.

BEISPIEL

Vor-Vorurteile von Kindern

- „Er ist kein Junge, er hat einen Ohrring."
- „Das kannst du nicht machen, du bist doch ein Mädchen."
- „Jungs können da nicht mitspielen, nur Mädchen."
- „Er kann nicht mein Freund sein, er hat dreckige Sachen an."
- „Ihhh, der isst Schweinefleisch, der kommt in die Hölle."
- „Du kannst gar nicht zwei Mamas haben."
- „Ein behindertes Kind lade ich nicht zum Geburtstag ein."
- „Taube Menschen können nichts arbeiten."
- „Ich will nicht neben ihm sitzen, er redet komisch."
- „Mit deinen Haaren kannst du keine Prinzessin sein."
- „Du kommst nicht in die Schule, du kannst kein Deutsch."

(vgl. auch York 2003)

Kinder übernehmen Stereotype über sich und andere, weil sie sich die Welt erklären wollen (vgl. ebd., S. 23). Was sie brauchen, damit diese Erklärungsversuche sich nicht als Vorurteile manifestieren, sind Erwachsene, die sie dabei unterstützen, ihre Theorien infrage zu stellen, zu prüfen und entsprechend zu korrigieren.

Auch in pädagogischen Einrichtungen wirken **institutionalisierte Mechanismen,** im Rahmen derer „die Ungleichbehandlung oder der Ausschluss von Menschen zum ‚Funktionieren' der Einrichtung gehört und als ‚selbstverständlich' gilt" (ISTA/FS Kinderwelten 2017, S. 5). Problematisch dabei ist: „[…] Dominanzverhältnisse oder Marginalisierungsprozesse aber, die als ‚normal' und ‚üblich' gelten, können kaum als solche benannt oder skandalisiert werden. Die Ausgrenzung ist eingelassen in die gesellschaftlichen Strukturen, sie ist ohne direkte persönliche rassistische Übergriffe oder Gewalttaten effektiv. Sie funktioniert ‚lautlos' – aus der Sicht der dominierenden Gruppe" (ebd.)

Dominanzkultur

DEFINITION

Beschreibt die Tatsache, dass „unsere ganze Lebensweise, unsere Selbstinterpretationen sowie die Bilder, die wir von anderen entwerfen, in Kategorien der Über- und Unterordnung gefasst sind" (Rommelspacher 1998, S. 22). Zur Dominanzkultur gehört all das, was in einer Gesellschaft als „normal" verstanden und damit als Norm gesetzt wird[8] oder wie Rommelspacher (ebd.) formuliert: „Sie [die Dominanzkultur] bestimmt das Verhalten, die Einstellungen und Gefühle aller, die in dieser Gesellschaft leben." Dazu zählen in Deutschland zum Beispiel die Merkmale weiß, nicht beHindert, christlich, heterosexuell, über ausreichend finanzielle Mittel verfügend und noch immer cis-männlich[9]. Menschen, die diesen Normen entsprechen, sind der **Dominanzgesellschaft** zugehörig und verfügen über (für sie selbst häufig unsichtbare) Privilegien und damit über Macht innerhalb der Gesellschaft. Menschen, die den Normen nicht entsprechen, werden gesellschaftlich benachteiligt.

Demnach sind junge Menschen nicht nur direkt von Vorurteilen und Diskriminierung betroffen, sondern auch indirekt durch **gesellschaftliche Mechanismen und Strukturen** (ebd.). Ihre Erfahrungen unterscheiden sich je nach gesellschaftlicher Positionierung: „Es macht einen Unterschied, ob sie mit Teilen ihrer Identität Gruppen der Dominanzgesellschaft angehören oder Gruppen, die aufgrund ihrer Merkmale als außerhalb der Norm konstruiert werden. Besonders betroffen sind die Kinder, die als nicht dazugehörig markiert werden und infolgedessen Ausschluss und Marginalisierung erleben. Aber auch Kinder, die Privilegierung erfahren, sind vom System sozialer Ungerechtigkeit negativ betroffen. Auch wenn sie sich auf der ‚sicheren Seite' zu befinden scheinen, **beschädigt das Denken in den Kategorien von Überlegenheit und Unterlegenheit ihr geistiges und moralisches Befinden.** Denn Ungleichheitssysteme produzieren eine häufig unbewusste Wahrnehmung von sich selbst, ‚besser als' zu sein. Diese ‚besser als'-Wahrnehmung ist

8 Zur vertiefenden Auseinandersetzung empfiehlt sich auch die Beschäftigung mit „Eurozentrismus", der dominanz-kulturelle Wahrnehmungen und Mechanismen hinterfragt.

9 Cis ist eine lateinische Vorsilbe und bedeutet „diesseits". Cis-Geschlecht bezeichnet somit Personen, die sich mit ihrem bei der Geburt zugewiesenen Geschlecht identifizieren und in Übereinstimmung damit leben. Gesellschaftlich wird Cis-Geschlechtlichkeit noch immer als Norm definiert.

eine instabile, die in Gefahr geraten kann, wenn sich an den Lebensumständen des Kindes und seiner Familie etwas ändert […] Eine weitere Beschädigung spielt ebenfalls mit hinein: Eine Identität, die auf der Wahrnehmung basiert, ‚besser als' oder ‚die Guten'/'die Richtigen' zu sein, schädigt Kinder in ihren Fähigkeiten, Empathie und Solidarität zu entwickeln, sowie in ihrer Fähigkeit, Unterschieden mit Respekt und Offenheit zu begegnen" (ebd.).

Hier ein Beispiel, in dem sowohl individuelle als auch strukturelle Prozesse zusammenkommen: In mehreren Untersuchungen wurde festgestellt, dass sich Mädchen im Alter von sechs Jahren in Bezug auf ihre mathematischen Erkenntnisse nicht von Jungen unterscheiden. Nach einigen Jahren in der Schule werden jedoch deutliche Unterschiede sichtbar (vgl. Förster 2007, S. 43). Diese lassen sich in keiner Weise „biologisch" erklären, sondern sind **unterschiedlicher Förderung durch die verantwortlichen Erwachsenen und der Wirkung von stereotypen Zuschreibungen, Vorurteilen und Diskriminierung geschuldet:** „Wir wissen, dass Menschen ihre Motivation verlieren, wenn man sie nicht ernstnimmt, ihnen nichts zutraut oder sie nicht fördert" (ebd., S. 44).

Neben Geschlechterstereotypen gilt es zu bedenken, dass in unserer Gesellschaft fälschlicherweise überwiegend noch immer davon ausgegangen wird, „dass Geschlecht ein binäres System ist. **Binär** steht für ‚zweiteilig' und reduziert auf nur zwei Geschlechter: männlich und weiblich. Sämtliche anderen Geschlechter werden als Abweichung von der (binären) Norm betrachtet und unterdrückt. Dieses strikt zweigeteilte System ist ein religiös geprägtes Konstrukt, das auch kolonialrassistische Traditionen umfasst und gesellschaftliche Erwartungen an ‚Männlichkeit' und ‚Weiblichkeit' aufbaut. Aus diesen Erwartungen entstehen klare Geschlechterrollen, deren Nichteinhaltung negative Konsequenzen wie Anfeindungen mit sich bringt. Langsam entwickelt sich das binäre Verständnis von Geschlecht hin zu einem **offenen Geschlechtersystem.** Dieses sieht Geschlecht als ein Spektrum mit vielen verschiedenen Geschlechtern und unzählige Abstufungen zwischen ‚männlich' und ‚weiblich'. Ein offenes System wirkt Unterdrückung und Ausgrenzung entgegen, indem es Geschlecht in seiner Vielfalt erfasst und keine Normen aufbaut" (Projekt 100% MENSCH).

In den 1960er Jahren führten die Forscher*innen Robert Rosenthal und Lenore Jacobsen (1966, S. 115ff.) Analysen in Schulen durch, bei denen sie den Lehrer*innen vermeintlich wahre Informationen über zufällig ausgewählte Schüler*innen gaben, die sie entweder als intelligent oder weniger intelligent einstuften. Ziel war es, zu untersuchen, wie stark die jeweiligen Erwartungen der Lehrer*innen die Leistungen der Kinder prägen würden. Die Ergebnisse bestätigten die Befürchtungen der Forscher*innen: Die als intelligent markierten Kinder erreichten deutlich bessere Leistungen als die als weniger intelligent eingestuften Kinder – unabhängig von ihren tatsächlichen Voraussetzungen.

Und auch heute bestätigen **Erfahrungen und Studien** diese Mechanismen immer wieder.[10] So schildern zum Beispiel unter dem Hashtag **#DarüberReden** (www.antidiskriminierungsstelle.de/DE/ueberdiskriminierung/lebensbereiche/bildungsbereiche/schule/schulenode.html) Schüler*innen ihre Diskriminierungserfahrungen, unter dem Hastag **#MeTwo** (www.gender-nrw.de/metwo/ u.a.) berichten Menschen über rassistische Diskriminierung, **BeNeDisk,** das Berliner Netzwerk gegen Diskriminierung in Schule und Kita (www.benedisk.de), belegt eine Vielzahl von diskriminierenden Vorfällen in pädagogischen Kontexten, ebenso die Beratungsstelle **KiDs – Kinder vor Diskriminierung schützen!** der Fachstelle Kinderwelten (https://kids.kinderwelten.net/), **ReachOut,** die Beratungsstelle für Opfer rechter, rassistischer und antisemitischer Gewalt (https://www.reachoutberlin.de/), **EOTO e.V.** (https://eoto-archiv.de), **#AFROZENSUS** (https://afrozensus.de), die **Initiative Schwarze Deutsche** (ISD, https://isdonline.de), **Inssan e.V.** (www.inssan.de), **Queerformat – Fachstelle queere Bildung** (www.queerformat.de), das **Projekt „Wir sind hier!"** (https://wer-ist-hier.de), **DeZIM/NaDiRa** (www.dezim-institut.de; https://www.rassismusmonitor. de) und viele weitere Organisationen. Die Ergebnisse machen deutlich: **Vorurteile genügen, um den formalen Bildungsweg der Kinder zu zeichnen** (vgl. Förster 2007, S. 44), und „Bildungsungleichheiten können nicht allein durch den Besuch einer Kita abgebaut werden, denn Kinder erleben trotz formaler Zugangsmöglichkeiten zu Kitas vielfältige Hindernisse in ihren Lern- und Teilhabeprozessen" (Bostancı et al. 2021, S. 2).

10 Siehe z.B. www.bpb.de/apuz/221585/schule-ohne-diskriminierung; https://rechtsaussen.berlin/berliner-zustaende/

Eigene Vorurteile in den Blick nehmen

„FUNKTIONEN“ VON VORURTEILEN

1. Verminderung von Unsicherheit/Ungewissheit
- Versuch der Orientierung in komplexen gesellschaftlichen Verhältnissen
- Vermeidung, Verstecken oder Eliminierung von Gegensätzen und Widersprüchen

2. Zugehörigkeiten konstruieren bzw. etablieren
- Das „Selbst“ und das als anders Markierte definieren
- Vereinheitlichung/Standardisierung eigener Identität
- Funktion der „sozialen Eintrittskarte“

3. Positives Selbstbild erschaffen und aufrechterhalten
- Eigene Bereicherung/Aufwertung durch Abwertung der sogenannten „Anderen“
- Aggressionen gegenüber Geanderten rechtfertigen
- Herstellung eines Gefühls von Stärke/Überlegenheit

4. Macht- und Herrschaftsverhältnisse legitimieren
- Aufrechterhaltung ungleicher Machtverhältnisse
- Ausbalancierung der Macht von dominanten und unterdrückten Gruppen
- Teilhabe an Machtverhältnissen auf Kosten der Geanderten (vgl. Reddy 2020, S. 109)

Vorurteile sind pauschale Urteile, die mit einer **Bewertung** verknüpft sind. Die Bewertungen beinhalten **Verallgemeinerungen und Zuschreibungen.** Bei Begegnungen mit unbekannten Personen erfolgt zumeist sehr schnell eine Bewertung, die sich dabei zunächst vorrangig auf äußerliche Merkmale bezieht. Es wird nach Merkmalen gesucht, die bekannt sind und eine erste Orientierung zu erlauben scheinen. So ist häufig die erste Frage an Eltern junger Kinder: „Ist es ein Junge oder ein Mädchen?“ Je nach Antwort wird das Kind dann durch eine „Brille“ wahrgenommen, deren Fokus sowohl durch gesellschaftlich konstruierte Kategorien und Normierungen von Zweigeschlechtlichkeit als auch durch die individuellen Vorstellungen von „Geschlecht“, „männlich“ und „weiblich“ geprägt ist (vgl. Preissing & Wagner 2003, S. 27). Diese Vorstellungen setzen sich zusammen aus – vermeintlichen – Wissensbeständen, Erlebnissen, Erfahrungen, medialen Botschaften sowie gesellschaftlichen Stereotypen und Normen.

Besonderung und Geandert

DEFINITION

Besonderung (auch: Othering, Beanderung, Veranderung) bezeichnet einen machtvollen Benennungs- und Abgrenzungsmechanismus, bei dem Merkmale Einzelner unzulässig herausgestellt und als „anders" definiert werden. Dies geht zumeist mit der dominanten Konstruktion eines „Wir" und „die Anderen" einher, wobei zugeschriebene „‚Fremdheit' und ‚Andersheit' permanent hergestellt, konstruiert und befestigt" (Reddy 2020, S. 30) wird und den **Geanderten** Zugehörigkeit und Gleichwertigkeit abspricht. Oder wie Ritz (2021, S. 19) formuliert: „Menschen sind nicht aus sich selbst heraus anders, sondern werden zu anderen gemacht".

Kategorien bildet jeder Mensch täglich, um Personen einzuordnen. Wären diese Kategorien rein beschreibend, wären sie unproblematisch oder wie Louise Derman-Sparks formuliert: „Die Unterschiede sind nicht das Problem. Zum Problem wird, **dass und wie Unterschiede bewertet werden**" (Derman-Sparks 1998). Kategorien sind jedoch immer auch mit Interpretationen und Erwartungen verknüpft. Diese basieren zumeist auf einer Bewertung der, oftmals konstruierten, Gruppe, der man die jeweilige Person zuordnet, und haben umfassende Folgen. Das heißt, Menschen werden nicht als Individuen wahrgenommen, sondern ihnen werden umgehend bestimmte Eigenschaften, Fähigkeiten, etc. ab- oder zugesprochen (vgl. Preissing & Wagner 2003, S. 28).

Problematisch ist dabei, dass Vorurteile Menschen auf bestimmte Aspekte reduzieren und sie zugleich kollektivieren. Besonders in ungleichen Machtverhältnissen werden Stereotype und Vorurteile häufig zur Rechtfertigung von Diskriminierung und Ausgrenzung herangezogen (vgl. ISTA/FS Kinderwelten 2017, S. 4): „Je nachdem, welchen gesellschaftlichen Einfluss eine Person hat und wie weit sie sich bei ihrer Einflussnahme von ihren Vorurteilen leiten lässt, können solche Vorurteile Menschen privilegieren oder benachteiligen". Dieser Vorgang bleibt auch dann problematisch, wenn er „gut gemeint" ist oder wie eine Fortbildungsteilnehmerin beschreibt: „Ich war früher immer das ‚süße, brave Mädchen'. Dabei war ich doch so viel mehr! Aber all das wurde nicht gesehen! Ich habe selbst als Erwachsene noch lange gebraucht, um all diese anderen Anteile meiner Persönlichkeit wieder anzuerkennen und zu leben. Es schien fast, als wären sie durch die dauernden Wiederholungen der Erwachsenen ausgelöscht worden".

Es gehört für viele Menschen zu den überraschendsten und auch schmerzhaftesten Erfahrungen bei der Auseinandersetzung mit eigenen Vorurteilen, wie deutlich kollektive, historische Bilder sowohl den Blick auf andere als auch das eigene Selbstbild beeinflussen und wie nachhaltig und stark sie wirken (vgl. Preissing & Wagner 2003, S. 29). Sich dieser Auseinandersetzung zu stellen erfordert Mut und Geduld und ist zugleich für pädagogische Fachkräfte unumgänglich, da Vorurteile maßgeblich das Selbstbild und die Entwicklung von Kindern mit Diskriminierungserfahrungen schädigen. Vorurteile sprechen ihnen von vornherein Fähigkeiten ab oder Eigenschaften zu, die ihre individuelle Entwicklung sowie ihre Teilhabe and damit ihre Bildungschancen einschränken oder gänzlich verhindern: „Es geht darum, sich der existierenden und internalisierten Vorurteile bewusst zu werden, ihre Funktion und Wirkung zu verstehen. Das bedeutet, wach für eigene einseitige Vorstellungen zu sein und dafür zu sorgen, dass sich unsere Vorurteile nicht verfestigen“ (ISTA/Fachstelle Kinderwelten 2017, S. 5).

1.3 Bildungsgerechtigkeit - was bedeutet das?

„Bildung findet unter Bedingungen von Ungleichheit statt.“
Maisha-Maureen Auma (Auma 2012, S. 1)

Ungeachtet der Gesetze, die das Recht aller Kinder auf Bildung festschreiben, gibt es ein **Gerechtigkeitsdefizit im deutschen Bildungssystem.** Studien belegen, dass zum Beispiel Kinder aus finanziell schwächer gestellten Familien sowie Kinder aus Familien mit Migrationserfahrungen besonders benachteiligt werden und sowohl individuelle als auch strukturelle Diskriminierung erleben müssen (vgl. Wagner 2014, S. 12)[11].

Inklusive Bildung als Antwort auf Bildungsbenachteiligung bejaht die vorhandene Vielfalt und nutzt sie diskriminierungssensibel für Lern- und Bildungsprozesse. Das heißt, die unterschiedlichen Bedürfnisse aller Lernenden und ihr Recht auf individuelle Förderung in sozialer Gemeinschaft stehen im Mittelpunkt. Besonde-

11 Für die Auseinandersetzung mit Diskriminierungserfahrungen von Kindern und Familien mit Fluchterfahrungen empfehlen sich bspw. Wihstutz (2019); Wagner (2019) und Cool Kids & Trân (2020).

re Achtsamkeit gilt dabei den **Kindern, die ein erhöhtes Risiko haben, durch die herrschenden Verhältnisse diskriminiert und benachteiligt zu werden.** Das Ziel ist, Teilhabebarrieren, die Kinder beim Zugang zu und der Teilhabe an Bildung hindern, ausfindig zu machen und zu beseitigen. Dazu zählen Barrieren[12] beim Zugang zu Bildungseinrichtungen sowie häufig subtile Barrieren bei der Nutzung von Angeboten innerhalb der Einrichtungen.

Teilhabebarrieren zeigen sich auch in der Qualität der Beziehungen, zum Beispiel dann, wenn Bezugspersonen sich unwohl fühlen im Kontakt mit den pädagogischen Fachkräften, zum Beispiel aufgrund fehlender sprachlicher Verständigungsmöglichkeiten, die zu einer distanzierten Bezugspersonen-Erzieher*innen-Beziehung ohne Austausch auf Augenhöhe führen und infolgedessen zu eingeschränkter Beteiligung. Auch hier werden gesellschaftliche Mechanismen sichtbar, die ausnahmslos eine Anpassung an existierende Strukturen verlangen und ohne eine solche Anpassung Gleichberechtigung und Teilhabe verwehren. Bildungsbarrieren erkennen und abbauen zu können, ist daher immer mit einem **Verständnis gesamtgesellschaftlicher Verhältnisse** verknüpft (vgl. Wagner 2017, S. 18).

Familie

DEFINITION

Mit dem Begriff **Familie** sind alle Gemeinschaften umfasst, in denen Menschen miteinander in Beziehung stehen und Verantwortung füreinander übernehmen. Familienformen sind vielfältig, zum Beispiel Familien mit ein, zwei oder mehr Elternteilen und weiteren wichtigen Bezugspersonen, Familien ohne Kinder, Kinder mit mehreren Familien, Kinder, die nicht bei ihrer Familie aufwachsen. Sie variieren zudem nach Anzahl und Anwesenheit der Familienangehörigen, nach Alter, sexueller Orientierung, Rollenverständnissen, Religionen, Sprachen und vielem mehr. Auch Familienformen erfahren Diskriminierung, das heißt, gesellschaftliche Anerkennung und rechtlicher Status sind nicht für alle Familien gleich (vgl. ISTA/Fachstelle Kinderwelten 2021, S. 12). Um den normierten Blick auf Familie und Elternschaft zu durchbrechen, wird in diesem Buch zumeist der Begriff „Bezugspersonen" statt „Eltern" verwendet.

12 Zur Vertiefung siehe auch Ayten & Ringkamp (2021): Diskriminierung erkennen und entgegenwirken.

Kitas sind keine Schonräume, und die Ausgrenzung von Menschen aufgrund bestimmter Identitätsmerkmale erfolgt nie isoliert. Zumeist sind Menschen in mehreren Bereichen mit Diskriminierung und so auch mit einem beschränkten Zugang zu Ressourcen wie Wohnraum, Ausbildungs- und Arbeitsplätzen oder auch der Wahl von Kita- oder Schulplätzen konfrontiert (vgl. Pates et al. 2010, S. 27f.).

Kitas haben die Möglichkeit, diese Mechanismen zu verstärken oder zu durchbrechen. Bedeutsam ist dabei, dass sich nicht der*die Einzelne an die Bildungseinrichtungen anpassen muss, sondern dass es zur **Aufgabe der Institutionen** wird, sich auf die individuellen Voraussetzungen der Kinder und Familien einzustellen. Bildungsangebote müssen so gestaltet werden, dass sie allen Kindern den Zugang zu qualitätsvoller Bildung ermöglichen. Das heißt, nicht Gleichbehandlung ist das Ziel, sondern die **Berücksichtigung unterschiedlicher Ausgangsbedingungen** und deren Einbezug in die Gestaltung pädagogischer Praxis (vgl. ISTA/Fachstelle Kinderwelten 2016b, S. 8).

„**INTERSEKTIONALITÄT** ist eine Linse, die erlaubt zu sehen, woher Macht kommt und auf wen oder was sie prallt, wo es Verknüpfungen und wo es Blockaden gibt" (Crenshaw 2019, S. 12). 1989 zeigte die afro-amerikanische Juristin Prof. Kimberlé Crenshaw Mechanismen auf, die verhindern, dass die spezifische Diskriminierung, der Schwarze Frauen ausgesetzt sind, erkannt und berücksichtigt werden (vgl. Gunda-Werner-Institut 2019, S. 1). Dabei betonte sie, dass es nicht ausreichend sei, Rassismus und Sexismus zu „addieren", sondern ein weiterer Blickwinkel eingenommen werden muss. Oder wie Crenshaw es mit dem Bild der Straßenkreuzung beschreibt: „Nehmen wir als Beispiel eine Straßenkreuzung, an der der Verkehr aus allen vier Richtungen kommt. Wie dieser Verkehr kann auch Diskriminierung in mehreren Richtungen verlaufen. Wenn es an einer Kreuzung zu einem Unfall kommt, kann dieser von Verkehr aus jeder Richtung verursacht worden sein – manchmal gar von Verkehr aus allen Richtungen gleichzeitig" (Crenshaw 1989, S. 149). Der Ansatz der Intersektionalität hilft, diese Überschneidungen zu erfassen und zu berücksichtigen sowie „eine vermeintliche Diskriminierungshierarchie und damit die unterschiedliche Gewichtung verschiedener Formen von Diskriminierung kritisch zu analysieren" (Kelly 2017, S. 1), denn „wenn wir nicht intersektional denken und handeln, werden einige von uns, die am verletzlichsten sind, durch die Maschen fallen" (Crenshaw 2019, S. 57).

1.4 Das Inklusionsverständnis im Ansatz der Vorurteilsbewussten Bildung und Erziehung

„Inklusion ist das Gegenteil von Exklusion. Inklusion erfordert eine konstante Wachsamkeit, um ausgrenzenden Kräften in Erziehung und Bildung, in der Gesellschaft und vor allem in uns selbst zu widerstehen.“ Tony Booth (Booth 2011, S. 5)

Inklusion im Sinne des Ansatzes der Vorurteilsbewussten Bildung und Erziehung hat die **Herstellung von Bildungsgerechtigkeit durch die Reduktion aller Formen von Ausgrenzung und Diskriminierung** zum Ziel. Damit bezieht sich Inklusion nicht nur auf die gemeinsame Bildung von Kindern mit und ohne BeHinderung, sondern verlangt einen individuellen Blick auf die Gesamtheit der Identitätsmerkmale jedes einzelnen Kindes.

BeHinderung

DEFINITION

„Ich bin kein Mensch mit Einschränkungen oder besonderen Bedürfnissen. Meine Umwelt schränkt mich ein, nicht umgekehrt" (Gehlhaar 2021).
Der Begriff **BeHinderung** wird nicht als Kennzeichen einer Person verstanden, sondern als Relation zwischen als behindert bezeichneten Personen, ihrer Umwelt und den existierenden Barrieren, die sie behindern.[13] Um dies zu verdeutlichen, wird im vorliegenden Buch die Schreibweise BeHinderung oder die Formulierung „Menschen, die behindert werden" verwendet.

Petra Wagner, Leitung der Fachstelle Kinderwelten, formuliert: „Inklusion stellt demnach eine Aufforderung dar, Kinder in ihrer Unterschiedlichkeit wahrzunehmen und anzuerkennen – in ihrer ganzen Persönlichkeit als mehrfachzugehörig und nicht nur mit Blick auf einen Aspekt ihrer Identität."(ebd. 2017, S. 14).

13 Weitere Informationen zu Selbstbezeichnungen von Menschen, die behindert werden, finden Sie zum Beispiel unter: https://dieneuenorm.de/podcast/sprache-behinderung/.

Inklusion

DEFINITION

Der Begriff **Inklusion** leitet sich vom lateinischen Wort inclusio = einbeziehen ab. Damit setzt sich Inklusion vom Begriff Integration ab, der eine gesellschaftlich konstruierte „Normalität" zur Grundlage nimmt, an die bestimmte Gruppen sich anpassen sollen. So bedeutet Inklusion zum Beispiel in Hinblick auf Familien, dass es kein „Leitbild der normalen Familie" gibt und Familienformen, die nicht in dieses Bild passen, nicht als „abweichend" und „defizitär" betrachtet werden (vgl. Bundesforum Familie 2015, S. 5). Ein enger Inklusionsbegriff beschreibt die Einbeziehung von Menschen, die behindert werden, ein weites Inklusionsverständnis wie im Ansatz der Vorurteilsbewussten Bildung und Erziehung umfasst sämtliche Aspekte sozialer Vielfalt.

Inklusion als pädagogisches Konzept erfordert einen **wertschätzenden Umgang mit Unterschieden bei gleichzeitiger Diskriminierungskritik.** Das bedeutet: Pädagogische Fachkräfte brauchen ein Verständnis davon, dass Normen entlang von Kategorien wie „normal – unnormal" oder „wie wir – anders" Exklusion befördern (vgl. Wagner 2017, S. 15) und die Teilhabemöglichkeiten Einzelner nicht im jeweiligen individuellen Ermessen liegen, sondern **von sozialen Zugehörigkeiten beeinflusst und strukturell bedingt** sind (ebd.).[14]

Dies ist in der Praxis ein hoher Anspruch. Zum einen, weil es einer grundlegenden Auseinandersetzung mit der eigenen gesellschaftlichen Positionierung und den persönlichen Normen und Werten bedarf. Zum anderen, weil häufig auch auf struktureller Ebene Zuschreibungen verlangt werden. Es gilt, sich bewusst zu machen, wann sogenannte „Etiketten" punktuell notwendig sind und wann sie Vorurteile reproduzieren und damit Ausgrenzungsprozesse befördern.

14 Für eine kritische Auseinandersetzung mit Inklusionstheorien und -praxen empfehlen sich die Arbeiten von Boger (2019a, 2019b) zum „Trilemma der Inklusion".

REFLEXION

Was wird von wem warum benannt?

„Eine erste Frage kann sein: Was will ich eigentlich warum benennen? Geht es tatsächlich um ein konkretes Merkmal oder eigentlich um das Herrschaftsverhältnis? Wenn ich zum Beispiel räumliche Barrieren thematisiere, sollte ich sachlich korrekt unterschiedliche Fortbewegungsweisen benennen. Spreche ich über Personen, die dies betrifft, könnte ich etwa die Formulierungen ‚Personen, die Gehstützen, einen Rollstuhl oder ausschließlich ihre Beine benutzen' oder ‚Menschen, für die Treppen und hohe Schwellen den Zugang verhindern' nutzen. Ist die mangelnde Sichtbarkeit von Körpern mit unterschiedlichen Fähigkeiten und Einschränkungen in Kinderbüchern das Thema, möchte ich vielleicht mit einer allgemeineren Formulierung wie ‚Menschen mit sichtbaren körperlichen Einschränkungen' auf deren fehlende Repräsentation hinweisen.
Wenn es aber um die strukturelle Benachteiligung von Menschen, die nicht der gesellschaftlich konstruierten Norm eines ‚funktionierenden' Körpers entsprechen, geht, ist es sinnvoll, eben dies zu kennzeichnen: ‚Menschen, die behindert werden' oder ‚Personen, die Erfahrungen mit ableistischer Diskriminierung machen'. Vielleicht merke ich jedoch auch, dass es für den Inhalt meiner Aussage gar nicht wichtig ist, bestimmte Merkmalsaspekte zu benennen. Wofür spielt es eine Rolle, dass die Eltern eines Kindes nicht in Deutschland geboren wurden? Ist die Religion der Person für das bessere Verständnis meiner Anekdote relevant? Muss ich gerade erwähnen, dass die Fachkraft transgeschlechtlich ist, wenn es um ihre pädagogische Arbeit geht? Es kann passieren, dass ich einen Menschen auf ein Merkmal reduziere, wenn ich es ohne inhaltliche Relevanz zu seiner Beschreibung benutze. Häufig werden gerade die Aspekte benannt, die nicht der Norm entsprechen – wie oft beschreibe ich jemanden beispielsweise als weiß? Jede solche Erwähnung funktioniert als Markierung, also als Zuschreibung und Betonung eines ‚Andersseins', das durch seine Benennung an Gewicht gewinnt" (Wolter 2018, S. 1ff.).

Weil Diskriminierungen auf verschiedenen Ebenen verankert sind und wirksam werden, erfordert auch Inklusion Veränderungen auf allen Ebenen: Es bedarf der Entwicklungen im **Bildungssystem** (Makro-Ebene), auf der **Trägerebene** (Meso-Ebene) sowie in der **Gestaltung der pädagogischen Praxis der Einrichtungen** (Mikro-Ebene), die wiederum Anforderungen an jede einzelne pädagogische

Fachkraft stellt. Zudem benötigt es den **Einbezug der gesamt gesellschaftlichen Ebene,** die jeden Diskurs maßgeblich trägt, prägt und entweder verstärkt oder verändert. Das heißt, Inklusion kann nur erreicht werden, wenn jegliche Mechanismen von Exklusion wahrgenommen und abgebaut werden (vgl. Wagner 2017, S. 16).

DEFINITION

Diskriminierung

Der lateinische Begriff „discriminare" wird mit „trennen" oder „unterscheiden" übersetzt. Zu **Diskriminierung** und Benachteiligung wird eine solche Unterscheidung dann, wenn sie zu Würdeverletzungen und Ausschlüssen an gleichberechtigter gesellschaftlicher Teilhabe führt (vgl. Pates et al. 2010, S. 25). Hierbei ist es wichtig, sich darüber bewusst zu sein, dass Diskriminierung mehr ist als individuelle Vorurteile und auch ohne die bewusste Absicht, zu diskriminieren, wirksam wird (ebd., S. 26). Juristisch wird Diskriminierung als „ungleiche Behandlung ohne sachlichen Grund oder als Herabwürdigung wegen eines wesentlichen, nicht oder nur schwer aufgebbaren Identitätsmerksmals einer Person" (ebd., S. 27; AGG 2006, §3) definiert.

Im Rahmen der Arbeit zum Ansatz der Vorurteilsbewussten Bildung und Erziehung (vgl. Fachstelle Kinderwelten/ISTA 2019, S. 3) wird Diskriminierung als die abwertende Unterscheidung von Menschen entlang eines tatsächlichen oder zugeschriebenem Identitäts- bzw. Gruppenmerkmals verstanden. Die Zugehörigkeit zur diskriminierten Gruppe ist mit gesellschaftlichen Benachteiligungen verbunden, die sich zum Beispiel im erschwerten Zugang zu Ressourcen und verwehrten Möglichkeiten der Teilhabe zeigen.

Diskriminierung geschieht in unserer Gesellschaft entlang einer Vielzahl von Merkmalen (z.B. Rassifizierung, Geschlechtsidentität, sozio-ökonomischer Status, Alter, Religion, BeHinderung, sexuelle Orientierung) und wird durch diskriminierende Ideologien (Rassismen, Sexismus, Antisemitismus, ...) gestützt. Die Funktion solcher Ideologien ist, die Ungleichbehandlung mit dem Verweis auf die angebliche „Minderwertigkeit" der jeweiligen Gruppe zu rechtfertigen. Wichtig ist zu beachten, dass Diskriminierung nur in ungleichen Machtbeziehungen funktioniert, das heißt: Die **Diskriminierungsrichtung** geht von den Mächtigeren/Dominanten zu den weniger Mächtigen/Dominierten, daher kann der Begriff zum Beispiel nicht für „Sexismus" gegen Cis-Männer oder „Rassismus" gegen Weiße vereinnahmt werden.

Diskriminierung erfolgt auf verschiedenen Ebenen

Diese Ebenen können vereinfacht wie folgt dargestellt werden und sind wechselseitig miteinander verknüpft (vgl. Wagner 2017, S. 16; Fachstelle Kinderwelten/ISTA 2019, S. 7; Hechler o.J., S. 2f.; Bildungsteam Berlin-Brandenburg e.V. o.J.):

Strukturelle/institutionelle Ebene: Strukturelle Diskriminierung liegt dann vor, wenn diskriminierende Mechanismen, Handlungen, Routinen, Äußerungen sowie Unterlassungen in zentrale gesellschaftliche Strukturen eingebettet sind, zum Beispiel in öffentlichen Einrichtungen, Verfahrens- und Gesetzestexten oder Medien.

Diskursive Ebene: Wer oder was in einer Gesellschaft als „normal", „richtig", „gut" bewertet wird und was nicht, drückt sich in Sprache und Bildern wie Medien, Werbung, Schulmaterialien, politischen Reden etc. aus. Die gesellschaftliche/diskursive Ebene von Diskriminierung wird wirksam, wenn dabei tradierte und/oder stereotype Normvorstellungen, Darstellungen oder Narrative genutzt, reproduziert und verbreitet werden.

Interaktionale/zwischenmenschliche Ebene: Interaktionale Diskriminierung findet dann statt, wenn auf zwischenmenschlicher Ebene Über- und Unterlegenheit hergestellt wird und Menschen(gruppen) abgewertet werden, zum Beispiel durch Missachtung und Beleidigung.

Individuelle/subjektive Ebene: Unter der individuellen/subjektiven Ebene wird das erfasst, was diskriminierte Menschen konkret erfahren (z.B. Barrieren, Ausschlüsse, Gefühle), sowie das, was diskriminierende Personen, auf der Basis ihres Selbstverständnisses als überlegen, mit ihrem Sprechen und Handeln tun.

Ausgehend von diesem Verständnis hat der Wunsch nach einer inklusiveren Arbeit das Potenzial, den Blick für Ausgrenzungsmechanismen und Diskriminierung in Bildungseinrichtungen zu schärfen. Pädagogische Fachkräfte werden ermutigt, einen Perspektivwechsel vorzunehmen und zu überprüfen, wo sie mit Strukturen und ihrem Handeln dazu beitragen, dass bestimmten Personen oder Personengruppen die uneingeschränkte Teilhabe verwehrt wird, wo Ausschlüsse und Benachteiligung erfolgen oder andere Personen bzw. Personengruppen bevorzugt behandelt werden (vgl. Wagner 2017, S. 16).

> *„Inklusion als Aufforderung, Exklusion abzubauen, bedeutet also eine systematische Auseinandersetzung mit Benachteiligung und Privilegierung in der Gesellschaft, in Bildungseinrichtungen und im konkreten eigenen professionellen Handeln" (Wagner 2017, S. 18).*

Der Blick geht weg vom einzelnen, als „defizitär" wahrgenommenen Kind und richtet sich auf das Ziel, Kitas zu **Bildungsorten für alle Kinder** werden zu lassen: „Betrachten wir Erziehung durch die Linse der Inklusion, so sehen wir nicht mehr das Kind als Problem, sondern wir sehen das Erziehungs- und Bildungssystem als Problem" (UNESCO 2014, S. 21). Das heißt, nicht Menschen werden zu vermeintlichen Problemen gemacht, sondern die Barrieren, die Probleme verursachen, werden wahrgenommen und abgebaut.

1.5 Rechtliche Grundlagen von Inklusion und die Inhalte der Bildungspläne

„Wenn wir das Problem nicht sehen, können wir es auch nicht lösen."
Kimberlé Crenshaw (Crenshaw 2019, S. 98)

Das Thema Inklusion hat mit dem „Übereinkommen über die Rechte des Kindes" (UN-Kinderrechtskonventionen, 1990), der „UN-Deklaration der Rechte indigener Völker" („Declaration on the Rights of Indigenous Peoples", 2007), dem „Übereinkommen über die Rechte von Menschen mit Behinderungen" (UN-Behindertenrechtskonvention, 2008) sowie dem „Allgemeinen Gleichbehandlungsgesetz" (AGG, 2006) zunehmend an Öffentlichkeit und damit auch an Bedeutung gewonnen. Zugleich gibt es bereits seit 1960 eine UN-Konvention gegen Diskriminierung im Bildungswesen („UN-Konvention gegen Diskriminierung im Unterricht"), seit 1969 ein „Internationale Übereinkommen zur Beseitigung jeder Form von rassistischer Diskriminierung" („International Convention on the Elimination of all Forms of Racial Discrimination") sowie seit 1979 das „Übereinkommen zur Beseitigung jeder Form von Diskriminierung der Frau" (UN-Frauenrechtskonvention) und weitere UN-Konventionen[15], die den Abbau der Diskriminierung und Benachteiligung marginalisierter Gruppen vorschreiben. Dennoch ist Diskriminierung sowohl im Bildungswesen als auch gesamtgesellschaftlich noch immer alltäglich.[16] Demokratische Gesellschaften sind verpflichtet, jedem Kind das gleiche Recht auf die Entwicklung seiner Persönlichkeit und Teilhabe an der Gemeinschaft

15 Alle UN-Menschenrechtsabkommen sind online unter /www.menschenrechtsabkommen.de einsehbar.

16 Vgl. auch Beutke & Kotzur (2015): Faktensammlung Diskriminierung.

zu sichern. Das Sozialgesetzbuch (SGB) verdeutlicht, dass inklusive Bildung keine Wahlmöglichkeit, sondern gesetzlicher Auftrag für Betreuungseinrichtungen ist. Das Angebot von Kitas soll sich am Entwicklungsstand, den sprachlichen und sonstigen Fähigkeiten, an der Lebenssituation sowie den Interessen und Bedürfnissen des einzelnen Kindes orientieren (vgl. § 22 Abs. 2 SGB VIII). Zusätzlich zu den Regelungen im SGB VIII vereinbarten die Jugend- und Kultusminister*innen 2004 einen „Gemeinsamen Rahmen der Länder für die frühe Bildung in Kindertageseinrichtungen" (Jugendministerkonferenz et al. 2004), der die Bundesländer auffordert, die Aufgaben von Kindertageseinrichtungen systematisch festzuschreiben (vgl. Schmude & Pioch 2014, S. 20).

Seit Juni 2021 gilt zudem das neue Kinder- und Jugendstärkungsgesetz (KJSG), das umfangreiche Änderungen im SGB VIII bewirkt. Grundprinzipien aus den UN-Kinderrechtskonventionen wie Selbstbestimmung und Teilhabegerechtigkeit wurden damit auch im SGB VIII verankert. Richtungsweisend ist zudem die Änderung des § 9 zur Gleichberechtigung von jungen Menschen (bisher: von Jungen und Mädchen), weil damit die binäre Sprache verändert und die Geschlechterperspektive explizit erweitert wurde. Die Erfüllung des gesetzlichen Auftrages umfasst damit „die unterschiedlichen Lebenslagen von Mädchen, Jungen sowie trans- identen, nichtbinären und intergeschlechtlichen jungen Menschen" (KJSG 2021, S. 6). Das KJSG ist damit der bisher einzige bundesdeutsche Gesetzestext, der von nicht-binären Personen spricht, womit nicht-binär[17] zu einem Rechtsbegriff wird (vgl. Queerformat 2021, S. 1). Die Beteiligungsrechte von Kindern sind zudem im Kinder- und Jugendhilfegesetz (SGB VIII/KJHG) als Handlungsmaxime verankert. Auch das Allgemeine Gleichbehandlungsgesetz (AGG) ist ein wichtiges Instrument, das besonders im Hinblick auf die Strukturebene relevant wird, um Inklusion rechtlich einfordern zu können.

Gestützt werden diese Ansprüche durch die aufgeführten UN-Konventionen sowie die seit 1990 geltende UNESCO-Deklaration „Bildung für alle", die für alle UNO-Vertragsstaaten rechtlich verbindlich sind. Auch das in den Menschenrechten implizierte Recht eines jeden Menschen auf Schutz vor Diskriminierung bestärkt den Anspruch der Entwicklung einer inklusiven Gesellschaft. Alle gesetzlichen Vorschriften haben eins gemeinsam: den **Auftrag, das Recht jedes Kindes auf Bildung und den Schutz vor Diskriminierung zu verwirklichen.** Der 2006 von der Gewerkschaft für Erziehung und Wissenschaft (GEW) in deutscher Sprache

17 Nicht-binär ist eine Selbstbezeichnung von Menschen, die sich nicht den binären Kategorien „weiblich"/„männlich" zuordnen. Zur Vertiefung siehe auch: https://missy-magazine.de/blog/2017/10/04/hae-was-heisst-denn-nicht-binaer/.

Abb. 2: Kinderrechte und Adultismus

herausgegebene „Index für Inklusion" (Booth et al. 2010) präzisiert, was dieser Anspruch für pädagogische Einrichtungen und Fachkräfte bedeutet.

Auch in den Bildungsprogrammen, -plänen und -empfehlungen der meisten Bundesländer findet das Thema Inklusion zunehmend Beachtung. Dabei geht es auch hier nicht mehr allein um die gemeinsame Betreuung von Kindern mit und ohne BeHinderung, sondern um eine pädagogische Qualität, die das Wohlbefinden und Lernen aller Kinder sichert.

Zugleich geht aus einer Analyse der Fachstelle Kinderwelten im Jahr 2021 (Wolter & Schmidt 2021) hervor, dass es an einem bewussten Blick auf Macht- und Diskriminierungsmechanismen noch immer mangelt.[18] So taucht der Begriff Diskriminierung in insgesamt knapp ein Prozent der Inhalte auf, und Diskriminierungsrisiken werden nicht als solche benannt. Auf die Kinderrechte wird in durchschnittlich drei Prozent der Programme Bezug genommen. Das Thema Adultismus wird in keinem der Bildungsprogramme erwähnt. Allein in Sachsen wird das Machtungleichgewicht zwischen Kindern und Erwachsenen benannt: „Die Meinung der Kinder ist im öffentlichen Raum jedoch wenig gefragt und somit können Kinder kaum gestaltend in ihre Umwelt eingreifen. Dies betrifft die Institution Kindertageseinrichtung genauso wie die Wahrnehmung kindlicher Interessen in der Politik. Kindheit wird in der Öffentlichkeit immer noch romantisch verklärt und verstellt

18 Zu beachten ist auch das Gutachten von Auma (2021) „Die dekoloniale Qualität des Berliner Bildungsprogramms für Kitas und Kindertagespflege".

so die Sicht auf Kinder, die als Konsequenz des gesellschaftlichen Wandels eigene Interessen ausbilden und artikulieren“ (Sächsisches Staatsministerium für Kultur 2011, S. 71). Auch eine Analyse von Schmude und Pioch aus dem Jahr 2014 bestätigt das. Sie stellten fest, dass in vielen Bildungsprogrammen noch immer ein Verständnis dominiert, das **Normen und Abweichungen konstruiert** und somit auf die Idee der Integration Bezug nimmt: „Dabei wird zwischen den Kindern, die den impliziten Normen des hörenden, sich lautlich (und deutsch) äußernden, sehenden und sich uneingeschränkt bewegenden Kindes entsprechen, und denen, die mit einer Behinderung, mit einer Hochbegabung leben, MigrantInnen sind oder aus ‚benachteiligten Situationen‘ stammen, unterschieden. [...] Die Sprache wird vorrangig als Lautsprache definiert. Alternative Kommunikationsformen werden, sofern sie thematisiert werden, nicht als gleichberechtigt dargestellt. Insgesamt produzieren die Programme sprachlich durch ihre nichthinterfragten Darstellungen der Normen Ausschluss“ (Schmude & Pioch 2014, S. 84).

Der 16. Kinder- und Jugendbericht (BMFSFJ 2020) zeichnet ein ähnliches Bild und fordert explizit den stärkeren Einbezug vorurteilsbewusster Bildung und Erziehung in politische Prozesse, Wissenschaft und Forschung, Strukturen, Aus-, Fort- und Weiterbildung, Konzepte und pädagogische Praxis: „Weil Interaktionskompetenzen von Fachkräften darüber entscheiden, ob Kinder den substanziellen Kern von Demokratie im institutionellen Alltag unmittelbar erfahren können, müssen sich politische Maßnahmen auf die aktuell und zukünftig pädagogisch Handelnden konzentrieren. Demokratiebildung und Kinderrechte, das Wissen um vorurteilsbewusste Bildung und Erziehung sowie um frühe Demokratiegefährdungen müssen zudem in die Ausbildung von Fachkräften aufgenommen und in den Curricula festgeschrieben werden“ (ebd., S. 51).

Die Ergebnisse der Analysen machen deutlich, dass auf struktureller Ebene noch starker Entwicklungsbedarf besteht, der eine zusätzliche Herausforderung für die inklusive Arbeit pädagogischer Fachkräfte bedeutet und einen Ausbau auf allen Ebenen erfordert. Zudem wäre es notwendig, **Diskriminierung als Tatbestand der Kindeswohlgefährdung** zu definieren und in alle Kinderschutzmaßnahmen und -konzepte einzubeziehen.[19]

19 Siehe auch die Arbeit des Modellprojekts „Antidiskriminierung als aktiver Kinderschutz“: https://situationsansatz.de/modellprojekt-antidiskriminierung-als-aktiver-kinderschutz-in-der-kita/.

2.

Schritte auf dem Weg zu einer vorurteilsbewussten Kita-Praxis

Die Themen in diesem Kapitel sind

→ wie Sie als Team eine Entscheidung für vorurteilsbewusstes Arbeiten treffen können

→ was die vier Ziele vorurteilsbewusster Bildung und Erziehung für die Arbeit mit Kindern, für pädagogische Fachkräfte sowie für Kita-Leitungen bedeuten

→ welche Handlungsfelder pädagogischer Praxis im Ansatz vorurteilsbewusster Bildung und Erziehung erfasst sind

Derman-Sparks beschreibt Anti Bias-Arbeit als eine „lebenslange Reise, die in uns selbst beginnt“ (Derman-Sparks in: Preissing & Wagner 2003, S. 10). Diese Reise beginnt an verschiedenen Ausgangspunkten, verläuft auf vielfältigen Wegen, ist begleitet von sich unterscheidenden Auswirkungen und selten geradlinig. Es ist damit zu rechnen, auf Hindernisse zu stoßen und manchmal festzustellen, dass man in eine Richtung gegangen ist, die nicht zum Ziel führt, man einen neuen Weg ausprobieren oder sich mehr Zeit geben muss. Und:

„Es ist die vielleicht wichtigste Erkenntnis, dass wir die Anti Bias-Reise nicht allein unternehmen können. Wir müssen den Weg gemeinsam mit anderen gehen, die unsere Träume von einer gerechteren Welt teilen. Wir müssen voneinander lernen, gemeinsam Strategien entwickeln und uns gegenseitig emotionale Unterstützung geben“ (ebd., S. 10f.).

2.1 Eine gemeinsame Entscheidung treffen

> *„Die Frage ist nicht, wer ist gut oder schlecht, die Frage ist:*
> *Was tun wir mit dem, was wir wissen?“* Tema Jon Okun (Okun 2010, S. 111)

Die bewusste Entscheidung, die eigene pädagogische Praxis inklusiver zu gestalten, kann nicht von einzelnen Mitarbeiter*innen getroffen werden. Es bedarf der **Entscheidung des gesamten Teams und der Zustimmung der Leitung.** Ebenso sollten **Träger Einrichtungen ihre Unterstützung zusichern.** Für Kolleg*innen, die sich bisher nicht mit Fragen sozialer Gerechtigkeit beschäftigt und/oder keine (bewussten) Diskriminierungserfahrungen gemacht haben, ist es oftmals schwierig, die **Verbindung zwischen gesellschaftlichen Missständen und der eigenen Rolle** herzustellen. In dieser Phase der Auseinandersetzung kommt es häufig zur Leugnung der Existenz von Diskriminierung oder einer Relativierung von Ausmaß und Wirkung sowie des eigenen Anteils an exkludierenden Verhältnissen (siehe Kapitel 4.1). Für den ersten Schritt der Anti Bias-Reise bedarf es für sie daher zumeist eines Anstoßes von außen, einer Konfrontation mit sozialen Realitäten, die bisher Geglaubtes infrage stellen und dazu auffordern, genauer hinzusehen (vgl. FS Kinderwelten 2015, S. 7).

*„Als Leitung habe ich in letzter Zeit oft gedacht: ‚Mist, das ist nicht die Idee von Inklusion, die wir eigentlich verfolgen!', ich war jedoch lange unsicher, wie das Team auf den Vorschlag, sich in einen längeren Prozess mit der Fachstelle Kinderwelten zu begeben, reagieren würde. Als ich es auf einer DB vorgeschlagen habe, hörte ich von einigen Kolleg*innen Zustimmung, sah aber auch Augenrollen und verschränkte Arme. Wir haben dann immer wieder darüber gesprochen und nach und nach entwickelte sich ein anderes Gefühl, den Kolleg*innen fiel immer öfter etwas auf, das sie mit Vorurteilen und Diskriminierung in Verbindung brachten, sowohl privat als auch in der Kita. Nach einem halben Jahr entschlossen wir uns dann gemeinsam, den Prozess zu wagen."* (Kitaleiterin)

*„Als Person mit Rassismuserfahrungen wusste ich zunächst nicht, was ich davon halten sollte, als unsere Leitung vorurteilsbewusste Bildung und Erziehung als Thema vorschlug. Ich hatte im Studium bereits von dem Ansatz gehört und dachte: ‚Ja! Lasst uns endlich bewusst, mehr und vor allem sensibel und kritisch über Diskriminierung sprechen!' Gleichzeitig war ich jedoch nicht sicher, ob es sich nicht doch wieder um eins dieser Formate handelte, in denen ‚Privilegierte uns die Welt erklären', das hatte ich in der Vergangenheit oft genug erlebt. Und ich hatte Sorge, wie meine weißen Kolleg*innen mit dem Thema umgehen würden, nicht selten habe ich erlebt, dass mir gesagt wurde, ich wäre ‚übersensibel' und würde überall ‚Rassismus sehen'. […] Im Nachhinein bin ich dankbar, dass wir uns dafür entschieden haben. Die Fortbildungen wurden von einer PoC-Referentin und einer weißen Referentin durchgeführt und seitdem hat sich einiges in unserer Kita zum Positiven verändert."* (Fortbildungsteilnehmerin)

Es kann vielfältige Gründe geben, die die Entscheidungen pädagogischer Fachkräfte und Leiter*innen beeinflussen. Es ist wichtig, diese Gedanken miteinander zu teilen und anzuerkennen, um zu einer gemeinsamen Teamentscheidung zu gelangen.

Beteiligen Sie nach Ihrer Teamentscheidung auch die Kinder von Anfang an. Besprechen Sie mit ihnen zum Beispiel im Rahmen einer Kinderkonferenz, dass und warum Sie sich in nächster Zeit verstärkt mit Fragen von Gerechtigkeit auseinandersetzen werden. Möglicherweise benennen auch die Kinder in diesem Rahmen Ungerechtigkeiten, die sie im Kita-Alltag bemerken.

Weiterhin ist es sinnvoll, neben den Kindern auch ihre Familien zeitnah in den Prozess einzubeziehen, etwa im Rahmen eines Elterncafé, bei dem Sie den Ansatz vorstellen.

Die Arbeit nach dem Ansatz der Vorurteilsbewussten Bildung und Erziehung verlangt neben strukturellen Fragen Entwicklung auf drei Ebenen:

1. Selbstreflexion
2. Wissenserweiterung
3. Praxisreflexion und -transfer

Dabei ist insbesondere die Ebene der Selbstreflexion, die auch den Austausch von für das pädagogische Handeln relevanten, persönlichen Erfahrungen beinhaltet, für viele Teams ungewohnt. Ein solcher Austausch braucht neben Zeit vor allem Vertrauen, das durch die Zusicherung von Diskretion unterstützt wird: Alle Beteiligten versichern einander, dass persönliche Informationen vertraulich, sorgsam und respektvoll behandelt werden (vgl. FS Kinderwelten 2015, S. 9).

PRAXISANREGUNG

Familien-Memory

Als Einstieg in das Thema eignet sich das **„Familienspiel"** der Fachstelle Kinderwelten[20], das es Teams ermöglicht, sich mit eigenen Vorannahmen, Stereotypen und Vorurteilen auseinanderzusetzen. Es besteht aus 36 Memory-Kartenpaaren, die jeweils ein Kind einzeln und mit seiner Familie zeigen. Es macht die Tendenz, Menschen umgehend einzuordnen und zu bewerten, deutlich und lädt ein, genauer hinzusehen, auf welchen Erfahrungen und Werteorientierungen die eigenen Einordnungen basieren.

Bedenken, Zweifel und Ängste, die im Rahmen der Beschäftigung mit vorurteilsbewusster Bildung und Erziehung auftauchen, müssem ernstgenommen und im Team thematisiert werden. Alle Kolleg*innen sollten ausdrücklich **Anerkennung** für ihren Entschluss, sich auf den Weg zu machen, erhalten. Irritationen, Schwierigkeiten oder Phasen von Resignation sind Teil des Prozesses, die nicht als persönliche Misserfolge oder Unzulänglichkeiten interpretiert werden dürfen (vgl. Wagner 2017, S. 267).

20 Zu beziehen über www.betrifftkindershop.de.

Entscheidungen treffen

- Möchte ich mich als Mensch und in meiner Rolle als pädagogische Fachkraft, möchten wir uns als Team für die Herstellung von mehr Bildungsgerechtigkeit einsetzen?
- Möchte ich mich/möchten wir uns zu Diskriminierung, Vorurteilen und Einseitigkeiten im Zusammenspiel mit Machtunterschieden positionieren und ein klares Nein aussprechen?
- Möchte ich/möchten wir vorurteilsbewusst und inklusiv arbeiten, mit Diskriminierungskritik und Partizipation als Grundlage der Arbeit? (vgl. ISTA/Fachstelle Kinderwelten 2016d, S. 17)

Nutzen Sie Ihre Teambesprechungen, um sich mit diesen Fragen auseinanderzusetzen. Geben Sie sich ausreichend Raum, um die Sichtweisen, Fragen und Bedenken aller Kolleg*innen zu erörtern, und haben Sie Geduld: Eine wohlüberlegte, vom gesamten Team gemeinsam getroffene Entscheidung ist tragfähiger als vorschnelles Handeln.

2.2 Die Ziele der vorurteilsbewussten Bildung und Erziehung

Den Rahmen für die Arbeit nach dem Ansatz der Vorurteilsbewussten Bildung und Erziehung bilden je vier Ziele für pädagogische Fachkräfte, für die Arbeit mit Kindern sowie für Leiter*innen.[21] **Die Ziele bauen aufeinander auf und verstärken sich wechselseitig.**

21 Hinzukommend gibt es auch für die Arbeit als Fortbildner*in zum Ansatz der Vorurteilsbewussten Bildung und Erziehung vier Ziele. Diese sind im Methodenhandbuch (ISTA/Fachstelle Kinderwelten 2017, S. 31ff.) aufgeführt.

2.2.1 Ziele für pädagogische Fachkräfte

Die Auseinandersetzung mit Fragen von Ungerechtigkeit und Diskriminierung muss zunächst auf der Erwachsenenebene geführt werden. Pädagogische Fachkräfte tragen die **Verantwortung** für eine Umgebung, die gesellschaftlich existierende Mechanismen von Abwertung und Ausgrenzung nicht reproduziert, sondern durchbricht. Die folgenden vier Ziele fordern Erzieher*innen dazu auf, ihren Umgang mit Unterschieden kritisch zu reflektieren, ihren Blick für Einseitigkeiten, Vorurteile und Diskriminierung zu sensibilisieren und sich der Folgen exkludierender Praxen bewusst zu werden, um sich aktiv für mehr Gerechtigkeit einzusetzen (vgl. Wagner 2017, S. 31).

Ziel 1: Pädagogische Fachkräfte erkennen ihren eigenen sozio-kulturellen Hintergrund und dessen Einfluss auf ihr berufliches Handeln.

Es gilt zunächst, sich der eigenen Identität bewusst zu werden: Wer bin ich? Wie bin ich aufgewachsen? Was habe ich erlebt? Welche Erfahrungen, sowohl positive als auch negative, bringe ich mit? Wie bin ich gesamtgesellschaftlich positioniert? Welche Erfahrungen von De-Privilegierung und Privilegierung haben Einfluss auf mein Leben? Welche Rolle spielt Diskriminierung in meinem bisherigen Leben? Welche Werte und Normen prägen meine aktuelle Situation? Wie beeinflusst all das mein fachliches Handeln? (…)

Ziel 2: Pädagogische Fachkräfte lernen die unterschiedlichen Familienkulturen und Vorstellungen über Erziehung kennen. Sie reflektieren ihre eigenen Erfahrungen mit unterschiedlichen Aspekten sozialer Vielfalt und hinterfragen Normalitätsvorstellungen.

Im nächsten Schritt geht es darum, die Vielfalt an existierenden Familienkulturen und Erziehungsvorstellungen in Erfahrung zu bringen. Ziel ist es, sich für Ansichten zu öffnen, die möglicherweise nicht den eigenen Vorstellungen entsprechen, sich einzulassen, ohne vorschnell zu bewerten, mit den Kindern und Familien in Kontakt zu treten und einen wertschätzenden Dialog zu gestalten.

DEFINITION

Familienkultur

Der Begriff Familienkultur steht für das dynamische und jeweils einzigartige Mosaik aus Gewohnheiten, Wertvorstellungen, Normen, Deutungsmustern, Traditionen, Ritualen und Perspektiven einer Familie, in das auch ihre Erfahrungen mit geografischer Herkunft, Sprachen, körperlicher und geistiger Verfasstheit, Geschlechtsidentität, Religion, sexueller Orientierung, finanziellem Status, mit dem Wechsel des Lebensorts, Fluchterfahrungen, Diskriminierung oder Privilegierung eingehen. Der Begriff bildet eine deutliche Abgrenzung zu einem häufig noch verwendeten starren Kulturbegriff, der an Nationalitäten (z.B. „die deutsche Kultur") gekoppelt ist und damit die Individualität jeder einzelnen Familie unberücksichtigt lässt und oftmals zu einer Reproduktion von Stereotypen und Vorurteilen beiträgt (z.B. „Das sind Italiener, bei denen ist das eben so") und diskriminierende Mechanismen verstärkt (vgl. ISTA/Fachstelle Kinderwelten 2018a, S. 46).

Ziel 3: Pädagogische Fachkräfte werden kritisch gegenüber Vorurteilen und Diskriminierung in ihrer Einrichtung sowie im Bildungsbereich und der Gesellschaft insgesamt.

Dieses Ziel fordert pädagogische Fachkräfte auf, in Bezug auf Einseitigkeiten, Vorurteile, Ausgrenzung und Diskriminierung kritisch zu werden, das heißt, beginnend bei sich selbst Mechanismen von Herabwürdigung und sozialer Ungerechtigkeit wahrzunehmen und als Team zu einer kritisch-konstruktiven Lerngemeinschaft heranzuwachsen, die den eigenen Umgang mit Vielfalt kontinuierlich thematisiert.

Ziel 4: Pädagogische Fachkräfte initiieren Dialoge über Diskriminierung und Vorurteile, reflektieren eigene Erfahrungen mit Widerstand, sprechen auftretende Spannungen mit Kindern, Bezugspersonen, Kolleg*innen und im Umfeld der Kita an, tragen Konflikte aus und setzen sich aktiv für Gerechtigkeit ein.

Im vierten Ziel liegt der Fokus darauf, Dialoge über Ungerechtigkeit anzuregen, Spannungen und Konflikte in den Blick zu nehmen und zu bearbeiten, sich aktiv gegen Ausgrenzung zur Wehr zu setzen und immer wieder deutlich zu machen, dass exkludierende Mechanismen und Prozesse keinen Platz in der Einrichtung haben.

2.2.2 Ziele für die Arbeit mit Kindern

„Ich dachte an meine eigene Kindheit. Jede auch scheinbar kleine Bemerkung über mein Aussehen oder meine Herkunft kam bei mir als Botschaft an, dass ich nicht wirklich dazugehöre, dass mit mir etwas nicht stimme. Ich habe Jahrzehnte gebraucht, um zu verinnerlichen, dass diese Botschaften diskriminierend waren und viel mehr über die Personen aussagten, die sie äußerten, als über mich." Sharon Dodua Otoo (Dodua Otoo 2019, S. 60)

Die Ziele für die Arbeit mit Kindern stehen in enger Verbindung mit den Zielen für pädagogische Fachkräfte. Im ersten Schritt geht es darum, den Kindern zu ermöglichen, sich ihrer eigenen Identität bewusst zu werden und zu erfahren, dass sie so, wie sie sind, anerkannt und wertgeschätzt werden. Auf dieser Basis können sie in Kontakt mit Vielfalt treten, ihr kritisches Denken zu Gerechtigkeitsfragen weiterentwickeln und sich schließlich aktiv gegen Ungerechtigkeit und Diskriminierung zur Wehr setzen. Die **Ziele gelten für alle Kinder,** das heißt sowohl für Kinder, die Benachteiligung, Ausgrenzung und Diskriminierung erleben müssen, als auch für Kinder, die der Dominanzgesellschaft angehören. Erstere brauchen Bedingungen, die ihnen Schutz und Stärkung bieten. Bedingungen, unter denen sie ihre Identitäten entwickeln und sich Diskriminierung und den damit verbundenen Botschaften entgegensetzen können. Zweitere benötigen Wissen und Impulse, die sicherstellen, dass sie ihre Identität nicht in überlegener oder distanzierter Abgrenzung zu Menschen entwickeln, die sie als „anders" empfinden und/oder abwerten: „Es reicht nicht aus, ihnen beizubringen, Unterschiede anzunehmen. Kinder müssen außerdem Ich- und Bezugsgruppenidentitäten entwickeln, die ihnen helfen, die falschen Auffassungen von Überlegenheit und Vormachtsansprüchen zu erkennen und sich ihnen zu widersetzen" (Derman-Sparks in: Wagner 2017, S. 306).

Ziel 1: Alle Kinder in ihren Identitäten stärken – Jedes Kind findet Anerkennung und Wertschätzung als Individuum (Ich-Identität) und als Teil seiner sozialen Gruppe (Bezugsgruppen-Identität).

Für pädagogische Fachkräfte bedeutet dies: Unterstützen Sie jedes Kind bei der Entwicklung der eigenen Identität. Alle Kinder sollten Bedingungen vorfinden, die es ihnen ermöglichen, Wohlbefinden, Sicherheit, Wertschätzung und Anerkennung zu erfahren. Dabei kann die Entwicklung der Ich-Identität nicht von der Bezugsgruppen-Identität getrennt werden. Jeder Mensch gehört gleichzeitig mehreren Bezugsgruppen an, einige davon suchen sich Menschen selbst aus, andere werden ihnen zugeschrieben. Wie weit es jungen Menschen möglich ist, Selbstbewusstsein und Selbstvertrauen zu entwickeln, ist untrennbar an das gesellschaftliche Bild über ihre jeweiligen Bezugsgruppen geknüpft. Erzieher*innen müssen darüber informiert sein, welche Bezugsgruppen für die einzelnen Kinder von Bedeutung sind, und sich damit beschäftigen, dass Kinder je nach Gruppenzugehörigkeit und Gruppenerfahrungen Unterschiedliches brauchen.

Ziel 2: Allen Kindern Erfahrung mit Vielfalt ermöglichen – Auf der Basis einer gestärkten Ich- und Bezugsgruppen-Identität wird Kindern ermöglicht, aktiv und bewusst Erfahrungen mit Menschen zu machen, deren Lebensrealitäten ihnen bisher unbekannt sind, ohne ebendiese zu Lernobjekten zu machen.
Es gilt, bei jedem Kind den offenen, einfühlsamen und diskriminierungssensiblen Umgang mit Menschen, die sich von ihnen unterscheiden, zu ermöglichen und zu fördern. Sobald Kinder zu sprechen beginnen, machen ihre Fragen und Kommentare auch verbalsprachlich deutlich, dass sie Identitätsmerkmale von Menschen sowie deren gesellschaftliche Bewertung wahrnehmen. Zu ihren Erfahrungen gehört auch, dass Erwachsene auf manche Fragen mit Unbehagen reagieren, dass sie ausweichen, das Thema wechseln, Gedanken der Kinder überhören oder ungehalten reagieren. Was Kinder jedoch brauchen, sind sachlich-korrekte Informationen und Gelegenheiten, Vielfalt als Normalität zu erleben.

Dazu gehört auch, dass Erzieher*innen eine intensive und diskriminierungskritische Kommunikation über existierende Unterschiede sowie die jeweiligen Annahmen der Kinder führen. Pädagogische Fachkräfte sind häufig unsicher, ob sie Kinder dazu ermutigen sollten, Unterschiede zwischen Menschen zu erkunden, weil sie besorgt sind, dass Vorurteile dadurch erst entstehen. Diese Sorge ist unbegründet: Kinder lernen Vorurteile aus Vorurteilen, nicht aus der vorurteilsbewussten Begegnung mit Diversität (vgl. Wagner 2017, S. 284).

Ziel 3: Kritisches Denken über Gerechtigkeit und Ungerechtigkeit ermöglichen, unterstützen und anregen. Das kritische Denken von Kindern über Vorurteile, Einseitigkeiten und Diskriminierung zu unterstützen und anzuregen heißt vor allem, mit ihnen eine Sprache zu entwickeln, die es ermöglicht, sich darüber zu verständigen, was gerecht und was ungerecht ist und ein Umfeld zu gestalten, in dem es möglich ist, dies zu benennen.

Dieses Ziel fordert pädagogische Fachkräfte dazu auf, jedes Kind beim kritischen Nachdenken zu unterstützen. Junge Menschen erkennen Verhaltensweisen oder Darstellungen, die Menschen stereotypisieren oder diskriminieren, früher als von Erwachsenen häufig angenommen. Was sie von Erzieher*innen brauchen, sind Unterstützung in Form von Beistand und sachlichen Informationen. Kinder, die selbst von Ausgrenzung und Diskriminierung betroffen sind, müssen ausdrücken dürfen, was ihnen widerfährt und was sie dabei empfinden. Nur, wenn sie Wege finden, ihre Empfindungen auszudrücken, und damit gehört werden, können sie ungerechtes Verhalten sich selbst oder anderen gegenüber als solches benennen und zurückweisen. Sie brauchen Erwachsene, die sie ernst nehmen, deutlich Stellung gegen Vorurteile, Ausgrenzung und Diskriminierung beziehen und als Vorbilder fungieren. Für sie ist das kritische Nachdenken und das Wissen über stereotype Zuschreibungen „ein Weg, um weniger verletzt zu werden“ (Madubuko 2016, S. 55).

Von Erzieher*innen verlangt dies das Wissen, dass die in Vorurteilen angelegte Vermengung von äußeren Merkmalen mit sozial festgelegten Verhaltensvorschriften junge Kinder irritiert. Gleichzeitig müssen sie sich in Situationen, in denen Irritationen zum Ausdruck gebracht werden, gegen Vorurteile und Stereotype positionieren und die Annahmen klären.

Ziel 4: Das Aktivwerden gegen Unrecht und Diskriminierung unterstützen und begleiten – Kritisch denkende Kinder werden ermutigt, sich gemeinsam mit anderen für Gerechtigkeit einzusetzen und sich gegen einseitige oder diskriminierende Verhaltensweisen zur Wehr zu setzen, die gegen sie selbst oder gegen andere gerichtet sind.

Dieses Ziel stellt pädagogische Fachkräfte vor die Aufgabe, jedes Kind dabei zu unterstützen, angesichts von Ausgrenzung und Diskriminierung für sich selbst oder andere einzutreten. Kinder müssen die Erfahrung machen können, dass es sich lohnt, kritisch zu sein und sich gegen Ungerechtigkeiten zu wehren. Es ist wichtig, dass Kinder sich als handlungsfähig und solidarisch mit anderen erleben, sich gemeinsam einsetzen und etwas erreichen können. Solche Erfahrungen von Selbstwirksamkeit sind enorm stärkend und unterstützen besonders junge Menschen, die gesellschaftlich marginalisiert werden.

Unterschiede wahrnehmen

Eine häufig gestellte Frage zum Ansatz der Vorurteilsbewussten Bildung und Erziehung lautet noch immer: Warum sollen wir uns damit auseinandersetzen, wenn alle Kinder weiß sind? Der Begriff „weiß“ kann hierbei auf alle Merkmale erweitert werden, die von der Dominanzgesellschaft als vermeintlich „normal“ eingestuft und anerkannt werden. Häufig sind in Kitas Aussagen zu hören wie „Vielfalt? Haben wir nicht!“, „Bei uns sind alle Kinder deutsch.“ Unsere Eltern gehören alle der Mittelschicht an, solche Probleme haben wir nicht!“.

Neben dem Übersehen der existierenden Vielfalt stecken hinter solchen Aussagen zumeist zwei Perspektiven: Zum einen die Unsicherheit, wie es Erzieher*innen, die dominant positioniert sind, gelingen soll, Vielfalt in einer Kita, in der auch bei den Kindern dominante Zugehörigkeiten in der Überzahl sind, zum Thema zu machen. Zum anderen verbirgt sich dahinter die Frage, warum pädagogische Fachkräfte sich mit vorurteilsbewusster Bildung und Erziehung beschäftigen sollen, wenn in der Einrichtung doch „alle Kinder gleich und wenig vielfältig sind". Sehen die Kolleg*innen genauer hin, wird ihnen zumeist bewusst, dass auch in vermeintlich homogenen Gruppen eine großes Maß an Heterogenität existiert. Nicht immer auf den ersten Blick sichtbar wird diese Vielfalt deutlich, wenn die Auseinandersetzung mit der Thematik aufgenommen wird (vgl. Derman-Sparks in: Wagner 2017, S. 287ff.).

„Religion? Spielt keine Rolle bei uns, dachte ich. Bis mir bewusst wurde, dass unsere gesamte Gesellschaft christlich dominiert ist und damit auch unsere Einrichtung; das beginnt ja bereits bei den Feiertagen, an denen wir schließen, oder bei den Festen, die wir feiern."

„Da wir keine Kinder mit BeHinderung betreuen, dachte ich, das sei kein Thema für die Kinder, aber da habe ich mich getäuscht. Erst neulich habe ich erfahren, dass Milou jedes Wochenende bei ihrer Oma, die blind ist, verbringt, und dieses Thema sie sehr beschäftigt."

„Suki wird immer wieder wegen ihrem Körpergewicht geärgert, erst jetzt habe ich verstanden, dass auch das zum Thema Diskriminierung gehört, in einer Gesellschaft, in der alle immer schlank sein müssen, um als schön bewertet zu werden."

„Ich habe mich erschrocken, als ich an Sofies Geburtstag ein Gespräch der Kinder hörte; sie machten sich über ihre Geschenke lustig, weil einiges davon aus dem Second-Hand-Laden war. Sofie war zum Glück nicht dabei!"

Die Aussagen machen deutlich, dass es **in jeder Einrichtung eine Vielzahl von Unterschieden** gibt, die sowohl **individuell als auch strukturell wirksam** sind. Erzieher*innen müssen diese Unterschiede diskriminierungssensibel wahrnehmen und in ihre Praxis einbeziehen.

2.2.3 Ziele für Kita-Leitungen

Kitaleiter*innen haben einen maßgeblichen Einfluss darauf, ob und wie vorurteilsbewusste Arbeit in einer Einrichtung realisiert wird. In ihrer Rolle als Leitende sind sie dabei **zugleich Motor und Teil des Prozesses** und müssen den Ansatz vor allem in der Zusammenarbeit mit dem Team und dem Träger vertreten: „Es geht darum, bereits mit jungen Kindern eine behutsame Praxis zu entwickeln, die es erlaubt, Vorurteilen entgegenzuwirken. Unterschiede und Gemeinsamkeiten wahrnehmen, respektieren, diskutieren und dabei ein Miteinander kreieren, das sind Ziele, von denen man durch und durch überzeugt sein, für die man ‚brennen' muss, um sie auf immer neue Art und Weise im Kita-Alltag umsetzen zu können" (Preissing & Wagner 2003, S. 133). Wenn es der Leitung nicht gelingt, ihr Team für diese Arbeit zu begeistern, wird es schwer oder gar unmöglich, den Ansatz umzusetzen.

Leiter*innen sind dabei auf drei Ebenen gefordert (vgl. Bildungswerk ver.di e.V./FS Kinderwelten 2019, S. 31f.):

Gestaltung der pädagogischen Praxis mit Kindern und Bezugspersonen:
Leiter*innen benötigen das Wissen, auf welchen Erkenntnissen die Ziele vorurteilsbewusster Bildung und Erziehung beruhen und wie sie in der Praxis zu realisieren sind. Hinzukommend brauchen sie Wissen um die Bedeutung der Familie als erste Bezugsgruppe sowie kommunikative und methodische Kompetenzen für die Zusammenarbeit mit den Familien der Kinder.

Gestaltung der Teamprozesse:
Leiter*innen tragen Verantwortung für die Teamprozesse in ihren Einrichtungen. Hierfür benötigen sie erwachsenenpädagogische Kompetenzen, um ihre Kolleg*innen bei der Umsetzung vorurteilsbewusster Praxis unterstützen zu können. Dafür ist es notwendig, dass auch sie selbst die Reflexion eigener Anteile an und Erfahrungen mit Diskriminierung durchlaufen.

Selbst- und Praxisreflexion der Leitungstätigkeit:
Leiter*in sein bedeutet auch, eine besondere Position in der Hierarchie einer Einrichtung innezuhaben. Um Prozesse von Ein- und Ausschluss, Macht, Privilegierung und Diskriminierung erkennen und abbauen zu können, ist es wichtig, Machtkonstellationen zu erkennen und die eigene Position darin fortlaufend zu reflektieren.

Die folgenden vier Ziele für Leiter*innen bieten Unterstützung für das eigene Lernen und die Steuerung der Kita als lernende Organisation (vgl. Preissing & Wagner 2003, S. 134).

Ziel 1: Leiter*innen reflektieren ihre Identität und ihr Verhältnis zu Macht und Verantwortung. Sie erweitern fortlaufend ihre Kommunikations- und Konfliktfähigkeiten.

Im ersten Ziel geht es darum, sich mit der eigenen Identität und deren Auswirkungen auf das professionelle Handeln auseinanderzusetzen. Um sich den eigenen Standort und dessen Verbindung mit bisherigen Erfahrungen bewusst zu machen, ist es wichtig, sich mit verschiedensten Fragen zu beschäftigen – zum Beispiel: Welchen Bezugsgruppen bin ich zugehörig? Wo und wie bin ich aufgewachsen? Welche Werte wurden mir in meinem Aufwachsen vermittelt? Welche Werte und Normen vermittle ich Kindern, mit denen ich lebe und/oder arbeite? Warum habe ich mich für meinen Beruf entschieden? Welche fachlichen Überzeugungen vertrete ich?

Darüber hinaus bedarf es einer Auseinandersetzung mit dem eigenen Bild von „Leiten“: Was verstehe ich unter gelungener Teamführung? Welche Erfahrungen habe ich bisher mit Hierarchie? Wie möchte ich meine Führungsrolle ausfüllen?

Eine Leitungskraft steht durch ihre Position strukturell über den Kolleg*innen und muss zugleich „[…] die Kunst beherrschen, sich nicht persönlich über die anderen zu stellen“ (ebd., S. 136). Besonders die Auseinandersetzung mit dem eigenen Verhältnis zu Macht ist ein wichtiger Bestandteil der Arbeit zum ersten Ziel. Es ist nicht immer leicht, sich mit der eigenen Macht in Verbindung zu setzen, zumal der Begriff häufig negativ belegt ist. Macht bedeutet jedoch immer auch Handlungs- und Gestaltungsmacht, und diese zum Nutzen aller Kinder und Familien einzusetzen ist ein Ziel vorurteilsbewusster Leitungsarbeit.

> *„Aus meiner Perspektive als Leitung einer Kindertageseinrichtung gesehen habe ich Macht. Wenn ich diese Machtposition positiv begreife und einsetze, kann ich mich dafür stark machen, dass Kinder in Diversität aufwachsen und sich frei entwickeln können. Dann habe ich meine Macht als Leitung positiv und sinnvoll genutzt“* (Kassama 2021, S. 23).

Vorurteilsbewusstes Leiten sollte zudem immer auch die Kolleg*innen zur Reflexion und Kommunikation ermutigen. Dafür ist es notwendig, eine Teamkultur zu entwickeln, die „Fehler“ als Teil des Lernprozesses anerkennt.

Ziel 2: Kita-Leitungen sorgen dafür, dass die vielfältigen Erfahrungen und Kompetenzen aller Kolleg*innen wahrgenommen und gefördert werden.

Wie kann es gelingen, die Diversität eines Teams erfolgreich zu nutzen? Unterschiede werden häufig eher als störend und prozesshemmend empfunden. Kolleg*innen werden etikettiert, ihre Handlungen werden verallgemeinert. Eine Leitung reflektiert: „Die Störung der eigenen Befindlichkeit wird jedenfalls unreflektiert dem Gegenüber angelastet, oftmals ohne, dass man es selbst merkt. Der andere kommt in die Schublade, man selbst ist das Problem los. Gesellschaftlich bereitgestellte Bilder helfen dabei. Wie aber will man mit einem Team voll ‚unfähiger Störelemente' in einen gemeinsamen Lernprozess treten?" (ebd., S. 139).

Hier braucht es einen Perspektivwechsel: Was sind die Kompetenzen und Stärken der Kolleg*innen? Erfahren sie ausreichend Wertschätzung? Welche Botschaften senden die Kolleg*innen mit ihrem Verhalten? Kenne ich die Gründe für das Handeln einzelner Kolleg*innen? Zu erkennen, wann eigene Stereotype den Blick trüben, einen Perspektivwechsel vor- und „Störfaktoren" ernst zu nehmen, erleichtert es, Konflikte dort anzusprechen und auszutragen, wo sie tatsächlich sind.

Ziel 3: Kitaleiter*innen setzen sich mit Formen und Auswirkungen von Machtausübung auseinander. Sie thematisieren Einseitigkeiten und Diskriminierung.

Das dritte Ziel bedarf der Entwicklung eines kritischen Bewusstseins auf allen Ebenen. Leiter*innen benötigen dafür Wissen über gesellschaftspolitische Zusammenhänge und Strukturen. Dabei geht es auch um die folgenden Punkte: Wie demokratisch sind die Strukturen unserer Einrichtung wirklich? Wie transparent sind die Entscheidungswege? Wie offen und dialogisch ist das Verhältnis zu den Familien der Kinder? Die Grenzen dessen, was in der Einrichtung toleriert wird und was nicht, müssen verdeutlicht und immer wieder neu ausgehandelt werden. Sowohl von Leitungskräften als auch vom Team sind Wachsamkeit und Sensibilität gefragt, um herauszufinden, welche Formen von Vorurteilen und Diskriminierung in der Kita eine Rolle spielen. Die Macht einer Einrichtung und ihres Personals kann sehr subtil wirken: Gegenüber was zeigt man Interesse? Wem schenkt man seine ungeteilte Aufmerksamkeit? Wem wird sie verwehrt? (…)

Tagtäglich müssen pädagogische Fachkräfte die Entscheidung treffen, wie bewusst sie ihre Macht nutzen. Leitungskräfte haben die Aufgabe, diese Entscheidungen im Blick zu behalten und im Falle ausgrenzenden Verhaltens gegenzusteuern.

Ziel 4: Kitaleiter*innen beziehen eindeutig Position gegen Diskriminierung und Einseitigkeiten. Sie initiieren und unterstützen den Dialog über Fragen von Ungerechtigkeit und Diskriminierung in ihrer Kita.

Mit dem vierten Ziel werden Leiter*innen aufgefordert, Diskriminierung beim Namen zu nennen. Nicht in Form moralisierender Schuldzuweisungen, sondern durch eine klare Positionierung, die Menschen, die Diskriminierung erfahren, schützt und unterstützt. Eine Leitung muss Raum schaffen für Klärung und gegebenenfalls zur Klärung auffordern. Zudem bedarf es einer Prüfung des Kollegiums: Ist das Team heterogen oder homogen zusammengesetzt? Wie sind die Kolleg*innen gesellschaftlich positioniert? Welche Perspektiven fehlen? Können sich die Kinder mit ihren Identitätsmerkmalen im Kollegium wiederfinden? Sind verschiedene Geschlechtsidentitäten vertreten? Gibt es mehrsprachige Kolleg*innen? Verschiedene Altersgruppen und Ausbildungswege? Verschiedene äußere Erscheinungsbilder? Diverse Familienformen und -kulturen? (…) Heterogene Teams bieten eine wichtige und wertvolle Bandbreite an Erfahrungen, Sichtweisen und Entwicklungsimpulsen. Sie entstehen und wachsen zu lassen ist ein Teil der Verantwortung von Leitungskräften.

> *„Wichtig ist aus meiner Sicht vor allem, dass inklusive Entwicklung nicht als zusätzliches ‚Projekt' verstanden wird, sondern als Möglichkeit, all das, was wir sowieso tun oder entwickeln, anders einzuordnen."*

Eine diskriminierungskritische und pro-aktive Haltung innerhalb einer Kita zu entwickeln ist ein Weg, der nicht immer leicht ist und zugleich bedeutsam. Denn die Arbeit weist über die Einrichtung hinaus. Bei Ungerechtigkeiten Position zu beziehen hört nicht an der Kita-Tür auf. Die Lebenserfahrungen der Kinder und Familien werden berührt und beeinflusst, wenn Kitas sich für sie stark machen, und sie werden es auch, wenn Kitas dies nicht tun. Die **Entscheidung** treffen Leiter*innen gemeinsam mit ihrem Team (vgl. ISTA/FS Kinderwelten 2018b, 151ff.).[22]

> *„Als Leiterin bin ich immer wieder gefragt, wenn es darum geht, Gespräche zu führen, zu koordinieren, unsere Interessen zu vertreten, Überzeugungsarbeit zu leisten, gegen Diskriminierung vorzugehen und die Motivation des Teams zu stärken. Die Kitaleitung ist der Motor. Wenn es hier knirscht, stockt der Prozess."*

22 Weiterführende Informationen zum Thema vorurteilbewusst leiten finden Sie im Buch „Inklusion in der Praxis #5 – Die Kita vorurteilsbewusst leiten" (ISTA/Fachstelle Kinderwelten 2018b).

„Inklusives Denken und Handeln im eigenen beruflichen Umfeld zu verankern ist ein Prozess, der Wachsamkeit, Mut und Zeit benötigt. Es ist ein langer, mitunter auch beschwerlicher Weg, unseren täglichen Umgang wohlwollend und respektvoll zu gestalten. Die enge Zusammenarbeit mit den Familien, die vielfältige Erfahrungen und Lebensgeschichten mitbringen, erweitert unseren Blick. Damit haben wir eine gute Basis für die kritische Reflexion unserer Arbeit – im Team und mit den Eltern. Gemeinsam werden wir zunehmend sicherer, Ausgrenzungen und Diskriminierungen zu erkennen und ihnen entgegenzutreten."

2.3 Die Handlungsfelder vorurteilsbewusster Bildung und Erziehung

Die Ziele vorurteilsbewusster Bildung und Erziehung werden in vier Handlungsfeldern pädagogischer Praxis realisiert: Gestaltung der Lernumgebung, Gestaltung der Interaktion mit Kindern, Zusammenarbeit mit Bezugspersonen sowie Zusammenarbeit im Team. Nachfolgend finden Sie die wichtigsten Aspekte der jeweiligen Handlungsfelder, die in den Kapiteln 3.1 bis 3.4 vertiefend dargestellt und anhand von Praxisbeispielen veranschaulicht werden.

2.3.1 Die vorurteilsbewusste Gestaltung der Lernumgebung

Bei der Gestaltung einer vorurteilsbewussten Lernumgebung geht es in einem ersten Schritt darum, sich bewusst zu machen, wie bedeutsam eine diskriminierungskritische Umgebung für die Entwicklung eines positiven Selbstbildes ist. Sich in der Einrichtung wiederzufinden ist eine Voraussetzung dafür, dass Kinder sich zugehörig fühlen und zu ihrem Besten entwickeln können. Dazu gehört es auch, den Familien der Kinder Raum zu geben und sie Teil der Kita werden zu lassen. Es geht darum, genau zu überlegen, welche Umgebung die Kinder brauchen, um sich wohlzufühlen und in wertschätzenden Kontakt mit Vielfalt zu kommen. Es gilt, Materialien wie Bücher, Lieder und Spielzeuge vorurteilsbewusst auszuwählen sowie Materialien und Aktivitäten zu nutzen, die Kinder zum Vergleichen anregen und ihnen Erfahrungen mit weiteren Vielfaltsaspekten ermöglichen.

Die Lernumgebung muss immer wieder kritisch auf Einseitigkeiten, Stereotype und diskriminierende Darstellungen überprüft und entsprechend verändert werden. Zudem gilt es, ermutigende Beispiele von Widerstand gegen Ausgrenzung und Diskriminierung sicht- und erfahrbar zu machen.

2.3.2 Die Interaktion mit Kindern vorurteilsbewusst gestalten

Im Handlungsfeld Interaktion geht es zunächst darum, eine vorurteilsbewusste Sprache zu entwickeln. Eine Sprache, die es ermöglicht, dass Kinder sich mit all dem, was sie ausmacht, angenommen und wertgeschätzt fühlen. Und die es erlaubt, eine Interaktion zu gestalten, die die Identitäten und Interessen der Kinder in den Mittelpunkt stellt. In einem nächsten Schritt geht es darum, die existierende Vielfalt in der Gruppe/Einrichtung zum Thema zu machen. Aufbauend darauf gilt es, das vielfältige soziale Leben zu erforschen, um Kinder dabei zu unterstützen, sich gegen Ausgrenzung und Diskriminierung zu wehren.

2.3.3 Die Zusammenarbeit mit Bezugspersonen vorurteilsbewusst gestalten

Im Handlungsfeld Zusammenarbeit mit Bezugspersonen werden Erzieher*innen dazu eingeladen, sich mit folgenden Themen auseinanderzusetzen: Wie gelingt es uns, interessiert auf alle Bezugspersonen zuzugehen und ihre Familienkulturen wertzuschätzen? Wie können wir Dialoge über Erziehungsfragen ermöglichen, in denen die Familien der Kinder wirklich gehört und in ihrer Individualität angenommen werden? Wie vermeiden wir Stereotype und Zuschreibungen? Was prägt unseren Umgang mit Familienformen, -kulturen und -sprachen? Wo ermöglichen wir Teilhabe und wo verwehren wir sie möglicherweise? Für wen? Wie agieren wir bei Konflikten zwischen Familien- und Kitakultur? Positionieren wir uns, wenn es zu Diskriminierungen unter oder von Bezugspersonen kommt?

2.3.4 Die Zusammenarbeit im Team vorurteilsbewusst gestalten

In diesem Handlungsfeld geht es darum, sich mit der im Team existierenden Vielfalt oder möglicherweise bestehenden Leerstellen und deren Gründen zu beschäftigen, um sich dann für weitere Dimensionen von Vielfalt zu öffnen. Es wird die Basis geschaffen, um eine wertschätzende Teamsprache und -kultur zu entwickeln und Einseitigkeiten aufzudecken.

Ein nächster Schritt ist es, Konflikte als Chancen zur Weiterentwicklung zu nutzen, um sich dann als Gesamtteam zu positionieren und immer wieder deutlich zu machen, dass ausgrenzende und diskriminierende Handlungen in jedweder Form keinen Platz in der Einrichtung haben.

Abb. 3: Zusammenarbeit im Team

3.

Inklusive Kita-Praxis gestalten

Die Themen in diesem Kapitel sind

→ wie die vier Ziele für die Arbeit mit Kindern in Bezug zu den vier Handlungsfeldern vorurteilsbewusster Bildung und Erziehung stehen

→ was die Umsetzung der Ziele für den jeweiligen Bereich pädagogischer Praxis bzw. das jeweilige Handlungsfeld bedeutet

→ was es dabei zu beachten gilt

→ Praxisbeispiele und -tipps

3.1 Die vorurteilsbewusste Gestaltung der Lernumgebung

> *„Alle Identifikationsfiguren in den Büchern und Filmen seit meiner Kindheit waren nicht behindert. Auf die Behinderten, die dort vorkamen, war stets ein Blick voll Mitleid, Bedauern, Abscheu, Entsetzen oder aber Bewunderung, der ebenfalls Gleichheit ausschließende Distanzierung enthielt, gerichtet. Wie viele Jahre hörte ich die Stimme, die mich zu jemand erklärte, der hätte verhütet werden müssen? Wie tief drang dieser Blick, diese Stimme in mich ein? Die Stimme sagte, dass ICH schuld sei. Schuld, wenn ich all die Treppen nicht hochkomme, schuld, wenn mein Rollstuhl wieder einmal nicht durch eine Toilettentür passt, schuld, wenn ich nicht in den Bus hineinkomme, schuld, dass mir der Zugang zu tausend Lebensbereichen verbaut ist. Schuld, weil ich bin, wie ich bin, denn wie ich hat ein Mensch nicht zu sein."* Ulrike Gottschalk (Gottschalk in: Rommelspacher 1999, S. 104)

Es ist keine neue Erkenntnis, dass die Lernumgebung einen erheblichen Einfluss auf die Entwicklung und Bildung von Kindern hat. Der „Raum als dritte*r Erzieher*in" wurde ein durch die Reggio-Pädagogik weit verbreiteter Grundsatz. Gerd E. Schäfer geht noch einen Schritt weiter, indem er Räume als erste Erzieher*innen benennt, weil sie „auch da sind, wenn die Menschen nicht da sind" (Schäfer 2005, S. 6). Räume sind überall und wirken stumm, aber nachhaltig (vgl. Höhn & Kercher 2009, S. 40).

Diesem Grundgedanken folgend nehmen die Raumgestaltung und Materialauswahl auch im Ansatz der Vorurteilsbewussten Bildung und Erziehung eine tragende Rolle ein. Es geht um den **Zusammenhang von Lernumgebung und Identitätsentwicklung,** um **Einseitigkeiten und Normierungen,** die sich Kindern durch Räume und Material vermitteln, um **Machtungleichheiten und Dominanzverhältnisse,** die sich widerspiegeln, und um **Barrieren,** die durch die Gestaltung der Lernumgebung auf- oder abgebaut werden können (vgl. ISTA/Fachstelle Kinderwelten 2016b, S. 14).

3.1.1 Ich und meine Familie gehören dazu (Ziel 1)

> *„Manchmal vergaß man es erst: dass man nicht so aussah wie alle anderen. […] Manchmal dachte man überhaupt nicht daran. Und dann wieder spürte man, wie das Mädchen auf der anderen Seite des Ganges glotzte, wie der Apotheker gaffte, der Junge an der Kasse einen beäugte, und man sah sich in ihren starren*

Blicken widergespiegelt: fehl am Platz. Man stach ins Auge wie ein Fremdkörper. Jedes Mal, wenn man sich von außen betrachtete und so sah wie die anderen, fiel es einem wieder ein. Man hielt den Kopf gesenkt, dachte an die Schule, den Weltraum oder die Zukunft und versuchte es zu vergessen. Und das gelang einem so lange, bis es wieder passierte.“ Celeste Ng (Ng 2016, S. 187f.)

Zunächst geht es darum, alle Kinder und ihre wichtigsten Bezugspersonen in der Einrichtung sichtbar zu machen. Finden sich Kinder in der Lernumgebung wieder, ist dies für sie eine Bestätigung: Ich bin wichtig und gehöre dazu! Oder wie Bishop (1990)[23] formuliert: Kinder brauchen Materialien, die wie Spiegel und Fenster wirken. Spiegel, in denen sie sich selbst sehen, und Fenster, durch die sie in die Welt schauen und Erfahrungen mit Diversität machen können.

Durch die Lernumgebung drücken pädagogische Fachkräfte aus, was ihnen wichtig ist, und vermitteln den Kindern sowohl indirekt als auch direkt ihre Werte und Normen. Es sind zumeist subtile **Botschaften,** die Kindern Orientierungen über „richtig“ und „falsch“, „normal“ und „unnormal“, Anerkennung oder Ablehnung vermitteln: „Sie entnehmen dies der Zusammensetzung des Personals, den Bildern an den Wänden, den Hauptpersonen in Geschichten, den Routinen im Alltag. Sie entnehmen es auch dem, was fehlt: Gibt es im Kindergarten keine Hinweise auf sie selbst, auf ihre Familien, auf ihre Sprachen, auf ihre besonderen Erfahrungen und Fähigkeiten, so kann das heißen: Diese Einrichtung kommt auch ohne mich und meine Familie aus. Ich gehöre nicht dazu“ (Wagner et al. 2006, S. 18).

PRAXISANREGUNG

Auf Spurensuche

Um einen Eindruck davon zu gewinnen, wer und was in Ihrer Einrichtung widergespiegelt wird, kann eine **Spurensuche** hilfreich sein: Überprüfen Sie die Räume im Hinblick darauf, ob die Kinder – alle – sichtbar sind: Welche Spuren von Kindern gibt es? Wo sind sie zu finden? Welche oder wessen Spuren dominieren? Welche oder wessen Spuren fehlen? Reflektieren Sie gemeinsam im Team die Ergebnisse Ihrer Erkundung. Beim Sortieren der Spuren wird deutlich, wer bzw. was bisher über- oder unterrepräsentiert ist. Nutzen Sie diese Bestandsaufnahme als Ausgangspunkt für die Weiterentwicklung der Lernumgebung.

23 Ein Video von Rubine Sims Bishop zu diesem Thema ist unter https://www.youtube.com/watch?v=_AAu58SNSyc online verfügbar.

Als erster Schritt der Widerspieglung in den Kita-Räumlichkeiten bietet sich die **Darstellung äußerlicher Merkmale** an. Da Kinder immer auch aus ihrem Umfeld Rückmeldungen zu ihrem Erscheinungsbild erhalten, die sowohl positiv als auch negativ sein können und fast immer mit gesellschaftlichen Normalitätsvorstellungen verknüpft sind, kann eine sachlich korrekte Darstellung ihrer Merkmale und der damit verbundene Austausch darüber solche falschen Botschaften korrigieren.

So sehen wir aus!

BEISPIEL

In einer Kita hängt ein großes Plakat im Eingangsbereich. Es zeigt eine Tabelle mit den Namen der Kinder und den Informationen, die sie gemeinsam zur Frage „Wie sehe ich aus?" gesammelt haben. Die Antworten, geschrieben oder gezeichnet, unterscheiden sich nach Alter, Körpergröße, Körperform, Hautton, Haarfarbe, Augenfarbe und Frisur. Oft stehen die Kinder davor und tauschen sich aus. Auch mit ihren Eltern entwickeln sich häufig Gespräche rund um das Plakat. Es ermöglicht den Kindern, sich als Teil der Einrichtung zu sehen und sich gleichzeitig, ausgehend von Gemeinsamkeiten, über die Unterschiede zwischen ihnen auszutauschen (vgl. ISTA/Fachstelle Kinderwelten 2016b, S. 31).

Es gibt eine Vielzahl weiterer Möglichkeiten, wie Kinder sichtbar gemacht werden können. So können Selbstporträts angefertigt werden, Ich-Bilder, -Bücher und -Briefe oder Memory-Spiele. Im Anschluss können weitere Identitätsaspekte hinzukommen, zum Beispiel die Namen der Kinder und deren Bedeutung, die Geburtstage und das Alter, ihre Sprachen, Interessen, Fähigkeiten und Vorlieben.

„Ich wollte noch nie der Bär sein!"

BEISPIEL

In vielen Einrichtungen werden anstelle von Fotos der Kinder noch immer Symbole genutzt, zum Beispiel zur Kennzeichnung der Garderobenfächer. Wie sich dies auf Kinder auswirken kann, verdeutlicht der folgende Erfahrungsbericht einer Erzieherin: „Nach einer Fortbildung besprachen wir das Thema Symbole mit den Kindern und erzählten ihnen, dass wir in Zukunft Fotos verwenden möchten. Einige Kinder fanden das schade. Andere Kinder äußerten erstmals, dass sie ihre Symbole nicht mochten. So sagte ein Kind: ‚Ich wollte noch nie ein Bär sein.' Ein anderes Kind, dessen Symbol das Wildschwein war, erzählte, dass die Schweinegeräusche, die andere Kinder manchmal machten, es ärgerten. Wir waren erschrocken, dass die Kinder nicht mit uns darüber gesprochen hatten. Sie hatten die Symbole als gegeben und unveränderbar hingenommen. Zu hören, wie tief diese Zuweisungen wirkten, machte uns betroffen und bestärkte uns, die Symbole durch Fotos der Kinder zu ersetzen" (ISTA/Fachstelle Kinderwelten 2016b, S. 32).

Das Beispiel macht zwei Dinge deutlich: Die Tatsache, wie stark Erzieher*innen als Autoritäten wirken: Kinder akzeptieren ihre Entscheidungen oftmals auch dann, wenn sie sich sehr unwohl damit fühlen. Und es zeigt, wie wichtig es ist, dass Kinder sich wiederfinden und nicht ein „Etikett“, mit dem sie sich identifizieren sollen (ebd.).

Den Materialbestand kritisch in den Blick nehmen[24]

Neben der Art, wie Kinder in der Kita repräsentiert sind, kommt auch den vorhandenen **Spielmaterialien und Büchern** eine hohe Bedeutung zu. Bereits sehr junge Kinder nehmen wahr, ob alle Puppen, Figuren und Buchcharaktere anders aussehen als sie selbst oder Aspekte ihrer eigenen Identität widerspiegeln. Sie begreifen die in den ihnen zur Verfügung gestellten Büchern transportierten **Wert- und Normorientierungen** der Erwachsenen und stufen sie zumeist als „richtig“ ein. Dies ist ein Zusammenhang, den sich pädagogische Fachkräfte bewusst machen müssen: Ihre Werturteile übermitteln sich Kindern nicht nur direkt, sondern auch indirekt, über die Auswahl von Büchern und Themen (vgl. Wagner 2003, S. 2). Dabei ist das, was Kinder nicht sehen[25] können, genauso bedeutsam wie das, was sie sehen können. Saenger schreibt rückblickend zu **mangelnder Repräsentation** das Folgende (Saenger 2020, 65f.): „Hätte ich doch selbst gern mehr queere Vorbilder in meiner Kindheit gehabt, um nicht erst mit 28 schmerzvoll meine sexuelle und geschlechtliche Biografie in Frage zu stellen. Und wenn schon nicht Bezugsmenschen als Vorbilder,

24 Auf dem YouTube-Kanal der Fachstelle Kinderwelten/ISTA (www.youtube.com/channel/UCz2RljPSPZL_ J87hI8SB4fw/videos) finden Sie auch zu den Themen vorurteilsbewusste Kinderbücher (#3) und Spielmaterialien (#4) kurze Erklärvideos.

25 Mit Worten wie „Sichtbarkeit“ und „Unsichtbarkeit“ wird dem Sehsinn eine hohe Bedeutung zugemessen, die Menschen exkludiert, die sich nicht mit den Augen sehend orientieren. Ich kann dies nur selbstkritisch anmerken und weiter nach inklusiveren Formulierungen suchen, über die ich bisher nicht verfüge.

dann zumindest in Büchern. […] Studien über die Darstellung von Geschlecht in Kinderbüchern belegen eindrucksvoll, dass sich am traurigen Trend der Rosa-Hellblau-Falle und der Verhaftung an heteronormativen Paradigmen bisher nicht viel geändert hat. Die Folge ist, dass Kids, die nicht vorkommen und unsichtbar bleiben, sich auch unsichtbar fühlen und noch dazu oftmals auch ‚anders' behandelt werden und deshalb umso mehr versuchen, der Norm zu entsprechen".

Medien wie Bücher tragen stark zur **Entwicklung und Verinnerlichung von negativen Selbstbildern** bei. Neben dem Fehlen von Identitätsmerkmalen und Perspektiven sind in Kitas zugleich noch immer eine Vielzahl von Büchern zu finden, die Vorurteile verstärken, indem sie statt der existierenden Vielfalt stereotype Bilder und diskriminierende Botschaften vermitteln.

Tsepo Andreas Bollwinkel schreibt dazu im Nachwort zum Kinderbuch „Das Wort, das Bauchschmerzen macht" (Della & Rosentreter 2014): „Ich hatte viele Bauchschmerzen und noch mehr Seelenschmerz als Kind. Weil ich als Schwarzes Kind in diesem Land aufwuchs, musste ich mir das schlimme Wort [N-Wort] und seine Verwandten (einer davon wurde sogar mein ‚Kosename') wieder und wieder anhören. Ich habe erfahren, dass viele Erwachsene mich dann gut behandeln, wenn ich ihrem Bild, das mit dem schlimmen Wort verbunden war, entsprochen habe. Es gab da zwei vorherrschende Varianten: entweder ein bisschen dumm und ganz demütig oder immer lustig – und auch ganz demütig. Wer und wie ich wirklich war, das sollte ich lieber nicht zeigen. Bei vielen beliebten Klassikern der Jugendliteratur habe ich mich elend gefühlt. Ich wusste, dass meine eigenen Vorfahren Könige und Königinnen jenes Landes gewesen waren, bevor ihm der Vater eines gewissen Mädchens mit roten Zöpfen Königtum und Menschenwürde entrissen hatte. Ich verstand schnell, dass selbst mein bestes und reinstes Deutsch mich nicht davor bewahren würde, in jenem Kauderwelsch angesprochen zu werden, das diesem kleinen Jungen, der ein Lokomotivführer werden wollte, in den Mund gedichtet worden war. Heute, beinahe 50 Jahre später, machen meine Kinder immer noch dieselben Erfahrungen, finden dieselben Bücher in Kindergarten- und Schulbibliothek. Das darf und muss nicht so weitergehen" (Bollwinkel in: Della & Rosentreter 2014, S. 36f.).

Das **N-Wort** ist eine rassistische Bezeichnung. Statt des diskriminierenden Begriffs wird das Kürzel „N" oder der Begriff „N-Wort" verwendet, um ihn nicht zu reproduzieren. Auch die Begriffe „farbig/Farbige" sind kolonial-rassistischen Ursprungs und sollten als Bezeichnung für Menschen(-gruppen) unterlassen werden (vgl. Fajembola & Nimindé-Dundadengar 2021, S. 28f.).

Sich **kritisch mit den vorhandenen Materialien auseinanderzusetzen** bedeutet also, auch schon immer gern gelesene Bücher kritisch zu überprüfen und gegebenenfalls auszusortieren. Das kann schwerfallen oder Unmut erzeugen, weil man selbst die Geschichten als Kind mochte oder etwas Persönliches damit verbindet.[26] Es bleibt dennoch unabdingbar, wenn es gelingen soll, eine Lernumgebung zu gestalten, die es allen Kindern ermöglicht, sich sicher, wohl und zugehörig zu fühlen (vgl. ISTA/Fachstelle Kinderwelten 2016b, S. 83).

Die folgenden, von der Fachstelle Kinderwelten entwickelten **Auswahlkriterien für vorurteilsbewusste Kinderbücher** können Sie dabei unterstützen[27]:

- Können sich Kinder mit unterschiedlichen Identitätsmerkmalen, Vorerfahrungen und Familienkulturen mit den Personen in den Büchern identifizieren?
- Erfahren Kinder etwas über die Vielfalt von Lebensrealitäten und werden angeregt, ihren Horizont zu erweitern?
- Helfen die Bücher Kindern, ihren Gefühlswortschatz zu erweitern?
- Sind die Bücher frei von stereotypen und diskriminierenden Abbildungen oder Inhalten?
- Regen die Bücher an, sich kritisch mit Vorurteilen und Diskriminierungen auseinanderzusetzen?
- Enthalten die Bücher Beispiele, die Mut machen, sich gegen Diskriminierungen und Ungerechtigkeiten zu wehren?

Auch für **Spielmaterialien**[28] stellt die Fachstelle Kinderwelten, Derman-Sparks und Olsen Edwards (2019, S. 45) folgend, eine Checkliste zur Verfügung (ISTA/Fachstelle Kinderwelten 2018c). Es wird empfohlen, bei der Anschaffung von neuen Spielmaterialien folgende Aspekte zu berücksichtigen:

- Stellen Sie sicher, dass die Abbildungen gesellschaftlichen Stereotypen entgegenwirken.

26 Zur Beschäftigung mit dem Thema Märchen und BeHinderung ist das Buch „Entstellt. Über Märchen, Behinderung und Teilhabe“ von Leduc (2021) zu empfehlen.

27 Eine ausführliche Checkliste zur vorurteilsbewussten Einschätzung von Kinderbüchern der Fachstelle Kinderwelten in Anlehnung an die Arbeit „Selective Bibliography and Guide for ‚I'IS NOT FOR INDIAN: THE PORTRAYAL OF NATIVE AMERICANS IN BOOKS FOR YOUNG PEOPLE“ finden Sie online unter: https://situationsansatz.de/wp-content/uploads/2019/11/Checkliste-Kinderbücher.pdf.

28 Zur vertiefenden Auseinandersetzung siehe bspw. auch Brilling & Sharifi (2014) sowie Koné & Macha (2019).

- Sorgen Sie dafür, dass die Abbildungen Ähnlichkeiten und Unterschiede sowohl innerhalb einer sozialen Gruppe als auch zwischen sozialen Gruppen widerspiegeln.
- Stellen Sie sicher, dass Familien, die sich von der dominanten Gruppe unterscheiden, ebenfalls sichtbar sind.
- Vermeiden Sie Tokenismus, Trivialisierung, Falschinformation/Falschdarstellung und Stereotypisierung (siehe Kapitel 4.3.1 bis 4.3.4).
- Vermischen und verwechseln Sie Informationen über Menschen aus diversen Ländern nicht mit den Informationen zu Menschen, die in Deutschland leben: So ist zum Beispiel das Leben eines japanisch-deutschen Kindes in Deutschland nicht dasselbe wie das eines Kindes in Japan.[29]
- Reduzieren Sie die Darstellung sozialer Gruppen nicht auf Traditionen, Zeremonien oder historische Überlieferungen, wie es beispielsweise häufig bei der Darstellung der amerikanischen Erstbewohner*innen[30] geschieht.
- Zeigen Sie keine Abbildungen, die Falschinformationen oder Stereotype über eine soziale Gruppe enthalten und Menschen unrealistisch oder mit sterotypen äußeren Merkmalen darstellen.

PRAXISANREGUNG

Empfehlungen für vorurteilsbewusste und diversitätssensible Bücher und Spielmaterialien

Bildungsinitiative Queerformat - Medienkoffer: https://www.queerformat.de/category/material-kjh/
Diversity Spielzeug - Online-Shop für vielfältige und empowernde Materialien: https://diversity-spielzeug.de/
Fachstelle Kinderwelten - Liste mit empfehlenswerten Spielmaterialien: https://situationsansatz.de/fachstelle-kinderwelten/spielmaterialien/
Fachstelle Kinderwelten - Bücher-Empfehlungslisten: https://situationsansatz.de/fachstelle-kinderwelten/kinderbuecher/
FEMbooks - Geschlechtersensible Kinderbücher: https://www.fembooks.de/kinderbuecher

29 Im Original: „Das Leben eines japanisch-amerikanischen Kindes in den USA ist nicht dasselbe wie das eines Kindes in Japan."
30 Im Original: „Native Americans".

Initiative intersektionale Pädagogik - Intersektionale Kinderbuchliste: www.i-paed-berlin.de/de/Downloads/#001kinderbuchliste2016
KiDs/Fachstelle Kinderwelten - KiDs Power - Das vielfältige Ausmalbuch: https:// kids.kinderwelten.net/de/Publikationen/
KiDS/Fachstelle Kinderwelten - KiDs aktuell **(Infobriefe mit Anregungen für eine diskriminierungssensible Praxis):** https://kids.kinderwelten.net/de/ Publikationen/
Klische*eesc e.V. - Medienkoffer und Materialien: https://klischeesc.de/ medienkoffer/
Kulkids - Online-Shop für diverse Materialien: https://kulkids.de/
PINKSTINKS - Buchempfehlungen: https://pinkstinks.de/genre/kinder-buecher-ab-3-jahren/; https://pinkstinks.de/genre/kinderbuecher-ab-4-jahren/; https://pink-stinks.de/genre/kinderbuecher-ab-5-jahren/
Raúl Krauthausen - Kinderbücher zum Thema BeHinderung: https://raul.de/leben-mit-behinderung/kinderbuecher/
TEBALOU - Online-Shop für diversitätsbewusste und diskriminierungskritische Spielmaterialien/Bücher: https://tebalou.shop/

(in Anlehnung an Saenger 2020, S. 67)

Eine Verbindung zu den Familien herstellen

Nicht nur die Kinder, auch deren Familien sollten in der Einrichtung sichtbar werden. Zur Darstellung haben sich **Familienwände** (vgl. ISTA/Fachstelle Kinderwelten 2016b, S. 53) als besonders geeignete Methode erwiesen. Familienwände zeigen den Kindern, dass nicht nur sie, sondern auch ihre Bezugspersonen in der Einrichtung willkommen sind. Darüber hinaus ermöglichen sie, Kinder und Familien **frei von Stereotypen** darzustellen, und erlauben einen inklusiven Austausch über das Thema Familie mit den Kindern.

Abb. 4: Familienwand

PRAXISANREGUNG

Familien-Galerie

Rahmen mit Fotos, auf denen die Familien der Kinder abgebildet sind, sind für die Kinder konzipiert und haben einen festen Platz in den Gruppenräumen. Die Fotos werden auf Augenhöhe der Kinder platziert und sollten groß genug sein, damit die Kinder erkennen können, wer oder was abgebildet ist. Besonders für jüngere Kinder empfiehlt es sich, die Bilder zu laminieren, sodass sie auch bei täglichem Berühren lange nutzbar bleiben.

Wichtig ist es, die Familienwände regelmäßig zu aktualisieren, zum Beispiel, wenn die Familienkonstellation sich verändert. Ist nicht ausreichend freie Wandfläche verfügbar, gibt es verschiedene **Alternativen:** kleine Fotoalben mit den Bildern der Familien, Familienbücher, in denen jede Familie eine Seite füllt, oder auch laminierte Platzsets mit Familienbildern. In einer Krippe gestaltete das Team Familienkissen, indem es Kissenbezüge mit den Fotos der Familien bedruckte.

In der Arbeit mit Kitas hat sich herausgestellt, dass sich auch die **Gestaltung von Familienwänden der Mitarbeiter*innen** empfiehlt. Pädagogische Fachkräfte gehören ebenso zu einer Einrichtung wie die Kinder und ihre Familien. Viele Kolleg*innen berichten von der positiven Wirkung dieses Schritts, der zugleich dem Machtgefälle zwischen Kitas als öffentlichen Institutionen und Familien entgegenwirkt: „Seit auch wir und unsere Familien auf den Familienwänden sichtbar sind, scheint es eine neue Offenheit zu geben. Ich hörte von einigen Eltern, dass sie es schön finden, auch unsere Familien zu sehen. Sie haben schon recht, wir möchten sehr viel von den Familien wissen, geben jedoch selten etwas von uns preis“ (ISTA/Fachstelle Kinderwelten 2016b, S. 52).

Was tun, wenn Bezugspersonen sich nicht beteiligen?

Geht es darum, Familien sichtbar zu machen, sind pädagogische Fachkräfte auf die Zusammenarbeit mit den Bezugspersonen angewiesen. Diese können verschiedenste Ängste, Sorgen und Bedenken haben. Neben den im nachfolgenden Beispiel aufgeführten Gründen können zum Beispiel auch politische Verfolgung, Aufwachsen in repressiven Gesellschaften, Diskriminierungs- und Abwertungserfahrungen oder innerfamiliäre Herausforderungen dahinterstecken. Es lohnt sich, diese Gründe in Erfahrung zu bringen, ernst zu nehmen, geduldig zu überprüfen, ob das Vorhaben für alle Bezugspersonen umsetzbar ist, und Beteiligungsformen zu schaffen, die es **allen Familien ermöglichen, sich einzubringen.**

So kann es sein, dass Bezugspersonen ihre Kinder und sich nicht fotografieren lassen möchten. In diesem Fall gibt es verschiedene Alternativen: Zeichnungen, Schattenbilder, Gegenstände der Familien, Zitate, Reime oder Lieder. Und: Die Bezugspersonen müssen wissen, **wozu und weshalb diese Dinge gebraucht werden.** Wenn Familien mit Vorurteilen oder Vorbehalten konfrontiert waren, werden sie eventuell davor zurückschrecken, Einzelheiten aus ihrem Familienleben in der Einrichtung öffentlich zu machen. Andererseits können Vorhaben wie die Arbeit mit Familienwänden bei sensibler Umsetzung dazu beitragen, Vertrauen aufzubauen. Vielleicht lässt sich die Hürde überwinden, wenn die Familien zu einem Treffen eingeladen werden, bei dem sie die Familienwände gestalten. Oder Sie fragen, was die Familien zur Umsetzung des Vorhabens benötigen, und die Kita stellt das Material zur Verfügung. Möglicherweise besitzt eine Familie keine Kamera oder kann die Bilder nicht ausdrucken oder entwickeln lassen und die Kita kann sie bei diesem Schritt unterstützen (vgl. ebd., S. 56).

BEISPIEL

Familienbücher

Aufgrund mangelnden Wandplatzes entschied sich ein Kita-Team für Familenbücher im A5-Format. Nach kurzer Zeit mussten sie feststellen, dass nicht alle Familien sofort von der Idee begeistert waren. „Als wir im Team merkten, dass die Familienbücher keine Selbstläufer wurden, beschlossen wir, einen kurzen Brief in verschiedenen Sprachen zu schreiben. In diesem Brief konnten wir besser erklären, wozu die Familienbücher gut sind. Eine andere Kollegin machte ein kleines Kitabuch, in dem alltägliche Abläufe in der Kita mit Fotografien dargestellt wurden. Durch dieses Beispielbuch konnten wir aufzeigen, dass es nicht wie befürchtet um intime Situationen geht, sondern darum, Dinge zu zeigen, mit denen sich die Kinder identifizieren können. Danach konnten wir mit den Eltern besprechen, worin der Sinn für die Kinder liegt. Nachdem wir mit den Bezugspersonen intensiver gesprochen hatten, vereinbarten wir konkrete Nachmittage, an denen wir die Bücher gemeinsam mit den Kindern und Bezugspersonen gestalteten". Rückblickend fassten die Erzieher*innen zusammen: „Bei unserem ersten Termin wurden mehrere Familienbücher hergestellt. Die Kinder waren begeistert. Die Familienbücher wurden sehr intensiv genutzt. Die Kinder zeigten sich gegenseitig die Bücher und erklärten, wer das ist, was sie gerade machen usw. Gleichzeitig fingen manche an, ihre Bücher sehr stolz anderen Eltern zu zeigen. Die Freude und die Begeisterung, die die Kinder über ihre Familienbücher zeigten, steckten auch die skeptischen Eltern an. Es wurden mehrere Familiennachmittage geplant und durchgeführt. Mittlerweile haben alle Kinder in unserer Kita ihre Familienbücher" (vgl. Bildungswerk ver.di e.V./Fachstelle Kinderwelten 2019, S. 55ff.). Die Methode kann auch Trost spenden: „Manchmal sind Familienbücher auch sehr tröstend. Wenn ein Kind nach dem Mittagsschlaf traurig ist oder weint, hilft es oft, das Familienbuch herauszuholen und seine Familie anzuschauen. Es ist fast wie ein kleiner Zauber" ebd., S. 53).

Sprachen und Rituale einbeziehen

Ein wichtiger Bestandteil einer jeden Familienkultur sind die Sprachen und/oder Dialekte, die in den Familien gesprochen werden. Wie zunächst Jampert (2002, S. 61) und folgend auch Panagiotopoulou (2016, S. 8) beschreiben, werden „[…] mehrsprachiges Aufwachsen und eine mehrsprachige Lebenssituation in Deutschland nicht als Normalität, sondern eher skeptisch und misstrauisch betrachtet".

Dies betrifft jedoch nicht alle Familiensprachen: In pädagogischen Kontexten wird vor allem „die Mehrsprachigkeit in den Migrantensprachen nicht als sprachliches Kapital akzeptiert“ (Riehl 2014, S. 144). Mit Aufnahme in Krippe oder Kita werden bereits junge Kinder und deren Familien explizit oder implizit mit einer Forderung nach Einsprachigkeit konfrontiert (vgl. Panagiotopoulou 2016, S. 8). List (2010, S. 10) fordert, „die von den Kindern mitgebrachten Sprachen zur Geltung zu bringen, nicht nur weil Wertschätzung von kindlichem Sprachbesitz in jedem Fall geboten ist“, sondern auch, weil alle Kinder, auch einsprachige, „davon profitieren können, um die Sprachen zu unterscheiden, zwischen ihnen zu wechseln und zu lernen, quer durch sie hindurch zu fragen und zu handeln“.

Neben den **Abwertungsmechanismen,** die bestimmte Sprachen betreffen, kommt hinzu, dass mehrsprachige Kinder häufig auf eine einsprachige Lernumgebung treffen und ihre sprachlichen Fähigkeiten oft als Abweichungen von der Norm bewertet werden (vgl. Panagiotopoulou 2016, S. 17). Finden die Sprachen der Kinder und Familien keinen Eingang in die pädagogische Praxis, sendet auch dies das Signal, dass sie unbedeutend oder weniger wert als die deutsche Sprache sind.

DEFINITION

Linguizismus

„Sprachen werden nicht als gleichwertig wahrgenommen, genauer gesagt, einige davon erfahren (k)eine besondere Anerkennung" (Panagiotopoulou 2016, S. 19). Die gesellschaftliche Höherbewertung oder Abwertung von Sprachen und Dialekten wird als **Linguizismus**[31] bezeichnet. Damit einher geht immer auch eine Bewertung der Menschen, die sie sprechen. So gilt zum Beispiel das Sprechen der englischen oder französischen Sprache als erstrebenswert, die Anerkennung für Sprachen wie Arabisch, Türkisch oder Romanes wird oftmals verwehrt.

Ein Beispiel: „Als Deutsche mit Migrationshintergrund musste ich mir von der Grundschule bis zum Gymnasium die Meckereien einiger Mitschüler und Lehrer anhören, die von mir und meinen Freundinnen verlangten, kein Türkisch in der Schule zu sprechen. [...] Ich passte mich so weit an, dass ich damit aufhörte, in der Schule Türkisch zu sprechen. Kurze Zeit später, als Ophélie, die Tochter französischer Geschäftsleute in unsere Klasse kam, verstand ich zum ersten Mal, wie ein ‚guter Migrant‘ zu sein hatte. Von Anfang an wurde Ophélie gefeiert. Ihr franzö-

31 Zur Vertiefung sehr zu empfehlen ist das WIR MACHEN DAS-Magazin (10/2019) zum Thema „Sprache und Diskriminierung“.

sischer Akzent war bezaubernd, und all ihre Bestrebungen, Deutsch zu sprechen, fanden alle einfach nur toll. Fehler in der Aussprache wurden ihr schnell verziehen und Lehrer konnten über ihre Probleme bei der Groß- und Kleinschreibung locker hinwegsehen. Immer wenn ein neuer Lehrer in die Klasse kam, wurde ganz besonders auf die richtige Aussprache und Schreibweise von Ophélies Namen geachtet, während sich Özlem immer noch mit ‚Ötzlehm' und Tuğce jeden Tag mit ‚Tuksche' zufriedengeben musste. […] Es folgten weitere Momente, die mich verletzten, Andersbehandlungen, die ich nicht verstand. Eins wurde mir klar: Doppelmoral tut saumäßig weh" (Böcü 2021, S. 19f.).

Auch in Fortbildungen zum Ansatz der Vorurteilsbewussten Bildung und Erziehung berichten pädagogische Fachkräfte immer wieder von eigenen schmerzhaften Erfahrungen als Kinder und **linguizistischen Mechanismen,** die bis heute wirken: „Ich weiß noch, dass meine Eltern mir draußen immer verboten haben, kroatisch zu sprechen. Sie hatten Angst, dass die Menschen uns schief anschauen. Ausgrenzung aufgrund ihrer Sprache hatten meine Eltern selbst oft genug erlebt, sie wollten es uns Kindern ersparen. Ich habe also sehr früh gelernt, dass es ‚gute' Sprachen und ‚schlechte' Sprachen gibt".

Es wird deutlich: Für alle Menschen ist bedeutsam, dass ihre Sprachen anerkannt und wertgeschätzt werden. Besonders für Kinder, deren Familiensprachen die Erzieher*innen nicht sprechen, ist es wichtig, dass sie dennoch präsent sind. Wie kann das gelingen? Zum Beispiel durch Begrüßungen oder Reime in den jeweiligen Sprachen, Hörspiele, Lieder und Geschichten, Vorlese- oder Erzählstunden, in denen Bezugspersonen Geschichten in ihrer Familiensprache erzählen oder vorlesen sowie durch mehrsprachige Bücher, in denen die Sprachen auch dann präsent sind, wenn sie gerade nicht vorgelesen werden können. Vor allem darf die Regel „Wir sprechen hier nur Deutsch!" keinen Eingang in die pädagogische Praxis finden.

Familiensprachen

DEFINITION

„Familiensprachen sind die Sprachen, in die ein Kind hineingeboren wird. Wie die Bezugspersonen sprechen, der Klang ihrer Stimmen, die Sprechmelodie – all das ist dem Kind vertraut. Deshalb ist es für Kinder, deren Familiensprachen in der Einrichtung nicht gesprochen werden, wichtig, den vertrauten Klang dennoch dort wiederzufinden. Erfahren die Sprachen der Familie Wertschätzung, heißt das für die Bezugspersonen und Kinder: Unsere Familienkultur ist in der Kita willkommen. Dies ist besonders für die Kinder wichtig, deren Familiensprachen in der Dominanzgesellschaft wenig Anerkennung finden" (ISTA/Fachstelle Kinderwelten 2016b, S. 58). Mit „Sprachen" sind dabei jegliche Formen sprachlichen Handelns umfasst, das heißt, gesprochene und geschriebene Sprache, Gebärdensprache, Brailleschrift und weitere.

Neben den Familiensprachen gehören **Rituale, Alltagspraktiken, Feste und Speisegewohnheiten** zu den Familienkulturen der Kinder und sollten Eingang in den Kita-Alltag finden. Wie das geschehen kann, zeigt das folgende Beispiel:

PRAXISANREGUNG

Bedeutsame Gegenstände der Familien

In einem Koffer werden Familiengegenstände gesammelt, die die Kinder mitgebracht haben: Bilder, eine Gebetskette, eine Kommunionskerze, Geschenke, Reiseandenken. Einmal in der Woche öffnet die Erzieherin den Koffer, nimmt einen Gegenstand heraus, und das entsprechende Kind berichtet, was es damit verbindet, woher der Gegenstand stammt und was er bedeutet. Meist ist das erzählende Kind ein bisschen aufgeregt. Die zuhörenden Kinder merken, dass der Gegenstand etwas Besonderes ist. Das erkennen sie an der Sorgfalt, mit der die Erzieherin ihn aus dem Koffer holt, und an der Achtsamkeit, mit der das erzählende Kind ihn hält. Die Erzieherin schreibt jede Geschichte auf und fotografiert das Kind mit dem Gegenstand. Schließlich entsteht daraus ein Buch (vgl. ISTA/Fachstelle Kinderwelten 2016b, S. 58f.).

Durch die **umfassende Darstellung ihrer selbst, ihrer Familien und Sprachen** erleben Kinder, dass sie anerkannt und wertgeschätzt werden; es wird ihnen ermöglicht, aktiv zu werden und sich einzubringen.

Sollen Bezugspersonen darüber hinaus in der Kita persönlich präsent sein, benötigen sie einen **Ort, an dem sie sich aufhalten können:** Elterncafés, Elternzimmer, ein Elternsofa – all dies macht ihnen den Aufenthalt in der Kita angenehm und signalisiert ihnen, dass sie hier willkommen sind und ihre Beteiligung erwünscht ist. Den Kindern sagt ein solcher Ort, dass auch ihre Bezugspersonen ein Teil der Kita und wichtig sind (vgl. ebd., S. 60).

Folgende Fragen können Sie, zusammen mit den Anregungen zu Büchern und Spielmaterialien, bei der **Reflexion der Lernumgebung** unterstützen (ebd., S. 20): Versetzen Sie sich nacheinander in die Kinder, die Sie betreuen. Betrachten Sie die einzelnen Räume Ihrer Einrichtung, beginnend im Eingangsbereich, und fragen Sie sich:

- Fühle ich mich hier wohl? Erinnert mich dieser Raum an mein Zuhause und meine Familie, sodass ich mich hier zugehörig und sicher fühlen kann?
- Begegnen mir in den Materialien und in der Raumausstattung Menschen, die mir ähnlich sehen?
- Spiegeln sich meine Familienstruktur, mein Alltag und meine familiäre Umgebung in den Materialien wider?
- Sind meine Familiensprachen sicht- und hörbar?
- Gibt es Materialien, die es mir ermöglichen, eine Geschichte nachzuspielen, die in meinem Zuhause oder meinem Umfeld passiert ist?
- Gibt es Material zum künstlerischen Gestalten in meinem Hautton?
- Gibt es Bücher, deren Hauptcharaktere so ähnlich leben wie ich?
- Kann ich die Räume und Materialien selbstständig erreichen?
- Höre ich Musik, die ich auch zu Hause höre?
- Gibt es in der Einrichtung pädagogische Fachkräfte und andere Personen, die meinen Bezugspersonen ähneln?

3.1.2 Ich - wir - die Welt: Vielfalt in den Blick nehmen (Ziel 2)

Im ersten Schritt geht es darum, die Kinder mit der Vielfalt innerhalb der Gruppe oder Einrichtung vertraut zu machen. Sind alle Kinder in der Lernumgebung repräsentiert und werden Unterschiede angemessen thematisiert, können sie erkennen: Es ist normal, dass wir verschieden sind. Bei Gesprächen über Unterschiede ist es wichtig, ausgehend **von Gemeinsamkeiten über Unterschiede** zu sprechen und Aspekte auszuwählen, zu denen alle Kinder etwas beitragen können. Wird dies nicht berücksichtig, besteht die Gefahr, dass Kinder durch das Hervorheben individueller Merkmale besondert und damit vorgeführt und als „anders", als nicht zur Gruppe gehörend, dargestellt werden.

Um mit Kindern in einen Dialog über Vielfalt treten zu können, braucht es **Anknüpfungspunkte** an ihre persönlichen Erfahrungen – zum Beispiel: „Jede*r von uns isst. Wie wir es gern tun, ist verschieden. Ich esse am liebsten mit einem Löffel. Wie ist es bei dir? Du isst gern mit den Händen? Meine Schwester auch. Und meine Tante isst gern mit Stäbchen, so wie Maja neulich."

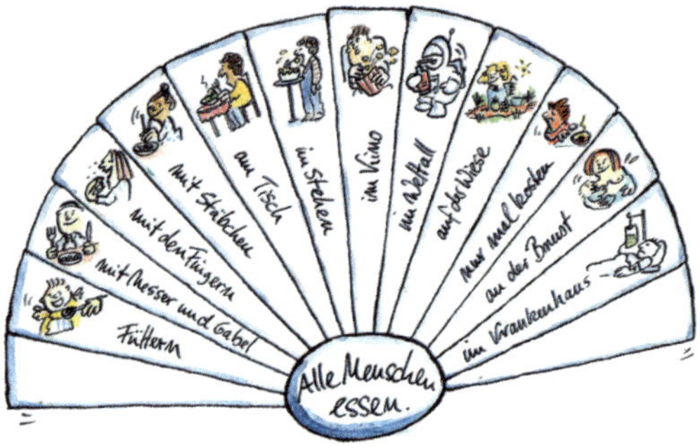

Abb. 5: Vielfaltsfächer

BEISPIEL

Religiöse Praxen kennenlernen

In einer Kita beschäftigten sich die Kinder mit verschiedenen Religionen. Eine Erzieherin fasst das Projekt zusammen: „Eine Zeit lang sprachen die Kinder oft über Gott und fragten, wer das eigentlich ist und was er macht. Deshalb schlugen wir vor, verschiedene Gotteshäuser zu besuchen: eine islamische Moschee, einen buddhistischen Tempel, eine jüdische Synagoge und eine christliche Kirche. Vor diesen Besuchen schauten wir uns mit den Kindern Bücher an. Im Kinderbuch ‚Gott, Allah, Buddha – Und woran glaubst du?' (Damon 2002) lasen wir: Die Menschen gehören unterschiedlichen Religionen an, kleiden sich unterschiedlich, beten anders, an anderen Orten, und manche glauben nicht an einen Gott. Wir fanden heraus, dass die vier genannten Religionen viele Gemeinsamkeiten und manche Unterschiede haben. [...] Nach dieser Vorbereitung wollten wir uns die Gotteshäuser ansehen. Wir meldeten uns an und bekamen sogar eine Führung. In der Kita malten die Kinder später die Gebetshäuser und erzählten, was sie bei den Besuchen beeindruckt hatte. Uns war wichtig, dass die Kinder sachlich korrekte Informationen über die verschiedenen Religionen und damit auch eine erste Verbindung zu den Menschen bekommen, die in die Gotteshäuser gehen. Gerade weil viele Konflikte mit Religion in Verbindung gebracht werden, ist es gut, wenn die Kinder sehen, wie viele Gemeinsamkeiten die Religionen haben" (ISTA/Fachstelle Kinderwelten 2016b, S. 115f.).

Im nächsten Schritt gilt es, Kinder auch mit weiteren Aspekten sozialer Vielfalt in Kontakt zu bringen, um sie dabei zu unterstützen, respektvoll mit Menschen umzugehen, deren Aussehen und Lebensrealitäten sich von dem unterscheiden, was sie bisher kennengelernt haben. Dazu zählen Wissen über und Erfahrung mit verschiedensten Themenfeldern, zum Beispiel mit körperlichen Merkmalen, Familienformen und -kulturen, Sprachen und Schriften, religiösen Alltagspraxen, Wohnverhältnissen, Bekleidungsformen oder Tätigkeiten.

Um Vielfalt zu respektieren und nicht lediglich zu tolerieren, brauchen Kinder die **Chance, damit vertraut zu werden.** Kontakt allein reicht dafür nicht aus, und Kontakt reicht auch nicht aus, um bereits existierenden stereotypen Bildern entgegenzuwirken. Es braucht mehr: Gruppen mit ausschließlich deutschsprachigen Kindern erforschen Sprachenvielfalt, Kinder aus heterosexuellen Zwei-Eltern-Familien lernen weitere Familienkonstellationen kennen, (...).[32]

Weiterentwicklung der Kita-Praxis zu Ziel 2

REF_EXION

- Stellen wir Materialien zur Verfügung, die äußere Merkmale von Menschen vielfältig darstellen, zum Beispiel Körpergrößen, Geschlechter, Haarfarben und Haarstrukturen, Hauttöne, Augenfarben und Augenformen, BeHinderungen oder Alter?
- Achten wir auf ein vielfältiges Materialangebot, das den Kindern die Möglichkeit gibt, sich ein Bild über unterschiedliche Familienformen und -kulturen, Sprachen und Dialekte, religiöse Alltagspraxen, Speisegewohnheiten und Gebrauchsgegenstände von Menschen zu machen?
- Suchen wir als Grundlage für die Darstellung von Unterschieden jeweils nach Kategorien, die alle Menschen gemeinsam haben, zum Beispiel einen Namen, eine Familie, ein Zuhause?
- Stellen wir die Besonderheiten von Kindern so dar, dass die Kinder gleichzeitig Gemeinsamkeiten wahrnehmen können?
- Vermeiden wir es, Kinder und ihre Familien als „anders" oder von der Norm abweichend zu bezeichnen und verwenden stattdessen sachlich korrekte Beschreibungen für ihre Merkmale, Verhaltensweisen oder Fähigkeiten?
- Sorgen wir dafür, dass die Beschäftigung mit Gemeinsamkeiten und Unterschieden von Menschen zu einem Teil des alltäglichen Lernens in der Kita wird, das Kinder zu Fragen und Antworten anregt?

32 Alle Reflexionsfragen in den Kapiteln 3.1.2 bis 3.4.4 basieren auf dem „Qualitätshandbuch für Vorurteilsbewusste Bildung und Erziehung in Kitas" der ISTA/Fachstelle Kinderwelten (2021).

3.1.3 Ungerechtigkeiten wahrnehmen (Ziel 3)

Dieses Ziel fordert pädagogische Fachkräfte dazu auf, die Lernumgebung immer wieder kritisch zu überprüfen und sich zu fragen: Ist das gerecht? Entspricht es der Wahrheit oder wirken hier Stereotype, die Menschen verletzen, ausgrenzen oder diskriminieren? Können sich alle Kinder wiederfinden oder nur die Kinder, die der Dominanzgesellschaft angehören? Sicherheit ist ein menschliches Grundbedürfnis und Kinder können sich nur dann sicher fühlen, wenn sie spüren: Hier geht es gerecht zu, und wenn mich jemand ausschließt, gibt es Erwachsene, die mir helfen, mich zu wehren, und die uns alle unterstützen, solche Vorfälle zu klären. Damit wird auch die Gestaltung einer vorurteilsbewussten Lernumgebung zu einer unabdingbaren Voraussetzung dafür, dass Kinder sich wohlfühlen und kritisch werden können. Es gilt, **stereotypes Material zu entfernen, die Ausstattung durch fehlende Aspekte von Vielfalt zu ergänzen und mit den Kindern in einen Dialog darüber zu treten** (vgl. ISTA/Fachstelle Kinderwelten 2016b, S. 120).

Besonders pädagogische Fachkräfte, die Teil der Dominanzgesellschaft sind, müssen ihre eigenen **Sehgewohnheiten immer wieder kritisch hinterfragen:** Repräsentieren die Materialien wirklich diskriminierungssensibel die Vielfalt der Gruppe? Es gibt Bilder, Lieder und Geschichten, die einige Kinder stärken, andere Kinder jedoch verletzen (vgl. Ayim 1992, S. 127). Für Kinder bedeutet dies, dass sie einen Raum brauchen, in dem sie sich mit Fragen von Macht und Ohnmacht auseinandersetzen können. Sie brauchen eine **Umgebung, die sie stärkt** und es ihnen erlaubt, selbstbewusst zu agieren und zu sagen „Nein, das ist nicht gerecht!" (vgl. ISTA/Fachstelle Kinderwelten 2016b, S. 122; Auma 2012, S. 11).

So zum Beispiel die sechsjährige Antonia: „Es macht mich verrückt, wenn andere Kinder sich über unsere Kultur lustig machen. Ich möchte nicht, dass sie glauben, dass wir I[33]-Federn ins Haar stecken und ums Feuer tanzen. Das machen wir nicht. Einmal habe ich ein Kind gesehen, das mit einer Feder im Haar herumgelaufen ist und komische Geräusche gemacht hat. Ich habe angefangen zu weinen. Ich möchte, dass unsere wirkliche Geschichte erzählt wird" (vgl. Derman-Sparks & Olsen Edwards 2010, S. 44). Diese Worte senden ein deutliches **Signal an uns Erwachsene:** Das ist nicht gerecht, und ich wünsche mir Unterstützung. Materialien, die Kinder

33 Statt des diskriminierenden Begriffs wird das Kürzel „I" verwendet, um die Diskriminierung nicht zu reproduzieren. Sachlich korrekte Selbstbezeichnungen sind u.a. Erstbewohner*innen, First Nations, People of America oder Pueblos Originarios (vgl. auch Sow in: Arndt & Ofuatey-Alazard 2011, S. 690f.).

und ihre Bezugsgruppe falsch darstellen, müssen mit den Kindern besprochen und aussortiert werden. So lernen Kinder, dass sie gehört werden und es möglich ist, aktiv zu werden und Veränderungen zu erwirken.

Unterstützung brauchen Kinder auch dann, wenn Materialien wie Arbeitsblätter, Ausmalbilder oder Bücher ihren **Lebensrealitäten nicht gerecht** werden: Was soll ein Kind tun, das auf einem Arbeitsblatt Vater, Mutter und zwei Kinder sieht? Den Vater durchstreichen, weil es bei der Mutter lebt? Die zweite Mutter selbst malen? Das dritte Geschwisterkind ergänzen oder weglassen? Was soll ein Kind, das einen Rollstuhl nutzt, tun, wenn sich alle Menschen auf den Ausmalbildern auf ihren Beinen fortbewegen? Wie fühlt sich ein Kind mit kurzem, lockigem Haar, wenn die vorgegebene Haarstruktur glatt und lang ist? Was tut ein Kind, dessen Körperform nicht der auf den Vorlagen entspricht? (vgl. ISTA/Fachstelle Kinderwelten 2016b, S. 122). Wenn Kinder ihr Unbehagen darüber äußern, dass sie sich durch eine Geschichte oder Abbildung falsch repräsentiert sehen, dann ist es **Aufgabe der Fachkräfte,** entsprechend zu reagieren.

BEISPIEL

„Solche wie mich gibt's da gar nicht!"

Die fünfjährige Amani schaut mit ihrem Erzieher ein Kinderbuch an: „Solche wie mich gibt's da gar nicht!", sagt sie. Neben Erstaunen liegt auch Traurigkeit in ihren Worten. Als der Erzieher nachfragt, was sie meint, erklärt Amani, dass in dem Buch nur Menschen mit hellem Hautton zu sehen sind. Amani ist Schwarz. Kinder wie sie gibt es in dem Buch nicht. Ihr Erzieher bestätigt ihre Wahrnehmung und sagt: „Du hast Recht und ich bin froh, dass du mich darauf aufmerksam gemacht hast! Wir sollten mehr Bücher kaufen, in denen Kinder mit deinem Hautton zu sehen sind."
„Ja!", antwortet Amani. „Aber ich habe noch eine Idee: Wir können den Fehler ausbessern, mit Buntstiften!" Ihr Erzieher nickt zustimmend und gemeinsam gehen sie Stifte holen.

Die **Hauttöne**[34] von Kindern werden in vielen Büchern bis heute häufig in Hellrosa dargestellt. Durch die stereotype Art der Darstellung erhalten Kinder falsche Sachinformationen. Daher ist es nicht verwunderlich, dass Kinder mit hellen und dunklen Hauttönen ihre Haut oft im gleichen Hellrosa malen. Das Angebot an Stiften befördert dies: klassische Buntstiftpackungen haben häufig nur einen sogenannten „Hautfarbenton": hellrosa. Das vermittelt Kindern, dieser Ton sei der „normale" und „richtige" Hautton. Statt solcher einseitigen Normierungen brauchen Kinder Sachwissen darüber, dass es verschiedene Hauttöne gibt, die unterschiedlich und alle gleichwertig sind. Stifte, mit denen jedes Kind seinen Hautton korrekt darstellen kann, werden von verschiedenen Firmen produziert und sind im Handel erhältlich.

Ebenso wie Bücher sind auch **Lieder** wirkmächtig, enthalten Botschaften darüber, was als „normal" oder „unnormal" gilt, und transportieren häufig ausgrenzende und verletzende Botschaften. In Liedern wie „Zehn kleine N.", „Ein Mann, der sich Kolumbus nannte", „Lustig ist das Zi[35]-leben" oder „Alle Kinder lernen lesen" werden rassistische Begriffe benutzt und Kindern sachlich falsche Informationen vermittelt – solche Lieder sollten in Kitas keinen Platz finden.[36]

Einen weiteren Weg, Stereotype gemeinsam mit Kindern in den Blick zu nehmen, beschreibt das folgende Beispiel:

BEISPIEL

„Tatsache-Vorurteil-Spiel"

Um es Kindern zu ermöglichen, ein breites Wissen über Vorurteile zu erwerben und sich mit Fragen von Gerechtigkeit auseinanderzusetzen, führte das Team einer Kita das „Tatsache-Vorurteil-Spiel" ein. Das geschah, nachdem die Kinder ihre Verwunderung darüber geäußert hatten, dass die Jungen in so vielen Büchern scheinbar stärker sind als die Mädchen: „Die Erzieher*innen definierten das Wort Tatsache als etwas, dem alle zustimmen, weil es wahr ist. Vorurteile hingegen

34 Der Begriff „Hautfarbe" ist kritisch zu betrachten, da er zumeist als Marker für die Klassifizierung von Menschen auf der Basis eines „rassentheoretischen", vermeintlich biologischen Konstrukts verwendet wird (vgl. Arndt in: Arndt & Ofuatey-Alazard 2011, S. 332ff.).

35 Statt des diskriminierenden Begriffs wird das Kürzel „Zi" verwendet, um Diskriminierung nicht zu reproduzieren. Die am häufigsten genutzte Selbstbezeichnung ist Sinti*zze und Rom*nja. Für weitere Selbstbezeichnungen und Informationen siehe auch https://wer-ist-hier.de/grundwissen/.

36 Weiterführende Informationen finden Sie in KiDs aktuell (2/2016): KINDERLIEDER FÜR ALLE! Anregungen für eine vorurteilsbewusste Praxis. Online verfügbar unter: https://situationsansatz.de/kinderlieder-html/.

sind selten wahr, obwohl manche Menschen davon überzeugt sind. Auf den Vorschlag, das Spiel mit einigen geläufigen Stereotypen auszuprobieren, gingen die Kinder ein: ‚Manche Menschen sagen, dass Jungen schneller rennen können als Mädchen. Lasst uns herausfinden, ob das stimmt.' Mit ihren Erzieherinnen gingen die Kinder nach draußen, maßen eine Strecke ab und stoppten die Zeit, die jedes Kind für die Strecke brauchte. Heraus kam: Einige Jungen waren schneller als Mädchen, andere Mädchen waren schneller als Jungen. Die Kinder merkten: Es ist ein Vorurteil, dass Jungen schneller rennen als Mädchen" (Derman-Sparks & Olsen Edwards 2010, S. 99).

Die Beispiele zeigen, dass Kinder Ungerechtigkeit wahrnehmen. Aufgabe pädagogischer Fachkräfte ist es, aufmerksam für die Beobachtungen der Kinder zu sein und sie dabei zu unterstützen, ihrem Gerechtigkeitssinn zu folgen. Die folgenden **Reflexionsfragen** können Sie bei der Arbeit zu Ziel 3 unterstützen:

- Überprüfen wir immer wieder, ob sich die Vielfalt der Gruppe in der Raumgestaltung und Materialausstattung widerspiegelt?
- Vermeiden wir stereotype und einseitige Darstellungsweisen von Menschen?
- Überprüfen wir gemeinsam mit den Kindern, was an einseitigen oder stereotypen Spielmaterialien, Büchern, Liedern und Bildern sachlich nicht korrekt oder ungerecht ist?
- Stellen wir stereotype Vorstellungen anhand von Gegenbeispielen und Gegenerfahrungen infrage?
- Bestätigen wir jedem Kind, dass es richtig ist, wie es ist – bezogen auf seine äußeren Merkmale, seine Interessen, Fähigkeiten, Vorlieben und Gefühle?

3.1.4 Wir können etwas verändern (Ziel 4)

Kinder entwickeln ihre Vorstellungen von Gerechtigkeit im sozialen Miteinander. Zunächst bedeutet Gerechtigkeit Gleichbehandlung. Im Verlauf ihrer Entwicklung erweitert sich das Verständnis für unterschiedliche Bedürfnisse von Menschen und damit auch ihr **Gerechtigkeitskonzept** (vgl. ISTA/Fachstelle Kinderwelten 2016b, S. 138). Unterstützen Erwachsene sie dabei, Widerstand zu leisten, und machen ungerechte Situationen öffentlich, erfahren Kinder: „Diese Einrichtung ist kein Ort, an dem so etwas geduldet wird. Die von Ausgrenzung betroffenen Kinder lernen, dass Hilflosigkeit und Ohnmacht überwunden werden können. Kinder, die andere Menschen ausgegrenzt haben, erleben, dass dies nicht akzeptiert wird. Alle Kinder erfahren, dass die Erwachsenen ihnen Schutz und Sicherheit bieten" (ebd.). Werden junge Kinder darin bestärkt, ihrem Gerechtigkeitssinn zu folgen, entwickeln sie schnell Ideen, wie sie eingreifen und helfen können. Und sie lernen, andere um Unterstützung zu bitten, wenn sie es allein nicht schaffen. Die Darstellung ermutigender Beispiele in der Lernumgebung, das heißt Bilder und Geschichten, die zeigen, dass es möglich ist, Position gegen Ungerechtigkeit zu beziehen, unterstützt diese Prozesse (ebd.).

PRAXISANREGUNG

Kinderrechte

Es ist wichtig für Kinder zu wissen, dass es gesetzlich verankerte Kinderrechte[37] gibt. Machen Sie die Kinder mit ihren Rechten bekannt und vermitteln Sie ihnen, dass diese auch in der Kita uneingeschränkt gelten. Unterstützen kann Sie dabei zum Beispiel das Buch „Ich bin ein Kind und ich habe Rechte" (Serres & Fronty 2013), das Kindern Wissen vermittelt und sie gleichzeitig ermutigt, ihre Rechte einzufordern. Sie können Seiten des Buches auf A3-Größe kopieren und aufhängen, so werden sie zu einem täglich sichtbaren Bestandteil der Lernumgebung.

Um ihren Sinn für Gerechtigkeit entwickeln zu können, brauchen Kinder die **Kita als einen geschützten Raum,** in dem sie ihre Fragen und Meinungen äußern können, gerade dann, wenn sich die Meinung einzelner von der der Gruppe unterscheidet. Wie kann ein solcher Raum aussehen? Das folgende Beispiel schildert eine Möglichkeit, wie Fachkräfte Diskussionen unter Kindern entsprechend moderieren können.

37 Auch das Deutsche Kinderhilfswerk bietet verschiedene PIXI-Bücher, Begleithefte und Informationen zum Thema Kinderrechte an: www.dkhw.de/schwerpunkte/demokratiebildung-von-anfang-an/pixi-buchreihe/.

Jeder Mensch kann glauben, woran er*sie möchte

BEISPIEL

In einer Kita sahen sich die Kinder mit ihren Erzieherinnen ein Buch über Religionen an. Es gab Meinungsverschiedenheiten über Gott. Einige Kinder meinten, er sei streng, andere, dass er lieb sei. Auch darüber, wo Gott zu finden sei, gab es unterschiedliche Vorstellungen. „All das hörte sich ein Junge schweigend an", berichtet eine Erzieherin. „Als ich ihn bat, zu sagen, was er denkt, fragte er, ob wir an Gott glauben, und meinte damit meine Kollegin und mich. Meine Kollegin Selma sagte: ‚Ich glaube an Gott.' Ich erklärte, dass ich nicht an Gott glaube, und sagte: ‚Manche Menschen tun das, andere nicht. Jeder Mensch kann glauben, woran er möchte, und es ist nicht okay, jemanden, der an etwas glaubt, blöd zu finden.' Das schien den Jungen zu erleichtern. Er sagte: ‚Also, ich glaube an Gott.' Kinder, die die Meinung vertreten hatten, dass es keinen Gott gebe, nahmen das gelassen zur Kenntnis" (ISTA/Fachstelle Kinderwelten 2016b, S. 143f.).

Bleiben Erwachsene offen für die Gedanken und Äußerungen der Kinder und geben ihnen die Chance, auf der Basis von eigenen Erfahrungen und unterstützt durch Sachwissen, selbst herauszufinden, was der Wahrheit entspricht und was nicht, werden sie ermutigt, kritisch zu bleiben oder zu werden und im nächsten Schritt **Ungerechtigkeit zum Thema zu machen und nach gerechteren Lösungen zu suchen.** Dies gilt auch für Ungerechtigkeiten im Sozialraum, der als erweiterte Lernumgebung verstanden wird, etwa den Kita-Parkplatz: Als die Kinder einer Kita herausfanden, dass Mitarbeiter*innen auf Plätzen parkten, die – gekennzeichnet durch ein entsprechendes Schild – für Rollstuhlfahrer*innen reserviert sind, entwarfen sie Strafzettel und steckten sie unter die Scheibenwischer der Autos. Nach kurzer Zeit parkte niemand mehr falsch (vgl. Derman-Sparks & Olsen Edward 2010, S. 5).

Veränderungen anzustoßen, die über die eigene Kita hinaus wirksam sind, ist ein sehr bestärkendes Erlebnis für Kinder. Widerstand gegen Ungerechtigkeit und Diskriminierung benötigt jedoch oft Geduld und hat nicht immer gleich Erfolg. Manchmal bleibt Kritik ungehört oder unberücksichtigt. Dennoch sollte Kindern immer vermittelt werden, dass es richtig und wichtig ist, sich zu Gerechtigkeitsfragen zu äußern und zu sagen: „Das ist ungerecht, das wollen wir nicht!"

Folgende Fragen können Sie bei der **Reflexion Ihrer pädagogischen Praxis** unterstützen:

- Überprüfen wir mit Kindern, was an einseitigen oder stereotypen Spielmaterialien, Büchern, Liedern und Bildern sachlich nicht korrekt oder ungerecht ist?
- Regen wir Kinder dazu an, einseitige oder stereotype Spielmaterialien, Bücher, Lieder und Bilder zu verändern?
- Beteiligen wir Kindern an der Anschaffung nicht-stereotyper Materialien?
- Hören wir zu, wenn Kinder von Ungerechtigkeit berichten, die sie in der Kita oder außerhalb beobachtet oder erlebt haben?
- Machen wir ermutigende Beispiele des Widerstands gegen Ungerechtigkeit und Diskriminierung für alle sichtbar?
- Regen wir Kinder an, ihre Kritik an Ungerechtigkeiten, ihre Forderungen und Veränderungsvorschläge öffentlich zu machen, indem wir sie ermutigen, sich damit an die Adresse von Firmen, Politiker*innen oder an andere Menschen außerhalb der Kita zu wenden?

3.2 Die Interaktion mit Kindern vorurteilsbewusst gestalten

„Worte. So kraftvoll. Sie können ein Herz brechen oder heilen. Sie können eine Seele beschämen oder befreien. Sie können Träume erschüttern oder beflügeln. Sie können Bindungen stören oder ermöglichen. Sie können Widerstände erzeugen oder auflösen. Wir sollten Worte bedacht verwenden.“ Jeff Brown

Oder wie Bostancı (ISTA/Fachstelle Kinderwelten 2018a, S. 44) schreibt: „Sie können jemanden bestärken und einladen, oder brüskieren und ausschließen. **Sprache ist mächtig:** Ausgrenzung findet häufig in sprachlicher Form ihren Ausdruck. Sie kann aber auch dazu beitragen, Inklusion zu realisieren“.

Worte vermitteln Kindern Botschaften darüber, was als „normal“ und „richtig“ bewertet, wer als zugehörig oder nicht zugehörig definiert wird. Ein Beispiel: Die wiederkehrende Frage „Woher kommst du?“[38] kann das Gefühl hervorrufen, nicht

38 Siehe auch Vu (2019) und Reddy (2020).

selbstverständlich als Teil der Gemeinschaft zu gelten (vgl. ebd.) oder wie Ippolito (2019, S. 82) formuliert: „Aber dennoch sind es Fragen, die einen immer als anders hervorheben". Selasi (2015) schlägt als Alternative vor: „Wie wäre es, wenn wir statt ‚Wo kommst du her?' fragen würden **‚Welchen Orten fühlst du dich verbunden?'** Das würde uns viel mehr darüber sagen, wer wir sind und wie ähnlich wir uns sind".

Macht und Sprache

Soziale Interaktion ist **nie neutral.** Sie beinhaltet Auf- und Abwertung und schließt Menschen ein oder aus. Sie findet stets in einem spezifischen gesellschaftlichen Kontext statt und transportiert Normvorstellungen und Machtunterschiede (vgl. ISTA/Fachstelle Kinderwelten 2016c, S. 14). Es gilt zu beachten, dass Sprache[39] immer auch Bewertungen enthält, weil „es eine Rolle spielt, in welcher Position wir sind, wenn wir etwas sagen: Haben wir Deutungsmacht in dem Sinne, dass wir ‚etwas zu sagen' haben, oder zählt unsere Stimme nicht? Sind wir in der Mehrheit und anderen überlegen, oder gehören wir zur Minderheit, sind gar alleine und damit schutzlos?" (ISTA/Fachstelle Kinderwelten 2018a, S. 45).

Diese Mechanismen treffen bereits Kinder. Zum Beispiel dann, wenn es um Bezeichnungen geht. „Bezeichnungen für Menschen oder Gruppen von Menschen unterscheiden sich in der Wirkung von anderen sprachlichen Mitteln. Worte, die sich in abwertender Weise auf Aspekte der Identität eines Menschen beziehen, treffen ins Herz: Wenn herabgewürdigt oder verlacht wird, was mich ausmacht und ich gar nicht ändern kann wie meine ‚Hautfarbe', meine Familienkonstellation, mein Geschlecht, meine Körpergröße, meine Behinderung, bin ich hilflos und traurig. Wenn es sogar als Begründung dafür herangezogen wird, mich auszuschließen, kann ich verzweifeln. Geschieht es mir als Kind, habe ich schlechte Chancen, ein positives Selbstbild zu entwickeln" (ebd.).

Pädagogische Fachkräfte tragen in erheblichem Maß dazu bei, welche Art der Interaktion junge Kinder erleben: schwächend und entmutigend oder stärkend und ermutigend (vgl. ISTA/Fachstelle Kinderwelten 2016c, S. 16). Sie müssen erkennen, welche sprachlichen Äußerungen **schädigende Wirkungen auf die Identitätsbildung von Kindern** haben können, und ihnen etwas entgegensetzen (vgl. ISTA/Fachstelle Kinderwelten 2018a, S. 45). „Als Erwachsene, die mit Kindern und Jugendlichen leben und arbeiten, sind wir hier besonders herausgefordert. Zum einen

39 „Sprache" wird zumeist nur im Sinne lautsprachlicher Äußerungen verstanden. Fühlen Sie sich eingeladen, auch weitere, non-verbale Kommunikationsformen mitzudenken.

müssen wir reflektieren, wie Sprache wirken kann, zum anderen brauchen wir ein Wissen darüber, welche Bedeutung bestimmte Begriffe haben und welchem historischen Kontext sie entstammen" (ebd., S. 44). All dies bedarf an erster Stelle ein hohes Maß an Selbstreflexion und eine **kontinuierliche Auseinandersetzung mit der Macht der eigenen Sprache.**

Bitte beachten Sie, dass es bei der Entwicklung einer inklusiven Sprache nicht um „Schuldfragen" geht, sondern darum, die Auswirkungen der eigenen Worte zu reflektieren und sich zu entscheiden, welchen Beitrag wir leisten möchten. Macht- und diskriminierungskritische Sprachpraxis bedeutet **gemeinsames Sensibilisieren und Lernen,** denn „Sprache ist fortlaufend im Wandel. Begriffe sind nicht einfach da, sondern von Menschen gemacht und geprägt, und somit auch von Menschen veränderbar" (Tomás & Richter 2020, S. 50).

GEMEINSAM LERNEN

Beim Entwicklen inklusiver Sprache „[...] ist ein Punkt zentral: Dazulernen und Rückmeldungen geben. Es ist unmöglich, bereits alles bedacht zu haben. Ob meine Absicht eine andere war, spielt keine Rolle - wenn mir jemand die Rückmeldung gibt, ich sei in meiner Formulierung diskriminierend gewesen, kann ich diese Gelegenheit nutzen, etwas dazuzulernen. Es kann schmerzhaft sein, mich damit auseinanderzusetzen, dass Teile meiner bisherigen Sprechgewohnheiten Menschen verletzen oder Diskriminierungen wiederholt haben. [...] Wenn ich merke, dass der Hinweis auf einen unsensiblen Sprachgebrauch bei mir starken Widerstand auslöst, und ich auf Argumentationen wie ‚Das ist übertrieben', ‚Ich weiß es besser' oder ‚X, Y und Z sagen das aber auch so' zurückgreife, empfehle ich mir, auf eine direkte Reaktion zu verzichten und mich zu einem späteren Zeitpunkt mit dem Inhalt der Kritik zu beschäftigen. [...] Je mehr es uns jedoch gelingt, uns **gegenseitig solidarisch und kritisch in unserer Entwicklung zu unterstützen,** desto besser stehen die Chancen für eine Veränderung. **Ausnahmen** hiervon bilden selbstverständlich Situationen, in denen eine Person selbst von einer diskriminierenden Formulierung getroffen ist. Dann ist es nicht ihre Verantwortung, das zusätzlich noch zu erklären" (Wolter 2018, 1ff.).

Wie es gelingen kann, eine Interaktion zu gestalten, die Erfahrungen der Kinder berücksichtigt, Zuschreibungen und Ausschlüsse abbaut und die Kinder in ihren Identitäten stärkt, beschreiben die folgenden Kapitel.

3.2.1 Das bin ich! (Ziel 1)

Um eine Interaktion zu gestalten, die Kinder stärkt, braucht es zunächst Erwachsene, die sich ihrer eigenen Vorannahmen und stereotypen Vorstellungen bewusst sind, diese infrage stellen und bereit sind, ihren Blick zu erweitern. Unsere Sprache benennt nicht einfach auf neutrale Weise, was existiert oder geschieht. „Viele Menschen sind sich der Macht von sprachlichen Akten kaum bewusst. Sprache ist aber so viel mehr als eine bloße Weitergabe von Informationen“ (Nduka-Agwu & Hornscheidt 2010, S. 29). Das ist zum Beispiel dann erkennbar, wenn wir versuchen, eine Beobachtung sachlich zu schildern – es gelingt uns kaum, weil wir das, was wir wahrnehmen, zumeist immer auch bewerten:

BEISPIEL

„Jemand hat vergessen, das Wasser auszumachen"

„Eine Erzieherin läuft durch den Flur und beobachtet, wie ein vierjähriges Mädchen im Bad hin- und herläuft und Papiertücher ins Waschbecken legt, während Wasser aus dem Hahn fließt. Ihre ersten Gedanken sind: Das Mädchen treibt Schabernack und geht mit den Papiertüchern verschwenderisch um. Ich muss schnell zu ihr eilen und sie stoppen! Auf dem Weg zum Bad kommt sie ins Nachdenken und fragt sich, ob sie vielleicht vorschnell die Situation bewertet hat. Dort angekommen, fragt sie das Mädchen zunächst, was sie mache. Es antwortet: ‚Jemand hat vergessen, das Wasser auszumachen, und ich versuche hier, alles zu trocknen.‘ Nur ein Beispiel von vielen, das zeigt, wie schnell Erwachsene Handlungen von Kindern häufig bewerten. Beobachtungen von Bewertungen zu trennen muss sowohl individuell als auch als Team immer wieder geübt werden" (ISTA/Fachstelle Kinderwelten 2018a, S. 45).

Beschreiben statt zuschreiben

Ein Mechanismus, der häufig in Stress-Situationen auftritt, ist das sogenannte **„Etikettieren“**. Situationen werden nur reduziert, das heißt, in Ausschnitten wahrgenommen, Kinder werden „abgestempelt“ und infolgedessen häufig in „Schubladen“ gesteckt, aus denen sie sich allein nur sehr schwer oder gar nicht wieder befreien können.

Was kennzeichnet Etikettierungen?

Vorurteile und Stereotype sind an **Mechanismen der Vereinfachung und Verzerrung von Wirklichkeit** geknüpft: Bestimmte Aspekte der Identität oder des Verhaltens von Menschen werden hervorgehoben und zur Beurteilung der ganzen Person genutzt. Brisant werden solche Etikettierungen in **Machtverhältnissen,** so auch im Verhältnis zwischen Erzieher*innen und Kindern.

Dabei werden die Identitätsaspekte oder das Verhalten nicht zufällig in einer bestimmten Weise bewertet und verallgemeinert. Die Bewertungen folgen auch hier gesellschaftlich existierenden Stereotypen und Verhaltenserwartungen an Menschen. Besonders Etiketten wie „I-Kind" („Intergrationskind") oder „mit Migrationshintergrund" können sich schädigend auf Selbstwertgefühl, Wohlbefinden und Teilhabe von Kindern auswirken (vgl. ISTA/Fachstelle Kinderwelten 2018a, S. 44).

Mit dem Begriff **„Migrationshintergrund"** wird als nicht-weiß gelesenen Menschen unabhängig von ihrer tatsächlichen Migrationserfahrung eine Position in der Gesellschaft zugeschrieben. Diese Position „ist losgelöst von Raum und Zeit, das heißt unabhängig vom Ort der Sozialisation oder der Geburt und von der Frage, wie lange es her ist, dass ein Vorfahre den permanenten Wechsel des Wohnorts vornahm: zehn Jahre, fünfzig Jahre, tausend" (Utlu 2011). In nahezu jeder Familie gab es Migrationsbewegungen und dennoch wird der Hintergrund nur bei bestimmten Menschen/-gruppen in den Vordergrund gestellt, um sie als „anders" zu konstruieren und ihnen Zugehörigkeit abzusprechen. Diese Konstruktion hat sich in institutionalisierten Praktiken als Platzhalter für eine problematische Kategorisierung, die mit Vorurteilen und klischeehaften Bildern über die geanderte Gruppe einhergehen, gefestigt (vgl. ISTA/Fachstelle Kinderwelten 2019, S. 9).

Ebenso können „gut gemeinte" Etiketten wie „süß" oder „lieb" Kinder unter hohen Anpassungsdruck stellen. Was ist, wenn Sude mal nicht süß, Mert nicht lieb ist?

Die Alternative: Genaues Beobachten und Beschreiben des Verhaltens statt Zuschreibungen. Das heißt, das Verhalten von Kindern und Erwachsenen konkret beschreiben und dabei auch Gefühle, die das jeweilige Verhalten in einem selbst auslöst, benennen. So werden aus „Die Familie von Anna kommt immer zu spät!" die Sätze: „Ich ärgere mich darüber, dass wir unseren Ausflug nicht pünktlich starten können und den anderen Kindern damit weniger Zeit im Museum bleibt. Und vielleicht hat mein Ärger auch mit dem Gefühl zu tun, dass unsere Arbeit nicht respektiert wird, als wäre sie nicht wichtig genug, um pünktlich zu sein." So wird es eher möglich, mit den Eltern von Anna ins Gespräch zu kommen und gemeinsam nach Lösungen zu suchen (vgl. Wagner et al. 2006, S. 114f.).

Bewertungen erkennen und abbauen

Niemand ist frei von bewertenden Zuschreibungen. Bewertendes Vokabular durch Beschreibungen zu ersetzen, bedarf der Übung, da wir das schnelle Interpretieren eher gewohnt sind. Pädagogische Fachkräfte können den Austausch über Etikettierungen nutzen, um ihre eigenen Erwartungen an Kinder aufzudecken, Belastungen im Arbeitsalltag zu benennen, Bewertungen, die im Team für das Verhalten der Kinder verwendet werden, zu hinterfragen und einseitige Gedanken und Vorstellungen zu reflektieren. Folgende Fragen können Sie dabei unterstützen: Werden alle Kinder mit ihren Stärken und Schwächen gesehen? Richten wir bei einigen Kindern den Fokus vor allem auf das, was sie nicht können? Was sind die Gründe dafür? Welche Aspekte spielen bei der negativen Bewertung von Kindern und Familien eine Rolle? Wie können wir uns als Team dabei unterstützen, Bewertungen zu reduzieren? Und auch hier: Was erzählen mir die Bewertungen und die Momente, in denen ich sie nutze, über mich selbst und meine jeweilige Situation?

Kita-Teams brauchen Zeit, um ihr pädagogisches Handeln zu reflektieren und die darunter liegenden Werte und Normen sowie deren Zusammenhänge mit gesellschaftlichen Narrativen und Erfahrungen zu erkunden.

REFLEXION

Das eigene Handeln reflektieren

Nehmen Sie sich gemeinsam Zeit, um sich zu folgenden Fragen auszutauschen:

- Woher stammen meine Werte und Normen?
- Welche einseitigen Vorstellungen von Menschen oder Menschengruppen habe ich?
- Stehen sie im Zusammenhang mit gesellschaftlichen Bildern?
- Mit welchen Kindern und Familien komme ich nur schwer in Kontakt?
- Mit welchen fällt es mir leicht?
- Was könnten die Gründe dafür sein? Was erzählen mir meine Vorurteile über mich selbst?

Ein solcher Austausch unter Kolleg*innen ist nicht immer leicht; Unbehagen und Abwehr können ausgelöst werden. Die eigenen Normen und Werte vermitteln Stabilität und Sicherheit. Werden sie infrage gestellt, kann dies zu Verunsicherung führen. Besonders für Menschen, die vorrangig privilegiert positioniert sind, kann ein solche Auseinandersetzung die erste sein, die bisher als selbstverständlich Erachtetes ins Wanken bringt (siehe Kapitel 4.2). Es braucht daher einen geschützten Rahmen und Impulse, die helfen, neugierig zu bleiben oder zu werden und die eigene „Sicherheitszone" zu verlassen (vgl. ISTA/Fachstelle Kinderwelten 2016c, S. 24). Dieser Raum kann durch gemeinsame Reflexionseinheiten geschaffen werden, durch vorurteilsbewusste Leitungskräfte oder auch durch gemeinsame Fortbildungen. Sich mit dem eigenen persönlichen Hintergrund auseinanderzusetzen kann eine Grundlage dafür bilden, auch den Lebensrealitäten anderer Menschen mit Respekt, Interesse und Wertschätzung zu begegnen (vgl. Wagner et al. 2006, S. 55).

Gefühlen Raum und Worte geben

Ebenso wichtig wie die Kommunikation, die Erwachsene mit Kindern pflegen, ist es, Kinder dazu zu befähigen, **Ausdrucksformen und Worte für ihre Gefühle** zu finden. Bis heute fällt es vielen Erwachsenen schwer, ihre Gefühle zu artikulieren. Kinder lernen ihre Worte jedoch vorrangig von den Erwachsenen, die sie umgeben. Bieten wir ihnen keine breite Palette an Gefühlswörtern an, wird ihnen ein wichtiger Entwicklungsschritt verwehrt. Denn „das Anerkennen und Benennen von Gefühlen hilft Kindern, ihre Emotionen zu regulieren" (ISTA/Fachstelle Kinderwelten 2016c, S. 52).

Wichtig ist zudem, dass die Gefühle Raum bekommen und nicht „weggetröstet" oder „ausgesperrt" werden: „Grundsätzlich ist im Umgang mit den kindlichen Emotionen zu beachten, dass die verbal und nonverbal gezeigten Gefühle niemals heruntergespielt oder ignoriert werden dürfen. Es ist entscheidend, dass zuerst die Ursachen der Emotion herausgefunden werden. Versucht man nur, das Kind zu beruhigen oder aufzuheitern, wird es sich nicht ernst genommen fühlen und sich immer mehr zurückziehen" (Frech 2008).

Wenn Kinder Diskriminierung erfahren, ist es bedeutsam, dass sie

1. über Worte für das Erlebte verfügen können und
2. von Erwachsenen umgeben sind, die ihnen zuhören, sie dabei unterstützen, das Erlebte zu versprachlichen und ihre **Empfindungen validieren, anstatt sie zu leugnen oder zu bagatellisieren.**[40]

Partizipation - Eine Basis von Inklusion

Untrennbar verbunden ist das Thema Inklusion auch mit der Partizipation von Kindern. Die Zusicherung von Zugehörigkeit muss verbunden werden mit der Einladung, sich am Geschehen im Kita-Alltag und den anstehenden Entscheidungen

40 Zur Vertiefung dieser Punkte empfiehlt sich die Auseinandersetzung mit epistemischer/hermeneutischer Ungerechtigkeit und Gewalt (z.B. Miranda Fricker; Gayatri Chakravorty Spivak).

zu beteiligen: „Du bist hier wichtig. Wir brauchen deine Gedanken, Ideen und Meinungen, um gemeinsam besser entscheiden zu können. Partizipation eignet sich als Prüffrage für Inklusion: Sind wirklich alle Kinder und Erwachsenen beteiligt?" (ISTA/Fachstelle Kinderwelten 2016c, S. 69).

Inklusion funktioniert nicht ohne Partizipation, jedoch kann Partizipation durchaus exkludierend sein. Das ist dann der Fall, wenn sich nur einige der Kinder beteiligen können und andere aufgrund ihrer Voraussetzungen ausgeschlossen werden: So wird Kindern zum Beispiel mit Begründungen wie „Du bist noch zu klein!", „Dafür bist du zu jung!" oder „Das kannst du noch nicht!" Partizipation vorenthalten (vgl. ebd.). Erwachsene haben aufgrund ihres Alters und ihres Status die Macht, darüber zu entscheiden, wer sich beteiligen darf und wer nicht. Soll pädagogische Praxis wirklich inklusiv sein, müssen sie diese **Macht mit allen Kindern teilen.** Häufig steht diesem Teilen von Macht ein adultistischer Blick auf das, was Kinder können, sollten und dürfen, entgegen.

DEFINITION

Adultismus

Der Begriff Adultismus[41] (engl. adult = erwachsen) bezeichnet die Höherbewertung der Maßstäbe und Anliegen Erwachsener gegenüber denen von Kindern: „Wenn Erwachsene davon ausgehen, dass sie intelligenter, reifer, kompetenter als Kinder und Jugendliche sind und daher über junge Menschen ohne deren Einverständnis bestimmen können, dann ist das Adultismus" (NCBI 2004, S. 10). Neben räumlichen Voraussetzungen, die sich maßgeblich an den körperlichen Voraussetzungen Erwachsener orientieren, ist auch Sprache „geprägt von der Erwachsenenperspektive und verknüpft oft etwas Abwertendes oder Unfertiges mit Kindlichkeit" (Britt & Kleine 2020, S. 54). Adultismus zeigt bereits jungen Menschen, „dass Herrschaft normal ist" (ebd., S. 55) und leistet damit allen weiteren Diskriminierungsformen Vorschub.

Diese Ungleichbehandlung ist in soziale Institutionen, Gesetze und Traditionen eingeschrieben oder, wie Olenka Bordo Benavides (ISTA/Fachstelle Kinderwelten 2018a, S. 25) formuliert, ein **„Strukturprinzip in Bildungseinrichtungen"**. Und auch bei alltäglichen Grenzüberschreitungen missbrauchen Erwachsene ihre

41 Für die weitere Beschäftigung mit dem Thema Adultismus sind die Autor*innen Manuela Ritz und Simbi Schwarz sowie Anne Sophie Winkelmann zu empfehlen.

Macht: So streichen sie Kindern ungefragt über den Kopf oder berühren und küssen sie, auch wenn die Kinder das offensichtlich nicht möchten. Zucken Kinder vor der ungewollten Berührung zurück, gelten sie nicht selten als schüchtern oder unhöflich, und ihre Handlungen werden mit Äußerungen wie „Jetzt stell dich nicht so an!“ kommentiert. Die Höherbewertung von Menschen aufgrund ihres Alters spiegelt sich ebenso in den Aushandlungen, die Kinder untereinander vornehmen: „Du bist ein Baby!“ ist im Kindergarten häufig eine Beleidigung.

Wie bei allen Erscheinungsformen von Diskriminierung erfordert auch die Auseinandersetzung mit Adultismus, dass sich die **Mächtigeren das ungleiche Machtverhältnis, in dem sie agieren, bewusst machen** und aufdecken, wo Adultismus eine Rolle spielt und welche Wirkungen er hat (vgl. Richter 2013, S. 14). Um Alternativen entwickeln zu können, ist die bewusste Entscheidung der Erwachsenen nötig, Adultismus nicht unreflektiert beibehalten zu wollen. Dass jeder Erwachsene ein Kind war, erleichtert den Zugang zum Thema. Die Reflexion eigener Kindheitserfahrungen hilft auch hier, sich in Kinder hineinzuversetzen und die pädagogische Praxis aus ihrer Perspektive zu reflektieren.

REFLEXION

Die Perspektive wechseln

Zuschreibungen, die Erwachsene häufig im Zusammensein mit Kindern verwenden, sind: „Kinder hören nie zu!" oder „Nie hörst du zu!". Um einen Perspektivwechsel zu ermöglichen, empfiehlt sich folgende Übung, die bereits mit Kindern gegen Ende des dritten Lebensjahres durchgeführt werden kann (vgl. Ritz in: Wagner 2017, S. 189):
Geben Sie dem Kind/den Kindern, mit denen Sie leben und/oder arbeiten, mindestens eine Stunde täglich die Möglichkeit, die Tagesgestaltung zu übernehmen. Sie werden erleben, zu wie vielen Aktivitäten und Spielen Sie aufgefordert werden. Halten Sie sich strikt an die Spielregeln und folgen Sie den Anweisungen der Kinder. Vermutlich werden Sie merken, wie anstrengend es ist, sich ausschließlich auf die Wünsche einer anderen Person einzustellen, die möglicherweise weit von Ihren eigenen Bedürfnissen entfernt sind. Stellen Sie sich nun vor, Ihr ganzer Tag wäre so strukturiert. Der Tagesablauf von Kindern ist zumeist gefüllt von und strukturiert durch Anweisungen, die Erwachsene an sie richten, und Aufgaben, die sie an sie stellen. Nicht ständig alles zu hören, was einem gesagt wird, wird damit zu einer nachvollziehbaren Strategie.

Eine partizipative Alltagsgestaltung bedeutet nicht, jegliche Verantwortung an die Kinder abzugeben. Erwachsene haben aufgrund ihrer längeren Lebenserfahrung einen Wissensvorsprung, den sie zum Beispiel einsetzen müssen, um Kinder vor Gefahren zu schützen. Jedoch gilt es zu prüfen, wann und wo bestehende Regeln und Vorschriften wirklich gebraucht werden; es gilt, Abläufe auf ihre Sinnhaftigkeit für alle Beteiligten zu prüfen und immer wieder den Dialog mit den Kindern zu eröffnen.

REFLEXION

Reflexion von Interaktionen

- Bestätigen wir jedes Kind darin, dass es richtig ist, wie es ist?
- Unterstützen wir die Kinder, einen breiten Gefühlswortschatz zu erwerben?
- Ermutigen wir die Kinder, Wörter für ihre Gefühle zu finden, wenn ihnen Unrecht geschieht?
- Unterstützen wir die Kinder dabei, sich in andere Menschen hineinzuversetzen und Mitgefühl zu entwickeln?
- Thematisieren wir mit Kindern, dass auch Worte wehtun können?
- Sorgen wir dafür, dass sich jedes Kind mit seinen Erfahrungen und Kompetenzen an der Gestaltung des Alltags beteiligen kann?
- Überprüfen wir bestehende Strukturen und Regeln fortlaufend und gemeinsam mit den Kindern?

3.2.2 Wer bist Du? (Ziel 2)

Vielfalt zum Thema machen heißt, sich mit Gemeinsamkeiten und Unterschieden zu beschäftigen. Kinder brauchen gezielte Impulse, um über Unterschiede zwischen Menschen zu sprechen. Dass Kinder mit unterschiedlichen Identitätsmerkmalen gemeinsam in einer Gruppe sind, reicht nicht aus.

Gespräche initiieren und moderieren

Auch bei Gesprächen mit Kindern gilt das Prinzip **„über Gemeinsamkeiten zu den Unterschieden"** sowie die Maßgabe, Kindern sachlich korrekte Informationen zu vermitteln. Der Ausgangspunkt der Erkundung von Unterschieden zwischen Menschen ist die Kindergruppe und das, was alle gemeinsam haben – zum Beispiel: Alle

Menschen haben einen Körper, aber jeder Körper sieht anders aus. Die Thematisierung von Vielfalt zielt darauf, dass Kinder sich mit Unterschieden wohlfühlen – mit dem, was sie ausmacht, und mit dem, was Menschen ausmacht, die sich von ihnen unterscheiden.

Vorurteilsbewusste Erzieher*innen ermutigen Kinder, sich unbefangen zu Unterschieden zu äußern. Sie zeigen **Interesse an den Wahrnehmungen, Beobachtungen oder Deutungen der Kinder** und bieten ihnen Beschreibungen an, die nahe an diesen Erfahrungen sind. Aufregung, Moralisierung oder Dramatisierung hingegen kann Kinder beschämen, lässt sie an ihren Wahrnehmungen zweifeln und hilft ihnen nicht, sie auszudrücken. Äußern sich Kinder abwertend über andere Menschen, fehlen ihnen vielleicht respektvolle Wörter für ihre Beobachtungen oder Gefühle und das Wissen, dass es Menschen verletzt, wenn man abfällig über sie spricht. Die folgenden Prinzipien sind bei den Gesprächen zu beachten (vgl. ISTA/Fachstelle Kinderwelten 2016c, S. 95f.):

Gespräche führen, bei denen alle Kinder sich äußern können

Ein Beispiel: Die Frage, wohin die Kinder im Urlaub verreisen werden oder verreist sind, setzt Urlaubsreisen als Norm. Kinder, deren Familien ihre Ferien aus finanziellen oder anderen Gründen zuhause verbringen, schließt diese Frage aus. Sie erfahren: Es ist scheinbar üblich, ja sogar erwünscht, in der Ferienzeit Reisen zu unternehmen. Und sie lernen, dass sie dieser konstruierten Norm nicht genügen. Besser wäre zu fragen, was die Kinder in den Ferien erlebt haben. Diese Frage enthält die Bestätigung, dass die Erlebnisse der Kinder, die nicht verreist sind, genauso wichtig und wertvoll sind wie die der Kinder, die eine Reise unternehmen konnten.

Sachinformationen zu Unterschieden einholen

Soll zum Beispiel das Thema „Fortbewegung“ besprochen werden, ist die zentrale Aussage: Alle Menschen bewegen sich fort. Und sie tun das unterschiedlich: Zum Beispiel nutzen viele Menschen ihre Beine, einige einen Rollstuhl, andere Gehhilfen als Unterstützung. Mit den Kindern kann man besprechen, welche Formen der Fortbewegung sie schon kennen. Was denken sie, warum jemand einen Rollstuhl benutzt? Im Gespräch zeigt sich, welche Informationen den Kindern fehlen. Woher können sie die fehlenden Informationen bekommen? Gibt es Personen in Ihrer Einrichtung, die davon erzählen können? Gibt es Bücher, die sich mit dem Thema beschäftigen? Wen könnten sie fragen? Bei der Erkundung wird zum Beispiel deutlich, wie vielen Herausforderungen und Hindernissen (Treppen, unüberwindbare Fußwegkanten, hohe Supermarktregale etc.) Menschen, die einen Rollstuhl nutzen, im Alltag begegnen. Gesellschaftliche Barrieren werden spürbar, **Empathie und Verständnis** können weiterentwickelt werden.

Deutungen der Kinder respektvoll aufgreifen und erweitern

Wenn die Kinder Mitleid äußern, weil Theo „nur" mit seiner Mama lebt, kann man fragen, wie sie auf die Idee kommen, dass Theo zu bemitleiden sei. Dadurch können die Kinder **Normalitätsvorstellungen** äußern, die sie bereits entwickelt haben, und es ergeben sich zum Beispiel folgende Antwortmöglichkeiten: „Aha, du denkst, dass eine Familie aus einer Mutter, Kindern und einem Vater besteht. Und du, Ayla, denkst, dass sie auch aus zwei Vätern und Kindern bestehen kann, wie bei deiner Freundin. Schaut, wer zu einer Familie gehört, das kann ganz unterschiedlich sein."

Kinder mit einer „Besonderheit" nicht vorführen

Gibt es nur ein Kind in der Gruppe, das sich durch ein **Identitätsmerkmal** von den anderen Kindern unterscheidet, muss vermieden werden, das Kind mit diesem Merkmal in den Mittelpunkt zu stellen. Diese Form der „Besonderung" ist für Kinder meist unangenehm, denn sie stellt ihr vermeintliches „Anderssein" heraus, trennt sie dadurch von der Gruppe und wirkt ihrem Bedürfnis, dazuzugehören, entgegen. Gibt es in der Gruppe zum Beispiel zwei Kinder, die eine Brille zum Sehen nutzen, bedarf es der Bezugnahme auf das Sehen aller Kinder. An einem Gespräch darüber können sich alle mit ihren **jeweiligen Erfahrungen** beteiligen.

BEISPIEL

Mahlzeiten inklusiv gestalten

„Ein Junge, noch in der Eingewöhnungszeit, ist zum ersten Mal beim Mittagessen dabei und isst mit den Händen. Da zeigt ein anderes Kind auf ihn und sagt: ‚Guck mal, der kann nicht essen.' Einige Kinder lachen. Der Junge hört auf zu essen, steht auf und will nach Hause. Dieser Vorfall macht die Pädagoginnen betroffen, denn es handelte sich um eine Situation, die sie häufiger erleben: Kinder machen etwas anders als die anderen und werden deswegen gehänselt oder ausgelacht. [...] Sie beschließen, mit den Kindern über das Thema zu sprechen: Wie essen Menschen? Sitzen sie auf Stühlen am Tisch oder auf dem Boden? Essen sie mit Besteck oder mit den Händen?" Die Kolleg*innen planen, verschiedene Varianten von Speisegewohnheiten erlebbar zu machen und den Kindern zu ermöglichen, beim Essen zum Beispiel auf dem Boden zu sitzen oder mit den Händen zu essen. Dafür befragen sie die Bezugspersonen der Kinder, was und wie bei ihnen zu Hause gegessen wird. „Bereitwillig gaben die Eltern Auskunft, waren einverstanden, dass eine Mahlzeit in der Kita nach ihren Informationen gestaltet wird, und die Köchin kochte entsprechende Gerichte. Die Mahlzeiten wurden für alle Beteiligten eine besondere Erfahrung, speziell das Essen am Boden. Manche Kinder erzählten, dass sie, ihre Großeltern oder andere Familienangehörige auch so essen. Andere machten diese Erfahrung zum ersten Mal". (ISTA/Fachstelle Kinderwelten 2016c, S. 110f.)

Vielfaltsaspekte außerhalb der Kita einbeziehen

Neben der Thematisierung der Vielfalt innerhalb der Kindergruppe oder Einrichtung gehört es zur Arbeit in Ziel 2, Aspekte von Vielfalt in den Blick zu nehmen, die außerhalb des unmittelbaren Kita-Alltags liegen.

ÜBER DEN UMGANG MIT NORMEN

Teilen Kinder ihre Beobachtungen und Theorien mit, lohnt es sich, wie im folgenden Beispiel darauf einzugehen (vgl. ebd., S. 116): Ein Kind sagt: „Jungen spielen nicht in der Puppenecke." Die Erzieherin fragt: „Warum nicht?" Das Kind: „Weil sie nicht wissen, wie man mit Puppen spielt." Die Erzieherin antwortet: „Wirklich? Lass es uns herausfinden! Wir fragen einige Jungen, ob sie bei unserem Experiment mitmachen. Was tun Mädchen mit Puppen, das Jungen nicht tun können?"
Nicht selten werden bei solchen Erforschungen Normen und Regeln aus der Umgebung der Kinder sichtbar, die sich von denen der Kita unterscheiden. Wie es gelingen kann, dies aufzugreifen, ohne diese Ansichten als „falsch" zu bezeichnen, beschreibt das folgende Beispiel (vgl. DECET 1998): Ein Kind sagt: „Meine Mama findet, dass Jungen nicht mit Puppen spielen können." Die Erzieherin sagt: „Weißt du, es kann sein, dass bei dir zu Hause Jungen nicht mit Puppen spielen, aber im Kindergarten entdecken wir, dass sie es können, wenn sie es wollen, nicht wahr?" Die Erzieherin sagt nicht: „Deine Mama hat unrecht!" Denn die Mutter hat recht, was das Zuhause angeht. Dort spielen Jungen nicht mit Puppen. Vielmehr sagt sie: „Der Kindergarten ist ein anderer Ort. Hier können Jungen das tun, und Mädchen können auf das Klettergerüst klettern. Vielleicht kannst du das zu Hause nicht tun, aber hier kannst du es."

Es wird erneut deutlich: **Sprachhandeln drückt nicht nur gesellschaftliche Wirklichkeiten aus, es reproduziert sie auch.** Treten wir nicht gegen ein solches Sprechen ein, zementieren wir ausgrenzende und diskriminierende gesellschaftliche Verhältnisse (vgl. Tomás & Richter 2020, S. 49).

> *„Aber Sprache dichtet und denkt nicht nur für mich, sie lenkt auch mein Gefühl, sie steuert mein ganzes seelisches Wesen, je selbstverständlicher, je unbewusster ich mich ihr überlasse. Und wenn nun die gebildete Sprache aus giftigen Elementen gebildet oder zur Trägerin von Giftstoffen gemacht worden ist? Worte können sein wie winzige Arsendosen: sie werden unbemerkt verschluckt, sie scheinen keine Wirkung zu tun, und nach einiger Zeit ist die Giftwirkung doch da"*
> (Klemperer 2007, S. 9).

Um bei stereotypen und ausgrenzenden Botschaften von Kindern intervenieren zu können, müssen Erzieher*innen solche Botschaften erkennen und wissen, dass sie auf Kinder anders wirken als auf Erwachsene. Während Erwachsene sich eher von stereotypen Darstellungen distanzieren können, sind sie für Kinder Teil der Informationen, aus denen sie ihr Bild von der Welt konstruieren. Haben sie keine Scheu, Unterschiede zu thematisieren. Sie haben das Gefühl, Sie wüssten über einen bestimmten Aspekt nicht ausreichend Bescheid? Sagen Sie es den Kindern und gehen Sie gemeinsam auf die Suche nach den Antworten. Sofort einschreiten sollten Sie jedoch, wenn Sie beobachten, dass bestimmte Kinder oder ihre Familien von anderen als „komisch", „unnormal" oder „anders (als wir)" beschrieben werden.

Überprüfung der pädagogischen Praxis

REFLEXION

- Greifen wir die Aspekte sozialer Vielfalt auf, die Kinder von sich aus ansprechen?
- Thematisieren wir Aspekte sozialer Vielfalt, die Kinder zu beschäftigen scheinen, ohne dass sie diese von sich aus ansprechen?
- Suchen wir bei der Thematisierung von Vielfalt nach Fragen, die alle Kinder beantworten können, damit kein Kind aufgrund fehlender Erfahrungen ausgeschlossen ist?
- Unterstützen wir Kinder bei der Suche nach Erklärungen für Gemeinsamkeiten und Unterschiede?
- Bieten wir Kindern Beschreibungen für Unterschiede an, die sachlich korrekt, respektvoll und verständlich sind?
- Machen wir deutlich, dass Menschen grundsätzlich mehr verbindet als unterscheidet?
- Widersprechen wir Äußerungen oder Kommentaren, die Menschen abwerten und herabwürdigen können?

3.2.3 Das ist ungerecht! (Ziel 3)

Bereits junge Kinder machen Erfahrungen mit Ungerechtigkeit. Jemand lässt sie nicht mitspielen, ein anderes Kind nimmt ihnen ihr Lieblingsspielzeug weg, Mitgebrachtes wird nur mit einigen Kindern geteilt und andere Kinder bekommen bewusst nichts oder es fallen ausgrenzende, verletzende Worte. Ebenso früh machen Kinder die Erfahrung, dass manche Kinder bestimmen und andere nicht. Solche Situationen bieten Anlässe für **Gespräche zu Gerechtigkeitsfragen** (vgl. ISTA/Fachstelle Kinderwelten 2016c, S. 26): Wie fühlt es sich an, wenn man nicht mitspielen darf? Was glaubt ihr, warum dürfen einige Kinder mitspielen und andere nicht? Ist das gerecht? Ist es okay, wenn jemand sagt „Du darfst nicht mitspielen, weil du eine Brille hast"? Themen für solche Gespräche sind dabei nicht nur Ereignisse in der Kindergruppe, sondern auch von Erwachsenen und Kindern berichtete Erlebnisse aus dem Umfeld der Kita oder den Familien. Darüber nachzudenken und sich damit auseinanderzusetzen, gibt Kindern Anregungen für die Ausbildung ihres moralischen Denkens (vgl. Keller in: Wagner 2017, S. 66f.), sodass sie in entsprechenden Situationen sagen können: „Das ist ungerecht!"

PRAXISANREGUNG

Wenn Diskriminierung nicht in den Kummerkasten passt

In den **Hörstücken** des Projekts „KiDs! - Kinder vor Diskriminierung schützen" (Fachstelle Kinderwelten/ISTA)[42] schildern diskriminierungserfahrene Familien und pädagogische Fachkräfte eindrücklich ihre Erfahrungen mit diskriminierungsrelevanten Beschwerden in der Kita. Expert*innen stellen dar, wie ein diskriminierungssensibler Umgang mit Beschwerden aussehen kann. Zudem hat das Projektteam eine **„Arbeitshilfe zur Einführung diskriminierungssensibler Beschwerdeverfahren in der Kita"** veröffentlicht.

Auch wenn bereits junge Kinder über hohe Konfliktlösungskompetenzen verfügen, benötigen sie **Ihre Unterstützung, Ihren Schutz und Ihren Beistand, wenn sie aufgrund eines Merkmals ihrer Identität in Konflikte geraten.** Dies gilt besonders dann, wenn die Konflikte sich über einen längeren Zeitraum erstrecken, von meh-

42 https://kids.kinderwelten.net/de/Publikationen/

reren Kindern ausgehen und von Entwürdigungen begleitet sind (vgl. ISTA/Fachstelle Kinderwelten 2016c, S. 138). Auch **diskriminierende Sprache ist eine Form von Gewalt,** die das betroffene Kind so verletzen kann wie körperliche Übergriffe und ebendiesen häufig Vorschub leistet. Sie kann Ausdruck von Unbehagen im Umgang mit Unterschieden oder die Folge verinnerlichter Dominanzgefühle sein. „In beiden Fällen ist die klare **Intervention** Erwachsener nötig, die den diskriminierten Kindern Beistand zusichert und allen Kindern deutlich macht, dass sie in dieser Umgebung vor Dis- kriminierung geschützt sind" (ebd., S. 139).

REFLEXION

Eine Frage der Gerechtigkeit

- Geben wir Kindern Raum, ihre Gedanken und Theorien über Gerechtigkeit und Ungerechtigkeit sowie ihre Erfahrungen damit zu äußern?
- Berücksichtigen wir, dass Kinder erst dabei sind, moralische Überzeugungen zu entwickeln, und unterlassen Beschämung und Moralisierung?
- Erarbeiten wir mit der Kindergruppe ein gemeinsames Verständnis von Gerechtigkeit?
- Machen wir deutlich, dass auch beim Streiten kein Kind aufgrund von Merkmalen seiner Identität ausgelacht oder ausgegrenzt werden darf?
- Verfahren wir nach einem Interventionskonzept, das ausgegrenzte Kinder stärkt und ausgrenzende Kinder nicht beschämt?

3.2.4 Ich kann mir helfen – wir können uns helfen! (Ziel 4)

Kinder brauchen Erwachsene, die bei Ungerechtigkeiten aufmerksam und ansprechbar sind und Position beziehen. Gründe für stereotype Äußerungen müssen genauer untersucht werden: „Handelt es sich darum, bestimmten Phänomenen einen Sinn zu geben? Stecken hinter den Fragen, Handlungen oder Kommentaren bereits Vor-Vorurteile, Unwohlsein oder die Ablehnung bestimmter Merkmale von Menschen?" (ISTA/Fachstelle Kinderwelten 2016c, S. 28). Nicht selten reagieren Erzieher*innen aus Unsicherheit oder Angst gar nicht oder sie weisen die Kinder zurecht: „Das sagt man nicht!" Dies vermittelt Kindern jedoch, dass der von ihnen bemerkte Unterschied mit etwas Unangenehmem, Verunsicherndem verbunden ist. Eine **sachliche Reaktion** hingegen unterstützt ihr Verstehen.

Gemeinsame Regeln können alle dabei unterstützen, gerechter miteinander umzugehen. Sie gelten für alle, bilden die Basis des Zusammenlebens und bieten Kindern, die von Ausgrenzung und Diskriminierung bedroht sind, Schutz. So ist es zum Beispiel beim Thema „Nicht-mitspielen-lassen" notwendig, genauer hinzusehen. Es gilt zu erkunden, warum Kinder sich dies verwehren und welche Lösungen es geben könnte. Das nachfolgende Beispiel schildert, wie sich ein Team dieser Herausforderung stellte.

BEISPIEL

Alle dürfen mitspielen!

Als in einer Teamfortbildung das Buch „Mitspielen verbieten ist verboten" (Paley 1994) vorgestellt wurde, reagierte das Team zunächst entrüstet. Nach dem Lesen des Buches erfolgte eine intensive Auseinandersetzung mit dem Thema „Ausgrenzung beim Spielen". Den Erzieher*innen fiel auf, dass „in Spielsituationen oft der Satz fiel: ‚Du bist nicht mehr mein Freund/meine Freundin, du darfst nicht mitspielen.' Bei einem Ausflug fiel dieser Satz wieder, und ein Kind begann zu weinen. Das war der Moment, in dem eine Kollegin sagte: ‚So, jetzt ist es genug.' Sie war nicht mehr bereit, den Kummer des ausgeschlossenen Kindes hinzunehmen, um das Spiel der anderen Kinder nicht zu beeinflussen" (ISTA/Fachstelle Kinderwelten 2016c, S. 154). Das Team entschied, Paleys Regel einzuführen und formulierten sie um: Alle dürfen mitspielen! Damit hatten die Kinder eine Formulierung, die sie nutzen konnten, wenn es zu Ausschlüssen kam. „Zum Beispiel sagte der dreijährige Arslan einfach nur: ‚Mitspielen!' Und alle wussten, was er meinte. Anna, die sich zuvor nie beschwert hatte, dass sie nicht mitspielen durfte, erzählte ihrer Mutter sofort von der Regel. Am Tag darauf teilte die Mutter der Erzieherin mit: ‚Ich bin froh, dass es diese Regel jetzt gibt.' Nachdenklich fügte sie hinzu: ‚Das wäre schon im vorigen Jahr nötig gewesen.'" (ebd., S. 155).

Erfolgreiches Intervenieren ist häufig eine große Herausforderung. Nachfolgend finden Sie einige Hinweise, die Sie unterstützen sollen, bei diskriminierenden Äußerungen und Handlungen von Kindern einzuschreiten (vgl. Derman Sparks & the A.B.C. Taskforce 1989, S. 67ff.).

Intervenieren - aber wie?

Prüfen Sie, worum es sich handelt: Werden Kinder aufgrund ihrer Identitätsmerkmale abgelehnt, dann handelt es sich um Diskriminierung und bedarf einer zügigen Intervention. War der Auslöser etwas anderes? Dann lohnt es sich häufig, die Situation zunächst zu beobachten und zu erfassen, ob die Kinder selbstständig zu einer Lösung gelangen können.

Machen Sie sich Ihre eigene Wertorientierung bewusst: Machen Sie sich klar, auf Grundlage welcher Werte Sie agieren, und tauschen Sie sich mit Ihren Kolleg*innen darüber aus.

Machen Sie sich bewusst, dass Sie mit jungen Menschen sprechen: Erkennen Sie an, dass Kinder ihr „moralisches Selbst“ entwickeln, und unterstützen Sie sie in diesem herausfordernden Prozess.

Etablieren Sie mit der Kindergruppe verbindliche Grundregeln: Diese Regeln dienen dem Schutz der Kinder und drücken aus, was Ihnen und den Kindern wichtig ist – zum Beispiel: „Kein Kind darf ausgeschlossen werden“.

Wenden Sie sich zunächst dem ausgegrenzten/diskriminierten Kind zu und danach dem Kind, das ausgegrenzend gehandelt hat: Bestätigen Sie dem Kind, dass es Unrecht war, was ihm widerfahren ist und dass es das Recht hat, sich dagegen zu wehren. Seien Sie sich bewusst, dass Sie mit Ihren Interventionen immer allen Kindern Informationen darüber geben, was in der Einrichtung toleriert wird und was nicht: den Kindern, die ausgegrenzt werden, den Kindern, die ausgrenzen, und den Kindern, die die Situation beobachten.

Unterscheiden Sie, was auf Kinderebene geklärt werden muss und was auf Erwachsenenebene: So ist zum Beispiel ein Gespräch mit der Familie notwendig, wenn Sie feststellen, dass ein Kind diskriminierende Botschaften „von zu Hause mitbringt“.

Arbeiten Sie als Team an einer Kitakultur, die von Respekt und Gerechtigkeit geprägt ist: Bei Diskriminierung müssen Sie eingreifen, ebenso braucht es ein inklusives Gesamtkonzept als Basis der Arbeit.

GRUNDPRINZIPIEN DES INTERVENIERENS

Diskriminierungen nicht ignorieren: „Es wird schon von allein vorbeigehen, wenn ich nicht darauf eingehe." Diese Position verweigert denjenigen Schutz und Unterstützung, die diskriminiert wurden, und sendet die Botschaft, dass es in der Einrichtung erlaubt ist, sich diskriminierend zu verhalten. Und ja, einige Kinder testen Grenzen aus. Man würde jedoch Kinder niemals weiter Bauklötze auf andere werfen lassen, weil man befürchtet, dass eine Intervention die Situation verschlimmert. Ebenso sollte es im Fall einer Diskriminierung gehandhabt werden.

Diskriminierung nicht entschuldigen: „Jonas meinte es nicht so, als er sagte, Sara dürfe nicht mitspielen." Solche Äußerungen entschuldigen diskriminierendes Verhalten. Und wenn man sagt, „Sara hat es nichts ausgemacht, sie ging einfach weiter", trivialisiert man die Gefühle des ausgegrenzten Kindes. Reaktionen wie diese vermitteln dem ausgrenzenden Kind, dass es okay ist, jemanden zu verletzen, und dem ausgegrenzten Kind sagen sie, dass es an diesem Ort keinen Schutz vor solchen Äußerungen und Handlungen erwarten kann.

In Kontakt sein: Erwachsene glauben oft, zu wissen, was für Kinder das Beste ist - doch wissen wir es wirklich? Geben Sie Kindern die Möglichkeit, sich zu dem, was geschehen ist, zu verhalten - übertragen Sie ihnen jedoch nicht die Verantwortung für die Intervention.

Nicht erstarrt sein vor Angst: „Letztes Mal hat Somaya noch trauriger geguckt, nachdem ich versucht habe, sie zu unterstützen. Ich sage lieber nichts, anstatt wieder etwas Falsches zu sagen." Einen Fehler zu machen, ist weniger schlimm als gar nicht zu handeln. Sie können immer erneut auf ein Kind zugehen und etwas anderes sagen oder tun, wenn Sie finden, Ihre Reaktion war nicht korrekt. Und auch wenn Sie nicht in der Lage waren, gleich einzugreifen, sollte unbedingt überlegt werden, wie man zu einem späteren Zeitpunkt darauf eingehen und auf die beteiligten Kinder zugehen könnte. (vgl. Derman Sparks & the A.B.C. Taskforce 1989, S. 69ff.)

Neben den Erfahrungen in der eigenen Kita entwickeln Kinder ihr Verständnis von (Un-)Gerechtigkeit auch über Erlebnisse und Beobachtungen in ihrem weiteren Umfeld. Sie setzen sich in Beziehung zu ihren Beobachtungen, vergleichen, entdecken Widersprüche und empören sich: „Manche Leute haben zwei Häuser, und der Mensch keins!" oder „Pia kann nicht mit zum Rummel kommen, weil ihre Eltern kein Geld haben" (vgl. ISTA/Fachstelle Kinderwelten 2016c, S. 153). Kinder registrieren Fälle von Ungerechtigkeit, wenn sie sich in die Betroffenen hineinversetzen können, und wollen dann häufig auch etwas tun, um mehr Gerechtigkeit herzustellen – unterstützen Sie sie dabei!

Wenn Sie Kindern Raum für ihre eigenen Ideen und Fragen zu Gerechtigkeit geben, Interesse an ihrer Sicht zeigen, sie bei der Realisierung ihrer Ideen unterstützen und sie ermutigen, sich für sich selbst und andere einzusetzen, leisten Sie einen wichtigen Beitrag zur Entwicklung ihres prosozialen Handelns und damit zu einer inklusiveren Gesellschaft.

Bücher und Erzählungen, die von Menschen berichten, die sich erfolgreich für mehr Gerechtigkeit eingesetzt haben, helfen dabei und machen Mut. Solche Vorbilder können Menschen aus den Familien der Kinder, Erzieher*innen oder andere Personen aus dem Umfeld sein, aber auch unbekannte Menschen, deren Lebensgeschichten die Kinder kennenlernen und die sie begeistern (ebd., S. 167).

REFLEXION

Ungerechtigkeit zum Thema machen

- Stärken wir Kinder in ihrer Selbstwahrnehmung und in ihrer Einfühlung in andere Menschen, wenn es um Ungerechtigkeit geht?
- Bewerten wir es nicht als „Petzen", wenn Kinder uns um Hilfe bitten?
- Üben wir mit Kindern, wie sie Abwertung und Ausgrenzung widersprechen können, auch wenn es das Handeln von Erwachsenen betrifft?
- Erörtern wir mit Kindern an Beispielen, was gerecht und was ungerecht ist?
- Thematisieren wir vergangene oder gegenwärtige Beispiele sozialer Ungerechtigkeit?
- Bestärken und ermutigen wir Kinder durch Vorbilder, Position zu beziehen und sich für mehr Gerechtigkeit einzusetzen?
- Verfahren wir nach einem Interventionskonzept, das ausgegrenzte Kinder stärkt und ausgrenzende Kinder nicht beschämt?

3.3 Die Zusammenarbeit mit Bezugspersonen vorurteilsbewusst gestalten

Die Art und Weise, wie pädagogische Fachkräfte mit Bezugspersonen umgehen, spielt für die Identitätsentwicklung von Kindern eine wichtige Rolle (vgl. ISTA/Fachstelle Kinderwelten 2016a, S. 11). Die Familie ist die **erste und zunächst engste Bezugsgruppe junger Kinder** und damit unmittelbar mit ihrer Identität verknüpft. Wird ihre Bezugsgruppe nicht anerkannt oder diskriminiert, „kann dies das Selbstbild des Kindes in schädigender Weise beeinflussen, denn es nimmt genau wahr, ob seine Bezugspersonen in der Kindertagesstätte geachtet oder belächelt werden, ob die Erzieher*innen sie freudig begrüßen oder erleichtert sind, wenn sie die Kita verlassen haben“ (ebd.).

Ein erster Schritt zur vorurteilsbewussten Zusammenarbeit besteht darin, den verschiedenen **Familienkulturen** Interesse und Wertschätzung entgegenzubringen, um ihnen in einem nächsten Schritt Teilhabe zu ermöglichen, mit ihnen zusammenzuarbeiten und sie an der Entwicklung einer inklusiveren Kitakultur zu beteiligen.

3.3.1 Die Kita für Familien öffnen (Ziel 1)

Jedes Kind bringt seine ganz eigene Familienkultur mit in die Einrichtung. Was pädagogische Fachkräfte wahrnehmen und anerkennen, ist jedoch immer auch von ihren eigenen Erfahrungen geprägt und von gesellschaftlichen Bildern und Normen beeinflusst. Dies wird zum Beispiel dann deutlich, wenn Unterschiede in Bezug auf die sogenannte „ethnische“ Herkunft der Familien betont und „einheimische“ oder „deutsche“ Kinder von Kindern mit Migrationserfahrungen unterschieden werden. Damit wird zum einen negiert, dass eine Vielzahl von Kindern in Deutschland geboren sind und damit ebenso Deutsche sind, zum anderen geraten die **vielfältigen sozio-kulturellen Besonderheiten jeder einzelnen Familie** aus dem Blick (vgl. ISTA/Fachstelle Kinderwelten 2016a, S. 13).

Hinzukommend wird oft versucht „Beweggründe und unbekanntes Verhalten mit der ethnischen Herkunft zu erklären. Die Erklärungsversuche begünstigen aber wiederum Stereotypen und Vorurteile. Schnell kommt es dazu, dass türkische Familien ‚traditionelle Geschlechterrollen‘ haben und russische Eltern ‚autoritär‘ sind. Besonders beim Scheitern der Kommunikation und bei Konflikten besteht die Gefahr, als erstes die Herkunft verantwortlich zu machen: ‚Die sind so.' Damit werden wir den Familien keineswegs gerecht. Denn sog. ‚ethnische Herkunft' ist *ein* Identitätsmerkmal unter vielen. Eine **individuelle Betrachtung jeder Familie** und echtes Interesse sind Voraussetzungen für gelingende Kommunikation" (Kuyumcu 2015, S. 68).

Der Begriff **„Ethnie"** wird seit geraumer Zeit als Alternative für den Begriff „Rasse" genutzt, da dieser, trotz seiner Verwendung in Gesetzestexten, kritisch betrachtet wird. Doch auch die Begriffe „Ethnie" oder „ethnisch" sind problematisch. Sie basieren ebenfalls auf der zentralen Grundidee, dass Menschen nach biologistischen Merkmalen unterschieden werden könnten (vgl. Arndt in: Arndt & Ofuatey-Alazard 2011, S. 632). Damit wird weiterhin aus einer Machtposition heraus verallgemeinert, verabsolutiert und gewertet (vgl. Memmi 1987, S. 164f.). Die Begriffe werden daher in Anführungszeichen gesetzt, um ihren konstruierten Charakter und die Kritik daran sichtbar zu machen.

Es wird deutlich, wie wichtig es ist, genau hinzusehen und den eigenen Blick nicht von vermeintlichen „Nationalkulturen" und den dazugehörigen Vorurteilen trüben zu lassen. Jede Familienkultur besteht aus einem **Mosaik individueller Werte, Erfahrungen, Normen und Geschichten** – diese gilt es, in Erfahrung zu bringen und zu berücksichtigen.

BEISPIEL

Eigene Vorurteile abbauen

Eine Horterzieherin berichtet, wie es ihr gelang, ihren Blick zu öffnen: „Wir hatten gerade ein Mädchen aus dem Irak in unsere Gruppe aufgenommen und die Eltern um eine Schwimmerlaubnis gebeten, was diese aber ablehnten. Als erstes habe ich gedacht: Klar, muslimische Eltern möchten das aufgrund ihres Glaubens nicht. Nach ein paar Tagen habe ich dennoch die Mutter gefragt, warum ihre Tochter nicht mitkommen dürfe. Sie antwortete, dass ihre Tochter letztes Jahr in einem Urlaub beinahe ertrunken sei und sie Angst um sie habe. Ich konnte ihr erklären, dass die Kinder in einem Nichtschwimmerbecken stehen können und wir mit zwei Begleitpersonen hingehen und ganz gut auf sie aufpassen würden. Darauf hat sie erlaubt, dass ihr Kind mitkommen darf" (Kuyumcu 2015, S. 70)

Abb. 6: Familienbegegnung

Noch immer wird auch im pädagogischen Kontext ein starrer **Kulturbegriff**[43] genutzt, der sich an vermeintlichen „Nationalkulturen" festmacht und Stereotype und Vorurteile reproduziert und festigt (Kulturalisierung). Wenn wir jedoch wirklich mit Kindern und ihren Familien in Kontakt kommen und inklusive Kita-Praxis gestalten möchten, ist ein dynamischer Kulturbegriff, wie in der Definition Familienkultur, zielführender. „Kultur" wird dabei als vielschichtige und „alltägliche soziale Praktik verstanden" (Bostancı & Bovha 2018, S. 45), die sowohl individuell als auch flexibel ist.

Familien so zu akzeptieren, wie sie sind, kann für pädagogische Fachkräfte eine Herausforderung sein, ist jedoch für das Wohlbefinden der Kinder unumgänglich oder wie Derman-Sparks (2013, S. 3) formuliert: „Die entscheidende Herausforderung ist, offen zu bleiben, um von den Familien zu lernen."

43 Zur vertiefenden Auseinandersetzung empfiehlt sich der Text „Warum es wichtig ist, den Kulturbegriff zu reflektieren" von Bostancı & Bovha (2018).

REFLEXION

Haltung reflektieren und Dialog erleichtern

- Welche Gefühle und Gedanken löst das Verhalten der Bezugspersonen bei mir aus?
- Worauf basieren meine Gefühle und Gedanken?
- Welche meiner Wertvorstellungen spielen eine Rolle?
- Welche meiner Bedürfnisse sind nicht erfüllt?
- Was bedeutet die Situation für die Bezugspersonen?
- Welche Wertvorstellungen drücken sie aus?
- Welche ihrer Bedürfnisse sind nicht erfüllt?
- Was sind die guten Gründe[44] für ihr Handeln?

(vgl. ISTA 2016a, S. 17)

Gemeinsame Sprachen finden

Lautsprache ist das meistgenutzte Kommunikationsmittel und wird auch in Kitas immer wieder als Herausforderung beschrieben. Für die **Entwicklung gemeinsamer Sprachen,** ist es bedeutsam, offen zu bleiben und kreativ Verständigungswege zu suchen: „Für uns in der Kita gehört dazu der Einsatz von Gestik und Mimik, das Ausschöpfen des ganzen nonverbalen Repertoires. Schon der Blick bei der Begrüßung kann Türen öffnen oder verschließen“ (Hiel 2015, S. 82).

Ein Erzieher berichtet im Rahmen einer Fortbildung davon, wie er mit einer Familie, die erst vor einigen Wochen in Deutschland angekommen ist, kommuniziert: „Die Familie spricht Farsi, eine Sprache, die ich leider nicht beherrsche. Um dennoch miteinander kommunizieren zu können, nutzen wir neben Symbolen eine App: Wir sprechen das, was wir uns mitteilen möchten, in die App, und die App übersetzt es in Laut- und Schriftsprache. Es gibt immer wieder auch lustige Übersetzungen, aber alles Wichtige konnten wir bisher auf diesem Weg gut miteinander besprechen.“

44 Das „Konzept des guten Grundes“ nach Wilma Weiß hat seinen Ursprung in der Traumapädagogik. Kernthese ist, dass alles, was ein Mensch tut, einen „guten Grund“ hat, der mit der jeweiligen individuellen Erfahrung einer Person verknüpft ist. Ziel ist nicht die Rechtfertigung von Verhalten, sondern zu verstehen. Ein Verstehen, dass nicht zwangsläufig zu einem Einverständnis mit dem entsprechenden Verhalten führen muss, uns jedoch Kontakt und Dialog ermöglicht. Weitere Informationen finden Sie unter: www.wilmaweiss.de.

Auch **Leichte Sprache** ist ein Weg, um die Kommunikation zwischen Menschen zu erleichtern und Teilhabebarrieren abzubauen. Die Verwendung leichter Sprache unterstützt aus verschiedenen Gründen eine Vielzahl von Personen oder wie Cordula Schürmann, Prüferin bei der Bundesvereinigung Lebenshilfe, es in leichter Sprache formuliert (BMAS 2014, S. 9):

LEICHTE SPRACHE

„Jeder soll alles verstehen können.
Nicht nur Menschen mit Lern-Schwierigkeiten
brauchen Leichte Sprache.
Auch Menschen,
die nicht so gut lesen können,
ältere Menschen,
Menschen, für die Deutsch
nicht ihre Mutter-Sprache ist.
Ich wünsche mir mehr Leichte Sprache
im Internet
und bei allen Informationen, die wichtig sind!
Alle Menschen können Leichte Sprache besser verstehen."[45]

Erfahrungen mit „Leichter Sprache"

BEISPIEL

Eine Kita-Leiterin berichtet: „Seit wir unsere Aushänge und Infobriefe in Leichter Sprache verfassen, haben wir das Gefühl, Familien besser zu erreichen als vorher. In der Fortbildung ist uns bewusst geworden, mit wie viel Kraft und Scham es für Menschen häufig verbunden ist, überhaupt zu sagen, dass sie Informationen - aus welchen Gründen auch immer - nicht lesen oder verstehen können. Indem wir Leichte Sprache nutzen, bauen wir vielleicht ein paar Barrieren ab und können ihnen diese Kraft und Scham ersparen. Damit auch Menschen, die der deutschen Schriftsprache nicht mächtig sind, sich nicht ‚outen' müssen, arbeiten wir parallel immer auch mit Symbolen und Grafiken. Erst neulich sagte die Oma eines Kindes, die uns nach langer Zeit erzählt hat, dass sie nur sehr wenig lesen kann: ‚Wissen

45 Weitere Informationen zum Thema Leichte Sprache finden Sie z.B. beim Netzwerk Leichte Sprache (www.leichte-sprache.org), beim Büro für Leichte Sprache (https://leichte-sprache.de) oder der Agentur für Leichte Sprache der Lebenshilfe Bonn (www.lebenshilfe-bonn.de/wir/agentur-leichte-sprache/).

Sie, ich habe mich mein Leben lang dafür geschämt und es kostet so viel Kraft, es im Alltag zu verbergen und dennoch alles Wichtige mitzubekommen. Mit den Symbolen und der Leichten Sprache machen Sie es für mich sehr viel zugänglicher.' Ihre Worte haben mich sehr berührt und mir gleichzeitig verdeutlicht, wie ‚einfach' es manchmal sein kann, Barrieren abzubauen, wenn wir uns dieser nur bewusst werden und uns dafür entscheiden, etwas dagegen zu tun. Als nächstes werden wir auch unsere Konzeption in Leichte Sprache übersetzen."

Die Beispiele zeigen, dass sowohl dem Erkennen und Anerkennen von Barrieren als auch der inklusiven Haltung, die den Kontakt der Erzieher*innen mit den Bezugspersonen prägt, eine noch höhere Bedeutung zukommt als konkreten Sprachkenntnissen.[46]

PRAXISANREGUNG

Bildbuch: Kita-Alltag – Bildgestützte Kommunikation mit Eltern in der Kita[47]

Das Buch von Boldaz-Hahn und Kuhnert (2018) zeigt auf 78 Seiten Zeichnungen typischer Abläufe im Kita-Alltag. Mithilfe der diversitätsorientierten Bilder können pädagogische Fachkräfte diese leichter darstellen. So zeigen zum Beispiel Bilder, wie Eingewöhnungen gestaltet werden, was Kinder für die Kita mitbringen müssen; ein Kalender und eine Uhr zum Ausklappen helfen, Organisatorisches zu klären.

Machtverhältnisse in den Blick nehmen

Im Rahmen einer Familienprojektgruppe beschreiben Eltern und Bezugspersonen, was die Kommunikation mit den Erzieher*innen bisher erschwert hat. Sie nennen unter anderem die folgenden Punkte:

46 In vielen Städten können zudem auch kostenlose Dolmetscher*innen- und Sprachmittler*innendienste für Gespräche genutzt werden Eine Sammlung der Angebote in den verschiedenen Bundesländern finden Sie z.B. hier: https://integration.haus-der-kleinen-forscher.de/hintergrund/weiterfuehrende-links/dolmetscher-sprachmittlerangebote.

47 Das Buch ist kostenfrei über publikationen@bundesregierung.de erhaltlich.

„In meiner Kindheit war es so, dass die Kinder abgegeben und wieder abgeholt wurden, mitreden oder auch Fragen stellen war nicht erwünscht. Ich wusste nicht, dass es hier erlaubt oder vielleicht sogar gewünscht ist."

*„Deutsch ist die Sprache, die ich am wenigsten lange spreche, und auch wenn ich mich sehr gut auf Deutsch verständigen kann, habe ich das Gefühl, manchen Erzieher*innen ist es zu anstrengend, mit mir zu kommunizieren, weil sie denken, es wird sowieso kompliziert und sie müssen mir alles dreimal erklären."*

„Ich fände es schön, wenn es mehr Zeit gäbe, wirklich miteinander ins Gespräch zu kommen, auch mit den anderen Familien."

„Ich würde gern teilnehmen, aber es ist schwierig, jemand zu finden, der abends auf meine Kinder aufpasst, und Babysitter sind zu teuer. Ein Elternnachmittag, dann, wenn die Kinder noch betreut sind, wäre toll!"

*„Ich habe das Gefühl, unser Familienmodell wird von den Erzieher*innen nicht als ‚richtige' Familie anerkannt und vielleicht sogar belächelt. Ich fühle mich unwohl und traue mich daher nur selten, zu benennen, was mich wirklich beschäftigt."*

Die Aussagen weisen auf **Teilhabebarrieren** verschiedenster Art hin. Neben mangelnder Transparenz über das pädagogische Konzept verdeutlichen sie die Bedeutung des Umgangs mit Laut- und Schriftsprachen, Geschlechterzuschreibungen, Familienmodellen, Lebenssituationen und Zeitressourcen, der Beteiligungsspielräume entweder eröffnen oder verschließen kann. Damit Bezugspersonen sich in einer Einrichtung wohlfühlen und beteiligen können, müssen sie zu Wort kommen dürfen. Dies bedarf der klaren Botschaft, dass ihre Gedanken und Meinungen willkommen sind (vgl. ISTA/Fachstelle Kinderwelten 2016a, S. 35).

Wie kann Familien diese Botschaft vermittelt werden?

Gespräche sind immer auch Orte, in denen sich Rollen- und Machtverhältnisse widerspiegeln. Es gilt zu beachten, dass **gesellschaftliche Machtverhältnisse jede Interaktion beeinflussen,** es somit keine „neutralen" Gesprächssituationen gibt. Wer spricht mit wem? Worüber? Und wie? Wer wird wann adressiert? Wer wann nicht? Mit wem spreche ich gern? Welche Kontakte scheue ich? Warum? Was hat das sowohl mit meiner gesellschaftlichen Positionierung als auch mit der meines Gegenübers zu tun? Was mit Vorurteilen und diskriminierenden Mechanismen? Es ist hilfreich, sich Fragen dieser Art sowohl individuell als auch als Team immer wieder zu stellen und die pädagogische Praxis entsprechend weiterzuentwickeln.

Um eine **wertschätzende und inklusive Dialogkultur** zu gestalten, braucht es neben dieser Reflexion Gespräche und Fragen, die an den Erfahrungen der Bezugspersonen ansetzen, ohne diese zu bewerten. Gesprächsanlässe, die dazu einladen, von der eigenen Familie zu erzählen, und ein gegenseitiges Kennenlernen ermöglichen. Wie dies praktisch aussehen kann, zeigt folgendes Beispiel:

BEISPIEL

Was wir unseren Kindern mitgeben wollen

Um zu erreichen, dass alle Bezugspersonen sich beteiligen und einbringen können, nutzte ein Kita-Team die Übung „Was wir unseren Kindern mitgeben wollen" als Einstieg eines Elternabends. Ein Thema, zu dem alle etwas sagen konnten: Was wünschen Sie sich für Ihr Kind und seine Zukunft? Um ins Gespräch zu kommen, bereiteten sie gemeinsam mit den Kindern Postkarten mit verschiedenen Motiven vor. Sie versprachen den Kindern am nächsten Tag vorzulesen, was die Erwachsenen sich für sie wünschen. Die Methode kam gut an, alle Anwesenden äußerten Wünsche für ihre Kinder, die Erzieher*innen hielten sie schriftlich fest (vgl. ISTA/Fachstelle Kinderwelten 2016a, 43f.).

Gesehen und gehört zu werden, ist eine Grundbedingung dafür, dass Familien sich angenommen fühlen und beteiligen können.

REFLEXION

Als Familie gesehen und gehört werden

- Machen wir Bezugspersonen deutlich, dass wir uns für ihre Familienkulturen interessieren und diese respektieren?
- Suchen wir gezielt die Verständigung mit Familien, die sich bisher wenig einbringen (können)?
- Überprüfen wir regelmäßig, ob wirklich alle Bezugspersonen gleichermaßen Zugang zu den Beteiligungsmöglichkeiten in der Kita haben?

- Schaffen wir einen Ort für den Austausch der Familien?
- Sind unsere Informationen für alle Bezugspersonen zugänglich?
- Ist das Konzept unserer Einrichtung verständlich formuliert und transparent?
- Wissen wir, was Bezugspersonen ihren Kindern vermitteln wollen und sich für sie wünschen?

3.3.2 Einen Ort für Vielfalt schaffen (Ziel 2)

„Vertrauen ist erst möglich, wenn alle Menschen gleichermaßen geschützt sind.“ Deniz Utlu (Utlu 2019, S. 47)

Gespräche über Identitäts- und Gerechtigkeitsfragen brauchen einen vertrauensvollen, geschützten Raum, damit sich alle sicher- und wohlfühlen und beteiligen können. Die Gestaltung eines solchen Rahmens gehört zu den Aufgaben pädagogischer Fachkräfte. Im folgenden Beispiel beschreibt eine Erzieherin, wie das Team ihrer Kita mit einer Familiengruppe einen solchen Raum schuf:

Der Aufbau einer Familiengruppe

BEISPIEL

In einer Projektkita planten die Erzieher*innen gemeinsam mit einer Mitarbeiterin der Fachstelle Kinderwelten einen monatlichen Treff für Eltern/Bezugspersonen. Die Themen der ersten Sitzungen wurden vorgegeben, zum Beispiel Reflexion der Namensgebung und -bedeutung sowie Adultismus. Anschließend orientierten sich die Erzieher*innen an den inhaltlichen Wünschen der Teilnehmer*innen. Wenn Bezugspersonen und Fachkräfte sich anhand solcher Themen in einen Dialog über persönliche Erfahrungen begeben, stellt sich die Frage, wie viel Offenheit möglich ist und welche Vereinbarungen es braucht, damit alle Beteiligten sich sicher fühlen können:
„Weil solche Offenheit einen geschützten Raum braucht“, so eine Erzieherin, „sicherten wir zu, dass alles Persönliche vertraulich ist. Lediglich Gesprächsinhalte, die damit in Zusammenhang standen, was die Kita beachten und umsetzen kann, wollten wir als Diskussionsgrundlage in Teamsitzungen mitnehmen. Dem stimmten die Eltern zu“ (vgl. ISTA/Fachstelle Kinderwelten 2016a, S. 66).

Die folgenden Punkte können die Bereitschaft der Familien, sich zu beteiligen und auszutauschen, begünstigen (vgl. Bildungswerk ver.di e.V./FS Kinderwelten 2019, S. 74):

- Die pädagogischen Fachkräfte sorgen für einen geschützten Raum und sichern Vertraulichkeit zu. Ins Team werden nur die Themen getragen, die sich die Teilnehmer*innen wünschen. Auch die Beteiligten untereinander sichern sich Vertraulichkeit zu.
- Die Haltung der pädagogischen Fachkräfte ist von Interesse und Empathie geprägt. Sie achten auf ein Klima gegenseitiger Wertschätzung, in dem Bewertung oder Abwertung persönlicher Erfahrungen und Meinungen keinen Raum bekommen.
- Die Fachkräfte treten nicht als „Allwissende" auf, sondern als Dialogpartner*innen und Lernende.
- Die Teilnehmer*innen werden als Expert*innen betrachtet. Die Angebote sind für sie geschaffene Orte, an denen sie ihre Fragen und Gedanken teilen und ihre Kompetenzen einbringen können.

Familienzusammenkünfte neu denken

In der Praxis wird immer wieder deutlich, dass das klassische Modell „Elternabend" nicht allen Familien Beteiligung ermöglicht. Nachfolgend finden Sie einige Beispiele, in denen Kitas Familienzusammenkünfte neu gedacht und gestaltet haben (vgl. ebd., S. 68ff.):

Cafeteria als Begegnungsort

In einer Projektkita ist die Cafeteria zum Begegnungsort für Familien geworden. Durch die bewusste Einladung und ein interessiertes Zugehen auf die Bezugspersonen ist es gelungen, dass sie zum Beispiel während der Bringphase oder der Eingewöhnungszeit noch in der Kita bleiben. Mit einer gemütlichen Couch, weiteren Sitzgelegenheiten und Getränken haben die pädagogischen Fachkräfte eine Atmosphäre geschaffen, die zum Verweilen einladt. So können die Bezugspersonen in der Cafeteria einen Tee oder Kaffee trinken, sich austauschen, Kontakte knüpfen, sich begegnen. Die Cafeteria gehört zum Kita-Alltag und die Familien der Kinder sind ein Teil davon. Auch der Austausch über die in der Cafeteria hängende Familienwand führt dazu, dass die Bezugspersonen ins Gespräch kommen. Für Kinder ist dies eine wichtige Botschaft: Ihre Bezugsgruppe ist willkommen und gehört ebenfalls dazu.

Familienfrühstück

Die Bezugspersonen werden in regelmäßigen Abständen zum gemeinsamen Frühstücken mit den Kindern in die Kita eingeladen. Jede Familie bringt zu diesem Anlass etwas mit, das sie gern zum Frühstück isst. Dadurch entsteht ein gemeinsames und abwechslungsreiches Büffet. Der Frühstückstag ist beliebt und wird von den Familien gut angenommen. Auf diese Weise wird für die Familien ein Raum geschaffen, um sich in Ruhe kennenzulernen und zu begegnen. Zudem bietet das Familienfrühstück einen anderen Rahmen, um sich mit den pädagogischen Fachkräften auszutauschen. Durch die regelmäßige Begegnung erfahren Bezugspersonen, dass sie am Kita-Alltag teilhaben können und willkommen sind.

Familientreff

Zum wöchentlichen Familientreff sind alle eingeladen, die für die Kinder zu ihren Familien gehören. Es kommen Großeltern, Geschwisterkinder und weitere wichtige Bezugspersonen. Das Angebot startet in der regulären Öffnungszeit und kann über den Feierabend hinausgehen. Die Bezugspersonen können während dieser Zeit jederzeit dazukommen. Über einen Aushang an der Familientreff-Wand erfahren sie in ihren jeweiligen Familiensprachen, was die pädagogischen Fachkräfte für das Treffen geplant haben. Manchmal findet ein Angebot in der Einrichtung statt, an anderen Terminen gibt es eine Stadtteilerkundung oder Ausflüge. So werden beispielweise Ausflüge in die Stadtteilbibliothek unternommen. Insbesondere für neu hinzugekommene Familien bietet sich dadurch die Möglichkeit, die Stadt und den Stadtteil besser kennenzulernen. Finden die Treffen in der Einrichtung statt, wird häufig etwas gestaltet. So fand vor kurzem ein Angebot mit einem Künstler statt, der gemeinsam mit den Familien eine Mosaiksitzgelegenheit im Außengelände gestaltete. Ein anderes Mal wurden große Tontöpfe für das Außengelände bemalt. Beliebt sind auch die Spielenachmittage, bei denen die Kinder ihre Lieblingsspiele aus der Kita zeigen und sie gemeinsam mit den Erwachsenen spielen. Begleitet wird der Treff immer von einer pädagogischen Fachkraft, bei Bedarf kommen weitere Kolleg*innen dazu. Der Familientreff ist beliebt und wird von den Familien als Angebot sehr geschätzt. Die Familien der Einrichtung lernen sich durch den Treff besser kennen und erfahren, dass nicht nur ihre Kinder, sondern auch sie zur Einrichtung gehören.

Über solche Orte der Begegnung hinaus bedarf es auch hier pädagogischer Fachkräfte, die sich darüber bewusst sind, **wie stark die eigenen Normalitätsvorstellungen ihr Handeln beeinflussen, und die bereit sind, diese Vorstellungen immer wieder zu prüfen und bei Bedarf zu neu zu justieren.** Dabei geht es nicht darum,

„[…] Erklärungen und Gewissheiten über die ‚Anderen' zu gewinnen, sondern darum, Fragen an uns selbst zu stellen, um die eigenen Selbstverständlichkeiten zu verstehen, sie in den gesellschaftlichen Kontext einordnen zu können und die eigene Position in der Gesellschaft zu erkennen" (ISTA/Fachstelle Kinderwelten 2016a, S. 58).

Mit Fachkräften, die sich der Reflexion eigener Stereotype und Vorurteile stellen und sichere Räume für den Austausch zwischen Erzieher*innen und Familien schaffen, sind wichtige Voraussetzungen erfüllt, um auch bei Erziehungsvorstellungen, die sich unterscheiden, im Kontakt zu bleiben und gemeinsame Lösungen finden zu können.

REFLEXION

In Kontakt bleiben

- Nehmen wir Befürchtungen und Fragen von Bezugspersonen ernst?
- Schaffen wir Orte und Angebote zum Austausch?
- Lassen wir sie erleben, dass Unterschiede in der Kita mit Respekt und Wertschätzung besprochen werden?
- Achten wir bei der Beschreibung von Familien auf deren Individualität und machen sie nicht zu Repräsentant*innen einer ganzen sozialen Gruppe?
- Machen wir im Team immer wieder unsere eigenen Vorurteile und Stereotype zum Thema?

3.3.3 Den gemeinsamen Dialog sichern (Ziel 3)

> *„Dialoge entstehen, wenn die beteiligten Menschen beginnen, einander zuzuhören, statt einander zu beurteilen."*
> Janet Gonzalez-Mena (Gonzalez-Mena 2008, S. 26)

Auch wenn pädagogische Fachkräfte das Ziel verfolgen, Bezugspersonen als Expert*innen anzuerkennen, kann die Vielfalt der Wertesysteme und Erziehungsvorstellungen mitunter eine Herausforderung für die Zusammenarbeit darstellen. Besonders dann, wenn Fachkräfte ihre eigenen Vorstellungen als selbstverständlich und aus fachlicher Sicht „richtig" empfinden und die des Gegenübers als „falsch". Eine **Erziehungspartner*innenschaft** bedarf der Anerkennung anderer Auffassungen als gleichwertig und einer dialogischen Kommunikation. Unterschiede müssen wertschätzend benannt werden, ohne dass auf eine vorschnelle Harmonisierung gedrängt wird. „Dazu gehört, das eigene System in Frage zu stellen und den eigenen Standpunkt zu überprüfen. Was ist verhandelbar? Wie passt es in den Rahmen, die Strukturen und die Regeln der Einrichtung? Eine Erziehungspartnerschaft kann nicht nur auf der Grundlage von Anpassungsforderungen an die Eltern funktionieren" (Kuyumcu 2015, S. 70).

Die bestehenden Machtverhältnisse können durch Gespräche nicht „aufgelöst" werden, mit einer dialogischen Gesprächskultur können wir sie jedoch „entmächtigen" (Busuleanu & Höhme 2020, S. 53). Dabei geht es nicht um „Entweder-oder-Lösungen", sondern vielmehr um das Eröffnen eines „dritten Raumes" (Derman-Sparks 2013), in dem die Ansichten der pädagogischen Fachkräfte und der Bezugspersonen Platz finden.

Bei der **Schaffung eines solchen dritten Raumes** können Sie sich an den folgenden Schritten orientieren (vgl. Derman-Sparks 2013, S. 63f.):

Schritt 1: Anerkennen

Der erste Schritt besteht darin, anzuerkennen, dass es Differenzen gibt, und diese ernst zu nehmen. Taucht ein Problem auf, ist eine Erkundung notwendig. Dies erfordert, sich bewusst zu machen, dass auch pädagogische Konzepte Teil sozio-kultureller Werte- und Normensysteme (bspw. eurozentristisch) sind. Ähnlich verhält es sich mit den pädagogischen Vorstellungen von Familien. Demzufolge kann es zu Unstimmigkeiten zwischen den jeweiligen Erziehungsvorstellungen oder -praktiken kommen. Doch nicht alle Differenzen führen zwangsläufig zu Konflikten. Es gibt fast immer Lösungsmöglichkeiten. Folgende Überlegungen können hilfreich sein:

- Gestehen Sie sich ein, dass eine Differenz oder ein Konflikt zwischen Ihnen und der Familie besteht. Überprüfen Sie Gefühle wie Unbehagen, Ärger oder Frustration, die diese Situation möglicherweise in Ihnen auslöst, und nehmen Sie sich Zeit, um sich damit zu befassen. Vermeiden Sie die vorschnelle Zuschreibung, dass die Art und Weise, in der die Familie agiert, das Problem ist.
- Teilen Sie der Familie mit, dass es etwas gibt, worüber Sie sprechen möchten. Vereinbaren Sie eine Zeit und einen Ort für das Gespräch. Zeigen Sie Respekt, indem Sie Ihre (Für-)Sorge deutlich machen und bereit sind, sich auf die Perspektiven der Bezugspersonen einzustellen.

- Machen Sie sich Ihre eigenen Überzeugungen, Werte und Normalitätsvorstellungen bewusst, die der Situation zugrunde liegen. Klären Sie, welche Gefühle Sie in der Situation bewegen. Je besser Sie Ihre Reaktionen verstehen, desto klarer können Sie sich im Gespräch mit der Familie äußern.

Schritt 2: Nachfragen

Im Gespräch geht es zum einen darum, Informationen zu sammeln, also etwas über die speziellen Vorstellungen, Überzeugungen und Werte der Familie zu erfahren. Zum anderen müssen Sie prüfen, was Sie aufgrund Ihrer pädagogischen Expertise und bezogen auf den Gesprächsanlass für sinnvoll halten. Legen Sie sich nicht zu schnell fest, sondern sammeln Sie so viele Informationen wie möglich. Ziel ist „mehr über die Beweggründe, Sorgen und Themen der Familien zu erfahren und sie zu verstehen. Nicht Ausfragen, sondern aufmerksames Zuhören spielt dabei eine wichtige Rolle" (Busuleanu & Höhme 2020, S. 53). Folgendes Vorgehen kann hilfreich sein:

- Erfragen Sie achtsam, wie die Familie die Angelegenheit, die Sie beunruhigt, sieht und wie sie damit umgeht. Hüten Sie sich vor Vorannahmen zu den Überzeugungen und Werten der Familie. Hören Sie aufmerksam zu und achten Sie darauf, die Familie nicht in eine defensive Haltung zu drängen.
- Nehmen Sie sich Zeit, darüber nachzudenken, was Sie im Gespräch mit der Familie erfahren haben. Fragen Sie sich, wie es Ihnen mit dem, was Sie über die Sichtweise und die Handlungen der Bezugspersonen erfahren haben, geht. Es kann sein, dass Sie im Team oder mit Ihrer Leitung darüber sprechen möchten. Falls Sie weitere Informationen von der Familie benötigen, suchen Sie erneut das Gespräch.

Schritt 3: Sich aufeinander einstellen

Das ist der Schritt der Problemlösung, bei dem Sie alle Informationen zusammentragen, die Sie gesammelt haben. Das Ziel ist, die wirksamste Art zu finden, um die Entwicklung des Kindes zu unterstützen – und zwar unter Berücksichtigung der jeweiligen Perspektiven:

- Achten Sie darauf, dass alle an der Problemlösung teilhaben. Übernehmen Sie die Initiative: Laden Sie die Familie ein, den besten Weg für ihr Kind zu finden. Versichern Sie sich, dass Sie und die Familie Klarheit über das betreffende Problem haben. Erklären Sie der Familie, dass es Ihre Absicht ist, herauszufinden, ob es eine Lösung gibt, die dem Wohlbefinden des Kindes dient und beide Seiten zufriedenstellt.

- Ermöglichen Sie, dass im Gespräch verschiedene Ideen geäußert werden. Suchen Sie dabei achtsam und geduldig nach Gemeinsamkeiten.

BEISPIEL

Gemeinsam einen dritten Raum finden

Adam trägt eine Kette mit einem Amulett. Die Erzieherin bittet seine Mutter, das Amulett in der Kita aus Sicherheitsgründen zu entfernen. Sie reagiert mit den Worten: „Nein, das ist unmöglich! Mein Kind muss das Amulett unbedingt tragen". Die Erzieherin hält inne und erkennt, dass ein Drängen auf die Verhaltensänderung nicht sinnvoll war. Frau Sokolow hatte offensichtlich ganz andere Vorstellungen als sie. Was sie selbst gefährlich findet, ist für Frau Sokolow Normalität und selbstverständlich. Zugleich war ihr klar, dass sie nicht einfach bei dem bleiben konnte, was sie dachte. Sie bemerkte, dass sie nur wenig über Adams Familie wusste. Sie wollte verstehen, warum es der Mutter wichtig war, dass Adam das Amulett auch in der Kita trägt. Beim Abholen sprach sie die Mutter an. Sie erfuhr, dass das Amulett einen Schutzheiligen repräsentiert, der in Frau Sokolows Religion hohe Bedeutung hat und ihr die Gewissheit gab: Mein Kind ist geschützt.
Der Erzieherin wurde deutlich: Wenn ich von Frau Sokolow verlange, dem Jungen das Amulett abzunehmen, bringe ich sie in eine ganz schwierige Situation, denn sie ist davon überzeugt, dass es ihr Kind schützt. Aber ich kann Adams Sicherheit nur gewährleisten, wenn er das Amulett nicht trägt. Uns beiden geht es um die Sicherheit des Kindes. Sie verabredete sich zu einem weiteren Gespräch mit Adams Mutter. Sie wusste, dass es dabei nicht darum ging, Argumente und Gegenargumente auszutauschen, und hoffte, mit der Mutter einen „dritten Raum" zu finden, eine Lösung, mit der beide Seiten zufrieden sind. Sie begann mit den Worten: „Als wir neulich über das Amulett sprachen, verstand ich erst richtig, was es für eine Bedeutung für Sie hat. Mir wurde klar: Ich kann nicht von Ihnen verlangen, Ihr Kind ohne Amulett in die Kita zu bringen." Die Mutter war erleichtert. Als die Erzieherin ihr erklärte, sie finde es nach wie vor gefährlich, dass Adam das Amulett am Hals trägt, antwortete die Mutter besorgt: „Aber mein Kind braucht das Amulett!" Darauf die Erzieherin: „Ja, das verstehe ich. Aber vielleicht finden wir eine Möglichkeit, die für uns beide akzeptabel ist. Haben Sie eine Idee?" Die Mutter überlegte und meinte dann: „Ich könnte mir vorstellen, das Amulett an Adams Gürtel zu befestigen. Oder er steckt es in die Hosentasche." Erfreut ging die Erzieherin darauf ein: „Das ist eine gute Idee! Ich erzähle es meiner Kollegin, damit wir dafür sorgen, dass das Amulett auch an Adams Körper ist, wenn er schläft". (vgl. ISTA/Fachstelle Kinderwelten 2016a, S. 98f.)

Das Vorgehen nach diesem Modell kann es erleichtern, bei Differenzen oder Konfliktfällen gemeinsam Lösungen zu finden, die im Interesse des Kindes getroffen werden und für alle Beteiligten zufriedenstellend sind.

REFLEXION

Handlungspraxis im Fall von Differenzen

- Gehen wir davon aus, dass eine hohe Betreuungs- und Bildungsqualität in der Kita in beiderseitigem Interesse ist, und laden Bezugspersonen ein, sich untereinander und mit uns darüber zu verständigen?
- Laden wir Bezugspersonen dazu ein, ihre Erziehungsvorstellungen vor dem Hintergrund ihrer Lebenssituation zu beschreiben, und zeigen Verständnis für ihre Perspektiven?
- Bringen wir unsere Vorstellungen von Bildung und Erziehung in den Dialog mit den Bezugspersonen ein und begründen unsere Perspektive fachlich?
- Achten wir auf die Einhaltung von Gesprächsregeln, damit auch gegensätzliche Vorstellungen zum Ausdruck gebracht und diskutiert werden können?
- Nehmen wir Befürchtungen und Fragen von Bezugspersonen ernst und lassen sie erleben, dass Unterschiede mit Respekt und Wertschätzung besprochen werden?
- Reflektieren wir unsere Vorstellungen von „Normalität" und deren Einfluss auf unser fachliches Handeln?

3.3.4 Wir positionieren uns (Ziel 4)

„Es ist, als schickst du dein Kind in eine Welt voll Nadelstiche."

Dieser Satz der Mutter eines marginalisierten Kindes macht deutlich, was es für Bezugspersonen bedeuten kann, ihre Kinder tagtäglich in eine Welt gehen zu sehen, von der sie wissen, dass sie **untrennbar mit Vorurteilen, Herabwürdigungen und Diskriminierung verknüpft** ist. Negative, diskriminierende Botschaften und Handlungen wirken wie das von Klemperer benannte Gift in beständigen kleinen Dosen, die die Entwicklung von Kindern schädigen (vgl. Derman-Sparks & Olsen Edwards 2016, S. 1).

„Kinder, die durch die Dominanzgesellschaft anhand ihrer äußeren Merkmale, ihrer Religionszugehörigkeit usw. bewusst oder unbewusst als ‚nicht so wie wir' und als ‚nicht-deutsch' eingeordnet werden, machen im Rahmen ihrer Kita- und Schullaufbahn meist unzählige belastende Erfahrungen sowohl durch andere Kinder, als auch durch Pädagog*innen. Dabei ist es zu kurzgefasst, die Fülle derartiger Erfahrungen nur als Individualerfahrungen zu verstehen. Vielmehr müssen solche Erlebnisse als **Kollektiverfahrungen von Kindern of Colour und Schwarzen Kindern** eingeordnet werden. [...] Vor allem im institutionellen Rahmen begleiten solche Erfahrungen die Eltern und Kinder meist über einen langanhaltenden Zeitraum.[48] Zur Sprache gebrachte rassistische Diskriminierungen werden leider oftmals bagatellisiert und als kindliche Streitereien abgetan - die ersehnte Unterstützung bleibt somit häufig aus. Nicht selten kommt es zu einer Opfer-Täter-Umkehr. [...] Als gleichermaßen oder teilweise als noch mehr belastet erlebe ich auch die betroffenen Eltern, die nicht selten durch die Erlebnisse ihrer Kinder selbst eine Art Retraumatisierung erleben, wenn auch sie (früher) von rassistischer Diskriminierung bis hin zu Gewalt betroffen waren" (Cuff-Schöttle 2020, S. 56f.).

Was bedeutet das für eine inklusive pädagogische Praxis? Pädagogische Fachkräfte müssen achtsam für Diskriminierungen werden, sein und bleiben, müssen einschreiten und sich dagegen positionieren. Position zu beziehen, wenn Kolleg*innen oder Bezugspersonen Vorurteile äußern, ist keine leichte, aber dennoch notwendige Aufgabe pädagogischer Fachkräfte: „Da Erzieher*innen an harmonischen Beziehungen zu Eltern gelegen ist, erfordert es Mut, sich aktiv zu verhalten und Dinge anzusprechen, die den eigenen Vorstellungen von Gerechtigkeit widersprechen" (ISTA/Fachstelle Kinderwelten 2016a, S. 141).

Nicht jede Situation kann sofort gelöst werden, aber es ist fast immer möglich, die eigene Position oder die Position der Einrichtung sichtbar zu machen und damit auch allen Kindern und Erwachsenen zu signalisieren, dass Spott, Abwertungen und Diskriminierung nicht willkommen sind.

48 Vertiefend hierzu: Bostancı/Biel/Neuhauser/Berman (2021): Unterbrechen oder (Re-)produzieren? Wie Eltern und Kita-Institutionen in Berlin Rassismus (de-)thematisieren.

„Hier können wir anziehen, was wir wollen!"

BEISPIEL

Eine Mutter äußert sich in der Kita-Garderobe abfällig über einen Jungen, der gern Nagellack und Kleider trägt. Der Junge und seine Familie sind nicht anwesend, jedoch befinden sich noch weitere Eltern und Kinder in der Garderobe. Die Erzieherin ist zunächst unsicher, wie sie reagieren soll, entschließt sich dann jedoch, das Gesagte nicht stehenzulassen. Sie sagt: „Oh, ich glaube, Joshua fühlt sich sehr wohl mit dem, was er trägt. Und wir heißen es sehr willkommen, wenn die Kinder sich so kleiden, wie sie möchten!" Eines der Kinder ruft: „Ja, das stimmt! Ich ziehe auch gern Klackerschuhe an!" Und der Sohn sagt: „Das stimmt, Mama, hier können wir anziehen, was wir wollen! Das ist schön!" Die Mutter wirkt irritiert. Die Erzieherin bietet ihr an, einen Gesprächstermin zu vereinbaren, um das Thema in Ruhe zu besprechen.

Was tun bei diskriminierenden Äußerungen von Erwachsenen?

Die folgenden Prinzipien (vgl. ISTA/Fachstelle Kinderwelten 2016a, S. 150f.) können Sie dabei unterstützen, sich auch bei diskriminierenden Äußerungen oder Handlungen von Erwachsenen zu positionieren:

Für eine ruhige Gesprächssituation sorgen: Verabreden Sie einen Termin, um in Ruhe über die Situation oder das Problem zu sprechen. Nutzen Sie die Zeit vor dem Termin zur Selbstklärung und Vorbereitung.

Selbstklärung zur Vorbereitung des Gesprächs: Wie geht es mir mit der Äußerung oder Handlung? Welche meiner Werte sind nicht berücksichtigt? Worum geht es mir? Es kann hilfreich sein, andere Menschen an der Selbstklärung zu beteiligen, um die eigenen Gedanken zu reflektieren.

Im Gespräch eine klare Position gegen Ausgrenzung, Abwertung und Diskriminierung beziehen: Jede Diskriminierung oder Ungerechtigkeit, der nicht widersprochen wird, kursiert im sozialen Raum und erscheint als akzeptabel. Deshalb ist es wichtig, sich im Gespräch klar zu positionieren und deutlich zu benennen, wogegen man sich stellt.

Empathie zeigen: Zeigen Sie – ohne dabei die Abwertung oder Diskriminierung zu relativieren oder zu rechtfertigen –, dass Sie sich in das Geschehen einfühlen oder das Problem nachvollziehen möchten. Dieser Punkt ist stark mit der eigenen gesellschaftlichen Positionierung verknüpft: Sind Sie selbst von der jeweiligen Diskriminierungsform betroffen, steht es Ihnen frei, ob und mit welchem Maß von Empathie Sie reagieren möchten. Dies gilt ebenso für das nächste Prinzip.

Das Anliegen des Gegenübers verstehen wollen: Menschen haben zumeist Gründe für ihre Positionen, die es sich herauszufinden lohnt. Stellen Sie deshalb Fragen, die es Ihnen ermöglichen, die Perspektive des Gegenübers besser zu erfassen. Damit machen Sie deutlich, dass Sie Interesse an der Verständigung haben – auch wenn Sie nicht einer Meinung sind.

Auf pädagogisch-fachlicher Ebene argumentieren: Argumentieren Sie im Interesse des Kindes und seiner Entwicklung, vor dem Hintergrund des Bildungsauftrags der Kita und auf der Basis Ihres Fach- und Erfahrungswisssens.

Bezug auf das pädagogische Konzept der Kita nehmen: Ein pädagogisches Konzept, das bei Diskriminierung, Herabwürdigung oder Beleidigung klare Positionen und Verabredungen enthält, ist hilfreich, denn es liefert der eigenen Positionierung einen Rahmen, der im Team verbindlich ist und den Bezugspersonen der Kinder bekannt sein sollte. Fehlt solch ein Konzept, besteht die Gefahr, dass die von Ihnen eingenommene Position gegen Unrecht lediglich als Ihre individuelle Meinung wahrgenommen wird.

Intervenieren, egal ob im Kontakt mit Bezugspersonen oder im Kollegium, bedarf der **Übung und Routine:** der Routine, sich zu positionieren und einzuschreiten – in der Kita, im Privaten und im öffentlichen Raum. Je öfter man sich zu Ungerechtigkeiten äußert, desto leichter wird es, und auch, wenn es nicht immer gleich gelingt, „rede dir nicht ein, dass deine Intervention alles ‚schlimmer' gemacht hat. Deine Intervention bestand darin, die verletzende Situation in Worte zu fassen, sodass alle darüber nachdenken und daraus lernen können. Selbst wenn deine Stimme zitterte, hast du den Kindern und Erwachsenen gezeigt: Man kann ansprechen, dass etwas nicht in Ordnung ist. Du hast Mut bewiesen. Du hast einen Dialog initiiert" (Derman-Sparks & Olsen 2010, S. 19).

Nicht selten sind es Bezugspersonen, die wahrnehmen, dass Kinder in der Kita Diskriminierung erleben. Was sie dann brauchen, sind **Sicherheit und konkrete Gelegenheiten, solche Vorfälle anzusprechen** (vgl. ISTA/Fachstelle Kinderwelten 2016a, S. 136). Diese Sicherheit zu bieten sowie Gesprächs- und Handlungsräume zu schaffen, gehört zu Ihren Aufgaben als Erzieher*innen. Es geht um eine Gesprächs- und Beteiligungskultur, „welche die Erfahrungen und Perspektiven von betroffenen Eltern und Kindern als Ressource wahrnimmt und diese nicht aus Angst, Schuld oder anderen Motiven heraus abwehren und negieren muss“ (Cuff-Schöttle 2020, S. 58).

Denn „[...] vor allem die von außen erlebte **Invalidierung**[49] der eigenen Wahrnehmung und die fehlende Unterstützung der Pädagog*innen als primäre Bezugspersonen haben einen großen Einfluss darauf, wie das Kind derartige Erfahrungen erlebt“ (ebd.). In einer inklusiven Einrichtung sollten die Bezugspersonen sicher sein können, dass ihre Beobachtungen von ausgrenzenden und diskriminierenden Handlungen wahr- und ernst genommen werden, dass ein Bewusstsein für die Erscheinungsformen und Auswirkungen von Diskriminierung besteht und die Fachkräfte über ein **Interventionskonzept** verfügen, das greift, bevor Bezugspersonen aktiv werden müssen (vgl. ISTA/Fachstelle Kinderwelten 2016a, S. 136).

Praxisreflexion zu Ziel 4

REFLEXION

- Intervenieren wir, wenn Bezugspersonen sich abwertend über bestimmte Merkmale anderer Kinder oder Familien äußern?
- Greifen wir ein, wenn Bezugspersonen sich in der Kita diskriminierend verhalten oder äußern?
- Beziehen wir in Gesprächen mit Bezugspersonen eine klare Position gegen Diskriminierung? Zeigen wir dabei Interesse an der weiteren Verständigung?
- Thematisieren wir gesellschaftliche Missstände und soziale Ungleichheit sowie deren Auswirkungen auf Kinder und Erwachsene?
- Trainieren wir unsere Fähigkeit, in verschiedensten Situationen zu intervenieren und Position zu beziehen? Auch dann, wenn Kolleg*innen sich diskriminierend äußern/handeln?

49 Invalidierung beschreibt eine Mikroaggression, welche sich darin zeigt, dass mittels verbalen Äußerungen die Gefühle, Gedanken und subjektiven Erlebnisse der Betroffenen verleugnet, ausgegrenzt und für nichtig erklärt werden (vgl. Forschungsgruppe Derald in: Cuff-Schöttle 2020, S. 58).

3.4 Die Zusammenarbeit im Team vorurteilsbewusst gestalten

„Wenn Menschen zu verstehen beginnen, wie Rassismus und andere Formen von Unterdrückung im System verbreitet sind, beginnen sie auch, darüber nachzudenken, wer sie sind – das ist jedenfalls meine Erfahrung. Das Nachdenken über die eigene Identität oder über multiple Identitäten, über das eigene Verhalten und die eigenen Lebensbedingungen kann das Leben verändern."

Louise Derman-Sparks (Derman-Sparks in: Wagner, Hahn & Enßlin 2006, S. 30)

In jedem Team spiegeln sich gesellschaftliche Strukturen, es gibt Macht- und Rollenunterschiede, sich unterscheidende Erfahrungen mit Marginalisierung, Diskriminierung und Privilegierung sowie vielfältige Kompetenzen, Bedürfnisse und Entwicklungsbedarfe (vgl. Kobelt-Neuhaus 2015, S. 94). Beginnen Kita-Teams ihre Auseinandersetzung mit dem Ansatz der Vorurteilsbewussten Bildung und Erziehung, herrscht bei dominant positionierten Fachkräften häufig Erstaunen darüber, dass das Thema bereits für die Lebensrealität junger Kinder relevant ist. Fachkräfte mit eigenen Diskriminierungserfahrungen zeigen hingegen oft direkte Handlungsbereitschaft und Erleichterung, wenn – endlich – Räume geschaffen werden, die den Themenkomplex beleuchten, seine Konsequenzen verdeutlichen und sich daraus ergebende Handlungsnotwendigkeiten Eingang in die pädagogische Praxis finden.

Die zu entwickelnde inklusive, diskriminierungskritische Praxis verlangt an erster Stelle das **Wahrnehmen von Ungleichheitsverhältnissen und den Entschluss, diesen aktiv entgegenzutreten,** sowie das Wissen, dass die Entwicklung einer solchen Praxis ein Prozess ist. Gehen Sie schrittweise vor und geben Sie sich und Ihrem Team Zeit. Die nachfolgenden Ausführungen unterstützen Sie auf Ihrem Weg.

3.4.1 Veränderungen beginnen mit uns (Ziel 1)

Ein **reflektiertes Verhältnis zur eigenen gesellschaftlichen Positionierung und der eigenen Biografie** erleichtert es, der Vielfalt an Lebensgeschichten anderer Menschen zu begegnen. Biografische Prägungen wirken sich auf das fachliche Handeln aus – aus ihnen beziehen pädagogische Fachkräfte ihre Orientierungen für das, was sie spontan richtig oder falsch finden (vgl. ISTA/Fachstelle Kinderwelten 2016d, S. 32). Die eigenen Erfahrungen systematisch zu reflektieren bedeutet, sich selbst als Teil existierender Machtverhältnisse zu erkennen, und zwar als Menschen mit

pädagogischer Verantwortung, der zum Beispiel Machtvorteile gegenüber Kindern hat, verbunden mit persönlichem Einfluss auf das, was in der Bildungseinrichtung geschieht (ebd.). Wer die eigenen verinnerlichten Orientierungen und Normvorstellungen in den Blick nimmt, bemerkt, was bisher unhinterfragt als selbstverständlich erachtet wurde. **Selbstreflexion** ist unabdingbar, damit es pädagogischen Fachkräften gelingt, auch jenen Kindern, Familien und Kolleg*innen gegenüber offen zu sein, deren Familienkulturen, Normen und Werte ihnen nicht vertraut sind oder die sich von den eigenen wesentlich unterscheiden (ebd.).

Folgende **Methoden** können Sie dabei unterstützen, ins Gespräch über die verschiedenen Erfahrungen von Kolleg*innen zu kommen (vgl. Preissing & Wagner 2003, S. 95; ISTA/Fachstelle Kinderwelten 2018a):

REFLEXION

Meine Welt benennen („Naming my world")

In Gesprächsrunden, zum Beispiel im Rahmen von Dienstbesprechungen, können mit dieser Methode die Perspektiven aller Kolleg*innen eingeholt werden. Die moderierende Person gibt die jeweilige Frage, etwa „Welche Werte sind mir wichtig?", in die Gruppe und alle haben die Gelegenheit, sich dazu zu äußern.

Häufig wird zur Unterstützung der Methode ein Gegenstand genutzt, der bei der sprechenden Person verweilt, bis diese ihren Beitrag beendet hat, und dann an den*die nächste*n Kolleg*in weitergegeben wird - ganz ähnlich dem „Redestein", der häufig in Gesprächen mit Kindergruppen eingesetzt wird. Ein solcher Gegenstand erleichtert es auch, still zu bleiben, wenn man sich noch nicht bereit fühlt, etwas mitzuteilen - man gibt ihn einfach weiter. Es ist wichtig, dass jede*r nur über sich selbst spricht und sorgsam entscheidet, was und wie viel sie*er beitragen möchte. Die Äußerungen werden nicht bewertet, es wird zunächst nicht diskutiert.

Biografische Übungen

Diese Übungen ermöglichen es, einen Bezug zwischen persönlichen Erfahrungen und dem beruflichen Handeln herzustellen. Die Teamkolleg*innen werden aufgefordert, sich zum Beispiel an Situationen zu erinnern, in denen sie selbst ungerecht behandelt, ausgegrenzt oder diskriminiert wurden. Welche Gefühle waren damit verbunden oder sind es immer noch? Gab es Menschen, die etwas Unterstützendes getan haben? Menschen und Handlungen, die die Situation noch verschlimmert haben? Was hätten Sie gebraucht?

Sie können Kleingruppen bilden, in denen sich die Kolleg*innen zu ihren Erlebnissen austauschen und die einzelnen Fragen besprechen. Wenn Sie möchten, können Sie Stichworte, zum Beispiel die Gefühle oder das, was Sie in der Situation gebraucht hätten, auf Karten notieren, um es später in der Gesamtgruppe zu sammeln und zu besprechen.

Bei biografischen Übungen ist es von hoher Bedeutsamkeit, teaminterne Machtverhältnisse sowie die eigene gesellschaftliche Position und die aller Kolleg*innen mitzudenken. Das bedeutet auch: Die Möglichkeit, sich nicht erinnern und beteiligen zu wollen, muss jederzeit gegeben sein. Für nicht wenige Menschen sind Erinnerungen an die Kindheit mit schmerzhaften Erfahrungen verbunden, die Entscheidung, ob bzw. wann sie an diese Orte zurückgehen wollen, liegt bei ihnen. Besonders das Erinnern an Situationen, in denen Menschen diskriminiert wurden, kann retraumatisierend sein und Selbstschutz hat jederzeit Vorrang vor Beteiligung.

Hinzukommend gilt es, den „Raum" im Blick zu haben und Vereinbarungen dafür zu treffen: Wer sitzt hier? Wer ist persönlich wie von diskriminierenden Mechanismen betroffen? Wer spricht aus privilegierter Position? Wie gehen wir mit der möglichen Reproduktion von Stereotypen im Rahmen des Erinnerns um? Wie mit Sprechdominanzen? Wie mit diskriminierenden Begriffen? Diese und weitere Vereinbarungen sind wichtig, um einen Ort zu schaffen, an dem sich alle beteiligen können und an dem Verantwortung dafür übernommen wird, (weitere) Verletzungen möglichst zu vermeiden.

Hier zwei Stimmen, die die **Notwendigkeit solcher Vereinbarungen und eines macht- und diskriminierungskritischen Blickes** exemplarisch verdeutlichen:

> *„In der Ausbildung sollten wir für ein Seminar Fotos aus unserer Kindheit mitbringen. Ich habe keinen Kontakt zu meiner Familie und daher kein einziges Foto. Die Tatsache allein ist schon schmerzhaft genug, dass daran im Vorfeld in keinster Weise gedacht wurde und ich dann sogar noch einen vermutlich ‚lustig' gemeinten Spruch der Dozentin ertragen musste, hat mich unfassbar viel Kraft gekostet."*
> (Fortbildungsteilnehmerin)

> *„Wenn es in Fortbildungen um Vorurteile und Diskriminierung gehen soll, ziehe ich mir jedes Mal einen ‚Schutzpanzer' an. Wie oft musste ich schon erleben, dass meine Erfahrungen mit Rassismus und Sexismus entweder relativiert, geleugnet oder diskutiert wurden oder aber auch der Raum plötzlich voller ‚weißer Tränen' war, die den Fokus plötzlich auf die Betroffenheit der weißen Kolleg*innen verlagerten. Ebenso schwer ist es, wenn ich plötzlich als ‚Auskunftsgebende' benutzt und ohne Rücksicht darauf, was diese Fragen in mir möglicherweise auslösen, ausgefragt werde. Ich bin solche Situationen leider gewöhnt und stark, manchmal gehe ich aus diesen Tagen dennoch wie verwundet. Ein achtsamerer Umgang mit verschiedenen Perspektiven und Erfahrungen wäre sehr wünschenswert."*
> (Fortbildungsteilnehmerin)

Die Vielfalt innerhalb eines Teams unter den beschriebenen Voraussetzungen in den Blick zu nehmen und den unterschiedlichen Perspektiven Raum zu geben, unterstützt Teams auch dabei, die individuellen Persönlichkeiten und Fähigkeiten jedes*r Einzelnen ressourcenorientierter und wertschätzender zu betrachten.

Die Beweglichkeit in Herz und Kopf trainieren

BEISPIEL

Eine Kita-Leitung berichtet: „Ich bin sehr froh, dass wir im Team verschiedene Interessen, Fähigkeiten, Sichtweisen und Erfahrungen haben. Gleichzeitig ist es oft herausfordernd, sie konstruktiv zu verbinden. Schwer macht es zum Beispiel, dass persönliche Eigenschaften sehr schnell einseitig bewertet werden. ‚Paul ist chaotisch', ‚Sabine ist bestimmend', ‚Yana ist sensibel' – sofort entstehen Bewertungen der ganzen Person. Schubladen die, einmal geschlossen, nur schwer wieder zu öffnen sind. Ich versuche immer wieder, durch Fragen die Sichtweisen, meine eigene und die der Kolleg*innen, zu erweitern: Wo hilft es uns, dass Paul ‚chaotisch' ist? Sind seine Ideen nicht häufig die, die uns helfen, Dinge neu zu denken? Wann ist es nachteilig? Was könnte uns in solchen Momenten wechselseitig unterstützen? Wo ist es wertvoll, dass Sabine ‚bestimmend' ist? Wann schafft ihre ‚Bestimmtheit' Klarheit und verhindert, dass sich Diskussionen im Kreis drehen? Wann wird aus Bestimmtheit Machtmissbrauch und wie balancieren wir diese Aspekte gemeinsam aus? Wie unterstützt uns Yanas ‚Sensibilität' als Team? Wo weist sie uns auf wichtige Dinge hin, die wir bisher nicht ausreichend wahrgenommen haben? Die Herausforderung, in einem diversen Team zu arbeiten, ist eine gute Übung für unseren Umgang mit den Kindern und Familien. So wie wir die Beweglichkeit unserer Körper trainieren können, können wir auch die Beweglichkeit in Herz und Kopf trainieren."

Der Umgang der Teamkolleg*innen untereinander hat maßgeblichen Einfluss auf die Atmosphäre einer Einrichtung. **Kinder sind aufmerksame Beobachter*innen** und nehmen deutlich wahr, wie ihre Erzieher*innen miteinander interagieren. Das gilt auch für die **Zusammensetzung von Teams und die interne Aufgabenverteilung:** Welche Geschlechtsidentitäten spiegeln sich im Team wider? Welche Rollen sind damit verbunden? Sind BI-PoC-Kolleg*innen Teil des Teams? Gibt es Menschen mit unterschiedlichen körperlichen Erscheinungsformen und Fähigkeiten? Gibt es Kolleg*innen, die verschiedene Sprachen sprechen? Wie sieht es mit dem Alter der Kolleg*innen aus? Welchen Religionen oder Glaubensrichtungen fühlen sich die Kolleg*innen zugehörig? In welchen Familienkonstellationen leben sie? Wer arbeitet neben den pädagogischen Fachkräften noch in der Kita? Werden diese Personen auch sichtbar gemacht und mit ebenso viel Respekt behandelt? Wer leitet die Kita?

Heterogene Teams ermöglichen es Kindern, Vielfalt als Normalität zu erleben, und sind deutlich besser in der Lage, den unterschiedlichen Bedürfnissen der Kinder gerecht zu werden. Die Zusammenarbeit in multiprofessionellen, diversen Teams gelingt nicht immer sofort. Es braucht die **bewusste Entscheidung für Vielfalt im Team, Machtkritik, Empathie und Geduld,** um ein achtsames Miteinander zu ermöglich (vgl. ISTA/Fachstelle Kinderwelten 2016b, S. 73). Aber: Vielfalt lohnt sich – sowohl für Sie als Team als auch für die Kinder und Familien.

Beteiligung ermöglichen

Die Zusammenarbeit in heterogenen Teams macht es notwendig, dass ein Klima herrscht, in dem es allen möglich ist, sich offen zu äußern. Welche Hürden es dabei geben kann und was es braucht, um sie zu überwinden, wird im folgenden Bericht einer Leiterin deutlich:

BEISPIEL

Teamgespräche ermöglichen

„Während der pädagogischen Tage thematisierten wir unsere Zusammenarbeit im Team. Dabei stellten wir fest: Nicht nur unsere beiden jungen Kolleginnen hatten Probleme, sich offensiv ins Team einzubringen. Auch andere Kolleg*innen räumten ein, dass sie häufig nichts sagen, obwohl sie etwas zu sagen hätten. Und zwar aus folgenden Gründen: Angst vor Konflikten, Scheu vor der Übernahme von Verantwortung, Unsicherheit wegen mangelnder Ausbildung und fehlender Erfahrung, Strukturen für die Lösung von Konflikten fehlen, Angst, jemanden zu verletzen, Angst, angegriffen zu werden, verbale Unsicherheit, Furcht, etwas Falsches zu sagen, Informationsdefizite, Zeitdruck, Unsicherheit, ob die eigene Meinung akzeptiert wird, hohe Arbeitsbelastung, Machtgefälle und Dominanzen im Team. Bei neuen Mitarbeiter*innen: mangelnde Orientierung, Angst, sich vor vielen Menschen zu äußern, Angst vor emotionalen Äußerungen.
Wir waren bisher davon ausgegangen, dass die Zusammenarbeit im Team gut ist. Nun erfuhren wir, wie viele Gründe es gibt, sich nicht zu äußern und anderen Kolleg*innen das Wort zu überlassen. Die Erkenntnis: Wir müssen darauf achten, dass alle zu Wort kommen, dass jede*r Mitarbeiter*in gehört wird und mitentscheiden kann, denn: Von allein geschieht das nicht. Und: Wir müssen die Prozesse im Team regelmäßig reflektieren. Für mich als Leiterin heißt das, aufmerksam zu sein und sensibel zu reagieren, wenn ich Zurückhaltung oder Vorbehalte bemerke" (ISTA/Fachstelle Kinderwelten 2016d, S. 77f.).

Nachfolgend eine **Methode zur Unterstützung der inklusiven Zusammenarbeit im Team** (vgl. Bildungswerk ver.di e.V./FS Kinderwelten 2019, S. 24f.):

Das Team-ABC

Mit der Methode Team-ABC verständigen sich Teams auf die grundlegenden Werte ihrer täglichen Arbeit. Das ABC sollte maximal zehn Sätze enthalten. Diese sollten zugänglich, nachvollziehbar und verbindlich sein. Sie ermöglichen es damit auch neuen Kolleg*innen, die Basis der Zusammenarbeit zu erfassen und sich entsprechend zu orientieren.

Der Prozess der Auseinandersetzung mit den jeweils eigenen Werten und dem Aushandeln von Werten, die für das gesamte Team gelten oder zukünftig gelten sollen, hat sich als äußerst wichtiger und verbindender Schritt erwiesen. Viele der Einrichtungen rahmen ihr Team-ABC und machen es an verschiedenen Stellen der Einrichtung sichtbar. So wiederum können Dialoge mit Kindern und Familien zum Thema „Wie möchten wir miteinander umgehen?" entstehen.

Abb. 7: Team-ABC

Die folgenden **Reflexionsfragen** können Sie bei der Entwicklung einer inklusiven Teamkultur unterstützen:

Entwicklung einer inklusiven Teamkultur

REFLEXION

- Wie gerecht geht es in unserem Team zu?
- Welche Ungleichwertigkeiten und Hierarchien machen sich bemerkbar? Wie gehen wir damit um?
- Sorgen wir gemeinsam für eine Atmosphäre im Team, in der unterschiedliche Erfahrungen, Kompetenzen und Vorstellungen zum Ausdruck gebracht werden können?
- Reflektieren wir, welche Aspekte von Vielfalt im Team nicht repräsentiert oder nicht anerkannt sind?
- Schaffen wir gemeinsam eine Teamkultur, die von Wertschätzung, Respekt und einer klaren Positionierung gegen Diskriminierung gekennzeichnet ist?

3.4.2 Das Vielfaltsverständnis erweitern (Ziel 2)

Für eine vorurteilsbewusste Praxis ist es wichtig, dass pädagogische Fachkräfte ihr Wissen erweitern, um Einseitigkeiten und Diskriminierungen auf die Spur zu kommen. Prüfen Sie, welche Aspekte von Vielfalt in Ihrer Einrichtung einen Platz haben und welche nicht. Welche Themen kommen vor? Welche werden ausgelassen? Welche Gründe gibt es dafür? Wo fehlt Ihnen Wissen? Wo fehlen Erfahrungen und Kontakt? Welche Unsicherheiten bestehen? Welche Vorbehalte? Das gemeinsame Beantworten dieser Fragen ermöglicht es Ihnen im nächsten Schritt, Ihr Wissen zu erweitern und eine inklusivere Praxis zu gestalten.

Sprachdominanzen erkennen und abbauen

BEISPIEL

Das Team der Kita versucht seit einiger Zeit, die verschiedenen Familiensprachen in den Alltag zu integrieren. Es gibt Bücher, Reime und Lieder in verschiedenen Sprachen, und die Kolleg*innen bemühen sich, einige der Worte, die Kinder und ihre Familien verwenden, zu lernen. Dennoch sind sie unzufrieden. Im Rahmen einer Fortbildung reflektiert das Team die bisherige Praxis und bemerkt, dass auch in ihrer Einrichtung gesellschaftliche Auf- und Abwertungsmechanismen wirken. „Wenn es um die Familiensprachen geht, wirkt die Ideologie: Migrant*innen sollen sich hier anpassen und das beweisen, indem sie die hiesige Umgangssprache lernen. Ihre eigene Sprache soll eigentlich keine Rolle mehr spielen", sagt eine Kollegin. „Die deutsche Sprache gilt als höherwertig. Es gibt eine Hierarchie", wird ihr zugestimmt. Sie stellen fest: „Wir singen zum Beispiel ‚Frère Jaques' auch nur in deutscher, englischer und französischer Sprache. In diesen Sprachen können wir das Lied. Es wäre aber wichtig, dass jedes Kind seine Sprache wiederfindet." Die Kolleg*innen gestehen sich ein: „Wenn ich eine Sprache nicht kann, ist es mir peinlich, das zuzugeben. Will ich Wörter in den Sprachen der Kinder verwenden, muss ich das üben. Das ist eine zusätzliche Anstrengung."

Sie fragen sich: „Einige von uns sprechen ja schon Wörter in den Sprachen der Kinder. Warum mögen die Kinder es nicht, wenn ihre Sprachen gesprochen werden?" Eine türkischsprachige Kollegin berichtete daraufhin von ihrer Erfahrung als Kind:
„Ich dachte damals: Muss das jeder wissen, dass ich Türkisch spreche? Dann merkt doch jeder: Ich bin anders. Das war mir peinlich. Ich wollte nicht anders sein. Meine Sprache versteht sowieso niemand, dachte ich. Und vielleicht finden die Leute, dass Türkisch komisch klingt. Jedenfalls fühlte ich mich auffällig mit meiner Sprache, beobachtet und bewertet. Ich hatte Angst, dass ich ausgeschlossen werde." Diese Erfahrung lässt die Kolleg*innen aufhorchen, möglicherweise geht es den Kindern ähnlich. Ihnen wird klar: Kinder individuell zu beachten heißt nicht, sie zu besondern. Vielmehr brauchen Kinder Anerkennung für ihre Sprache als Teil ihrer ganzen Person, um sich in der Gemeinschaft sicher, wohl und anerkannt zu fühlen. (vgl. ISTA/Fachstelle Kinderwelten 2016d, S. 48ff.)

Das Beispiel macht deutlich, wie stark gesellschaftliche Mechanismen wirken und das Wohlbefinden von Kindern und Erwachsenen gefährden können. Schauen Sie genau hin, sprechen Sie mit den Kindern darüber, was sie sich im Hinblick auf ihre Familiensprachen wünschen. Und nutzen Sie auch den Dialog mit den Bezugspersonen der Kinder, um **gemeinsam Wege zu finden, die die Kinder unterstützen, anstatt sie zu verunsichern.**

Die Wertschätzung der Familiensprachen und die bemerkenswerte Leistung, sich in mehr als einer Sprache verständigen zu können, ist ein wichtiger Bestandteil vorurteilsbewusster Arbeit. Ebenso wichtig ist es, **Abläufe und Routinen auf ihre inklusive Qualität zu prüfen:** Wie viel Raum geben wir der Vielfalt der Bedürfnisse von Kindern und Familien im Tagesablauf? Was bewegt uns dabei sowohl individuell als auch als Gesamtteam? So ist zum Beispiel auch das Thema „Essen" häufig mit einer Vielzahl persönlicher Erfahrungen und Wertvorstellungen verknüpft. Hier lohnt es sich für Teams, die Perspektiven aller Kolleg*innen kennenzulernen, um im nächsten Schritt eine gemeinsame pädagogische Haltung zu entwickeln.

BEISPIEL

Sich an den Bedürfnissen der Kinder orientieren

Die Unzufriedenheit mit der Essenssituation beschäftigte das Team seit geraumer Zeit, ohne bisher zu abschließenden Lösungen gekommen zu sein. Viele Fragen standen im Raum: Wieso sollen Kinder etwas probieren, wenn sie das nicht wollen? Warum sollen sie aufessen, wenn ihnen etwas nicht schmeckt? Was heißt „gesunde Ernährung"? Wer definiert das? Für wen? Aus welcher Perspektive?
Das Team stellte fest: Die bisherigen Regeln passten nicht mehr. „Wir wollten dafür sorgen, dass die Kinder die Möglichkeit bekommen, sich selbst zu regulieren, Selbstwirksamkeit erfahren können und nicht fremdbestimmt werden." So kam es zur Einführung eines offenen Büffets im Foyer der Kita.
Die Erzieher*innen berichten von ihren Erfahrungen: „Morgens von 6.30 bis 9.00 Uhr und nachmittags von 14.00 bis 16.00 Uhr steht das Büffet den Kindern jetzt offen, sodass sie entscheiden können, was, wann, mit wem und wie lange sie essen wollen. Es gefällt ihnen, weil sie aussuchen können, was sie essen wollen, und sich Zeit für ihre Mahlzeiten und Gespräche mit ihren Freund*innen nehmen können. Niemand ermahnt oder gängelt sie. Trotz des Kommens und Gehens herrscht eine ruhige, angenehme Atmosphäre in diesem Bereich. Selbst die Jüngsten genießen das Essen am Büffet.
Um Vielfalt und Unterschiede als etwas erleben zu können, das wertgeschätzt wird und erwünscht ist, brauchen Kinder in der Kita entsprechende Alltagsstrukturen: die Öffnung zwischen Gruppen und Altersgrenzen, Räume mit Wahlmöglichkeiten, offene Ernährungsangebote. Denn: Respekt für Vielfalt zeigt sich auch in Routinen, Abläufen und Ausstattungen. Die einseitige und eindimensionale Alltagsorganisation hingegen vermittelt Kindern permanent die Botschaft, dass Anpassung gewünscht ist, Umgangsweisen vorgegeben und Abweichungen nicht erlaubt sind." (vgl. ISTA/Fachstelle Kinderwelten 2016d, S. 69ff.)

Die vorhandene Vielfalt in der täglichen Praxis diskriminierungssensibel zu berücksichtigen und zu erweitern, ist ein fortlaufender Prozess, der mit der Beschäftigung im Team beginnt, dann in die Praxis hineinwirkt und sich ebenso auf die Trägerebene als weitere Strukturdimension erweitern sollte.

REFLEXION

Strukturen reflektieren

- Überprüfen wir unsere Abläufe und Routinen mit Blick darauf, ob sie der Vielfalt der Kinder und Familien gerecht werden?
- Gibt es Raum für Erfahrungs- und Wissensbestände marginalisierter Kolleg:innen? Werden sie in die pädagogische Arbeit einbezogen?
- Thematisieren wir Erfahrungs- und Wissensdefizite in Bezug auf Vielfaltsaspekte und bilden uns dazu fort?
- Reflektieren wir unsere Unsicherheit im Umgang mit Vielfaltsaspekten und nutzen den Austausch im Team, um Vorbehalte abzubauen?

3.4.3 Gemeinsam kritisch werden (Ziel 3)

> *„Eine inklusive Sprache hat nichts mit Zensur zu tun. Es geht darum, zu verstehen, dass bestimmte Worte und Redeweisen in bestimmten Kontexten diskriminieren und ausgrenzen."* Seyran Bostancı (Bostancı 2018, S. 2)

Kritisch werden heißt auch, im Team eine inklusive, wertschätzende Sprache zu entwickeln, die niemanden ausgrenzt und verletzt. Das bedeutet wiederum, sich die **Macht und Wirkung von Sprache** bewusst zu machen, den eigenen Sprachgebrauch zu reflektieren und diskriminierungssensibel weiterzuentwickeln. **„Worte tun im Herzen weh"** ist die Aussage eines Kindes, die die Wichtigkeit dieser Aufgabe verdeutlicht. Was kennzeichnet eine inklusive Sprache?

Wie in Kapitel 3.2 beschrieben, konstruiert Sprache Wirklichkeit und ist nie neutral. Neben den Informationen, die transportiert werden sollen, schwingen immer auch Botschaften und Bewertungen mit. Inklusion erfordert, besonders auf Kinder und Familien zu achten, die aufgrund bestimmter Identitätsaspekte ausgegrenzt werden, und zu wissen, welche Gruppen von Menschen gesellschaftlich benachteiligt und diskriminiert werden. Es gilt, in Erfahrung zu bringen, wie die jeweilige Diskriminierung und Abwertung sprachlich ausgedrückt wird.

Sprache kritisch in den Blick nehmen

Gesellschaftliche Diskurse und mediale Botschaften bestimmen maßgeblich mit, wie über Menschen oder Gruppen von Menschen gesprochen und damit auch gedacht wird. So werden zum Beispiel bei der **Thematisierung von sozialer Ungleichheit** häufig die Formulierungen „bildungsfern" und „bildungsnah" genutzt. Diese Darstellung vernachlässigt zum einen die Tatsache, dass Bildung mehr bedeutet als die zumeist gemeinte schulische Bildung. Zum anderen vermitteln die Formulierungen die Idee, dass es Zufall wäre, wie „nah oder fern" eine Familie der Bildung steht – strukturelle Benachteiligung wird damit vernachlässigt und Bildungsbenachteiligung zu einem persönlichen „Schicksal" umgedeutet (vgl. ISTA/Fachstelle Kinderwelten 2016d, S. 104). Das Wort **„bildungsbenachteiligt"** würde diesen Aspekt einschließen und die tatsächlichen Realitäten der jeweiligen Kinder und Familien treffender beschreiben.

Sicherstellen, dass alle gehört werden

Ebenso negativ wie diskriminierende Sprache wirken das **Überhören, Entnennen und Unsichtbarmachen von Stimmen und Perspektiven** (vgl. Tomás & Richter 2020, S. 48): Wer beansprucht, gesehen und gehört zu werden? Wer darf mitsprechen? Wem wird zugehört? Wessen Beschwerden finden Eingang in den Kita-Alltag? Wessen Unmut wird ignoriert? Noch immer werden Menschen(-gruppen) systematisch ausgespart, nicht mitgedacht oder nicht angesprochen, womit auch das Nicht-Nennen, das Ignorieren, das ständige Unterbrechen und das Nicht-Zuhören zu sprachlicher Diskriminierung werden (vgl. IMST 2014, S. 8). „Vielen Menschen, gerade denjenigen, die Teil der Dominanzgesellschaft sind, ist die Bedeutung solcher Fragen nicht bewusst. Sie mussten sie sich nie stellen, denn sie wurden selbstverständlich gehört, gehörten ganz selbstverständlich dazu" (Tomás & Richter 2020, S. 48).

„Sprache kann also Asymmetrien und Ungleichheiten herstellen, aber auch Ausgewogenheit und Gleichstellung erzeugen" (IMST 2014, S.1). Die Entscheidung, was wir mit unserer Sprache bewirken wollen, treffen wir tagtäglich und mit jedem Wort. Die Entwicklung einer inklusiven Teamsprache ist ein fortwährender, nie abgeschlossener Prozess, denn Sprache entwickelt sich immer weiter. Manchmal sind Bezeichnungen und Begriffe, die vor einiger Zeit noch als nutzbar eingeordnet wurden, hinfällig. Hier bedarf es Flexibilität und der Bereitschaft, sich fortlaufend weiterzuentwickeln. Verunsicherung, Erschöpfung oder Abwehr sind Gefühle, die nicht selten mit der Entwicklung einer inklusiven Sprache einhergehen: „Darf man denn überhaupt nichts mehr sagen?", heißt es dann oft. Individuelle Gründe für diese Frage gibt es viele. Neben Unwissenheit darüber, dass bestimmte Bezeichnungen diskriminierend sind, spielen auch Schuld und Scham eine Rolle: „Ich habe es doch gar nicht böse gemeint!" Doch darum, was wie gemeint ist, kann es bei diskriminierendem Sprechen nicht gehen. Wichtig ist das, was bei dem*der Empfänger*in ankommt. Nutzen Sie jeden Hinweis, als Chance zur Weiterentwicklung Ihrer Sprache. Die **Selbstbezeichnungen marginalisierter Menschen bieten dabei eine hilfreiche Orientierung.**

REFLEXION

Selbstbezeichnungen

„Was weiß ich über Selbstbezeichnungen zu einem bestimmten Identitätsaspekt? Welche Worte benutzen Menschen, für die dieser Aspekt ein Teil ihrer Identität ist oder denen er zugeschrieben wird? Wenn ich selbst weiß positioniert bin und mir bekannt ist, dass beispielsweise ‚People of Color' eine politische Selbstbezeichnung von Menschen ist, die Rassismus erfahren, gilt es, dies zu respektieren und mich darüber zu informieren. [...] Das kann dann herausfordernd sein, wenn es - wie meist - auch innerhalb der gemeinten Gruppe dazu keine Einigkeit gibt, wie zum Beispiel zur Bedeutung des ‚T' in LSBTIQ*. Vielleicht ist es möglich, sämtliche Optionen zu benennen - beispielsweise ‚transsexuell, transident oder transgeschlechtlich' zu sagen. Im Zweifelsfall kann es hilfreich sein, eine Variante zu wählen, die die gesellschaftliche Norm hinter dem Herrschaftsverhältnis und ihren Konstruktionscharakter in den Fokus stellt - in diesem Fall ‚Menschen, die nicht der Norm von Cis-Geschlechtlichkeit entsprechen'. Handelt es sich um eine Person, zu der ich Kontakt habe, sollte ich sie möglichst achtsam nach der bevorzugten Formulierung für diesen Aspekt ihrer Identität fragen und die Antwort selbstverständlich respektieren. Hierbei gilt es zu bedenken, dass dies die Gefahr einer Exponierung birgt, vor allem, wenn solche Fragen offen in einer Gruppe gestellt werden. Vorsicht also vor Ausfragen statt Nachfragen - und auch das idealerweise im persönlichen Gespräch. Manchmal kommt es zu Situationen, in denen Individuen Begriffe als Selbstbezeichnungen wählen, die mir als diffamierend bekannt sind. Das kann eine empowernde Handlung der Aneignung sein oder eine verinnerlichte Normalisierung von Abwertung - das von außen zu beurteilen, ist erstens anmaßend und zweitens unmöglich" (Wolter 2018, S. 1ff.).

Aktiv handeln

Neben einer inklusiven Sprache braucht es pädagogische Fachkräfte, die einen kritischen Blick entwickeln, der ihnen ermöglicht, sich in Gerechtigkeitsfragen zu engagieren. Auch hier gilt: **Bei Einseitigkeiten und diskriminierenden, ausgrenzenden**

Handlungen nicht zu reagieren, ist aus privilegierter Position eine Form von Zustimmung. Erzieher*innen sind aufgefordert, kritisch zu werden und bei Bedarf Praxisveränderungen vorzunehmen.

BEISPIEL

Vom „Muttertag" zum „Familientag"

Die Erzieher*innen diskutieren in der Dienstbesprechung, warum und für wen der „Muttertag" eigentlich gefeiert werden soll. Was wollen wir damit erreichen? Beim Austausch stellen sie fest: „Ich weiß nicht, ob die Mütter diesen Tag überhaupt feiern wollen", „Wie ich gemerkt habe, können die Kinder wenig damit anfangen", „Wir sollten uns mal mit dem geschichtlichen Hintergrund befassen. Meines Wissens wurde der Muttertag im Nationalsozialismus instrumentalisiert." Es wird klar, dass der „Muttertag" die individuellen Lebenssituationen der Kinder und Familien nicht berücksichtigt. Weitere Fragen tauchen auf: „Was mögen die Eltern und Kinder über den Muttertag denken?" „Was ist, wenn ein Kind nicht bei seiner Mutter oder seinem Vater lebt?" „Was ist, wenn ein Kind zwei Mütter oder zwei Väter hat?" „Was ist, wenn Familien den Tag gar nicht kennen oder nicht feiern wollen?" Schließlich kommt das Team überein, einen Familientag zu gestalten und damit die unterschiedlichen Familienformen der Kinder zu berücksichtigen (vgl. ISTA/Fachstelle Kinderwelten 2016d, S. 83f.).

Auch in diesem Beispiel waren es bisher einseitige Abläufe, die Lebensrealitäten von Familien nicht im Blick hatten. Bleiben Sie wachsam, erweitern Sie Ihr Wissen, ohne Menschen mit Diskriminierungserfahrungen zu instrumentalisieren und unterstützen Sie sich gegenseitig.

REFLEXION

Eine inklusive Sprache entwickeln

- Erarbeiten wir uns ein diskriminierungskritisches, respektvolles Vokabular für die Bezeichnung von Menschen bzw. Gruppen von Menschen, das wir immer wieder überprüfen?
- Beschreiben wir Identitätsmerkmale von Menschen sachlich korrekt?

- Vermeiden wir es, Kinder und ihre Familien als „anders" oder von der Norm abweichend zu bezeichnen, und verwenden stattdessen sachlich korrekte Beschreibungen?
- Stellen wir sicher, dass die Perspektiven marginalisierter Personen gehört werden?
- Vereinbaren wir, mit welchen Gesten oder Worten wir einander auf einseitige oder diskriminierende Handlungen oder Äußerungen aufmerksam machen wollen?

3.4.4 Sich für Inklusion stark machen (Ziel 4)

Im nächsten Schritt geht es darum, Konflikte anzugehen, sich als Team zu positionieren und immer wieder deutlich zu machen, dass Ausgrenzung und Diskriminierung in der Einrichtung nicht zugelassen werden. Kritisches Denken und das Ansprechen von diskriminierenden Handlungen und Strukturen ziehen zumeist auch unmittelbare Auseinandersetzungen nach sich. Es gilt, aufbauend auf diesen Annäherungs- und Aushandlungsprozessen ein klares Profil als Einrichtung zu entwickeln, das inklusives, vorurteilsbewusstes Handeln als eine Grundlage pädagogischer Arbeit verankert. Dies bedarf der Verbindung von Diversitätsbewusstsein und Diskriminierungskritik. Beide Aspekte müssen zum Einsatz kommen, wenn es innerhalb der Einrichtung zu diskriminierenden Situationen kommt.

Diskriminierung zu thematisieren ist, aus verschiedenen Gründen, auch für pädagogische Fachkräfte häufig eine Herausforderung. Kita-Teams benötigen daher gut ausgebildete Kommunikations- und Konfliktlösefähigkeiten. Es gilt auch hier, eine gemeinsame Sprache zu entwickeln (vgl. ISTA/Fachstelle Kinderwelten 2016d, S. 139). Das bedeutet: Bemerken pädagogische Fachkräfte, dass Kolleg*innen Kinder diskriminieren, **müssen sie dieses Verhalten thematisieren, und das vor den Kindern, damit diese erfahren können, dass sie Rückhalt bekommen.** Ein solches Vorgehen ist jedoch in vielen Einrichtungen ein Tabu: „Kritik äußert man nicht vor den Kindern oder Bezugspersonen." Dass Erzieher*innen/Leiter*innen die Situationen später unter sich analysieren, hilft den diskriminierten Kindern jedoch nicht. Teams müssen deshalb explizit vereinbaren, dass sie solche Handlungen benennen und Kinder jederzeit unterstützen, wenn sie respektlos behandelt werden.

Diskriminierung ansprechen

BEISPIEL

Eine Erzieherin beschloss, nicht mehr wegzuschauen. Nach einer Situation, in der eine Kollegin ein Kind sehr ungerecht behandelt hatte und nicht nur sie selbst, sondern auch weitere Anwesende nicht reagierten, fragte sie sich: Warum habe ich nicht eingegriffen? Warum habe ich dem Kind nicht geholfen? Sie war sehr unzufrieden, dass sie nicht reagiert hatte und auch später nicht das Gespräch mit der Kollegin suchte. Was waren die Gründe? „Ein ganzes Bündel von Befürchtungen. Ich hatte Angst vor einer unangenehmen Auseinandersetzung, wollte die Kollegin nicht bloßstellen und ihre Autorität nicht untergraben. Ich fürchtete, im Team weniger beliebt zu sein oder ausgegrenzt zu werden, wenn ich mich einmische. Vielleicht würden die Kolleg*innen denken, ich bilde mir ein, etwas Besseres zu sein. Wenn ich etwas anspreche, das mir aufgefallen ist, setze ich mich ja über eine bestimmte Grenze hinweg. Am Ende könnte das die Position gefährden, die ich mir über lange Jahre hinweg erarbeitet habe. Mir war klar: Von diesen Ängsten und Befürchtungen muss ich mich frei machen, weil es mir wirklich um die Kinder geht." Kurz darauf gelang es ihr jedoch, sich zu positionieren. Beim Mittagessen sagte eine Kollegin zu einem Kind: „Na, das war ja klar, dass du noch Nachschlag haben willst!" Da mischte sie sich ein: „Ich möchte nicht, dass du Charlie so auf sein Körpergewicht ansprichst." Die Kollegin stutzte und schwieg. „Lass uns später noch mal drüber reden", schlug sie vor und beschloss, der Kollegin nicht zu sagen, sie habe etwas falsch gemacht, sondern von sich und ihren Gefühlen zu sprechen: „Ich war über deine Worte erschrocken", begann sie das Gespräch und erklärte, warum: Die Kollegin hatte das Kind auf ein Merkmal reduziert, das Gewicht, und es mit ihrer Aussage abgewertet. Das schmerzt. Und wenn es vor allen passiert, könnten die anderen Kindern glauben, dies sei in Ordnung. Die Kollegin verstand, was gemeint war. Sie habe sich nichts dabei gedacht, wolle aber in Zukunft darauf achten, sich mit solchen Äußerungen zurückzuhalten (vgl. ISTA/Fachstelle Kinderwelten 2016d, S. 139ff.).

In diesem Beispiel gelang es den Kolleg*innen, das problematische Handeln miteinander zu besprechen. Gelingt dies nicht, bedarf es der Initiative von Leitungskräften, die solche Auseinandersetzungen nicht scheuen, sondern das Team auf dem Weg zu Lösungen begleiten und unterstützen. Im nächsten Beispiel nutzte das Team die Methode der kollegialen Beratung, um einen Fall ausgrenzenden Handelns – eine Erzieherin hatte ein Kind aus dem Gruppenraum geschickt – zu reflektieren (vgl. ebd., S. 143):

BEISPIEL

Raum für Klärungsprozesse schaffen

Im Vorfeld der Besprechung klärte das Team, welchen Sinn der Austausch haben und in welcher Form er ablaufen sollte. Die Kolleg*innen verständigten sich darauf, dass es nicht um Schuldzuweisungen geht, sondern um das gemeinsame Nachdenken darüber, warum es zu solchen Vorfällen kommt, und was sie dafür tun können, dass sie allen Kindern gegenüber respektvoll handeln.
Im ersten Schritt nahmen die Kolleg*innen die unterschiedlichen Perspektiven der Beteiligten in einem Rollenspiel in den Blick. Nach diesem ersten Gespräch vereinbarten die Kolleg*innen einen zweiten und dritten Termin, um Handlungsalternativen für solche oder ähnliche Situationen zu entwickeln. Es ging darum, zu einem Teamkonsens zu gelangen, einem gemeinsamen Verständnis davon, welche Werte die Basis ihres pädagogischen Handelns bilden.
Zu den Aufgaben von Leitungskräften gehört es hier, Zeit und Austauschräume zur Verfügung zu stellen. Von Teams braucht es die Bereitschaft, solche Räume zu nutzen, sie als Entwicklungschance zu verstehen und nicht als reine Mehrbelastung zu betrachten.
Die Erzieher*innen versetzten sich erneut in die verschiedenen Rollen und sprachen darüber, welche Bedürfnisse die beteiligten Personen mit ihrem Handeln möglicherweise zum Ausdruck brachten. „Wir konnten uns immer besser in die jeweilige Person hineinversetzen, äußerten fachliche Einschätzungen und Veränderungsvorstellungen", beschreibt eine Kollegin die Situation in der zweiten Teamberatung. Und weiter: „Etliche Kolleg*innen berichteten, dass sie in stressigen, überfordernden Situationen autoritär handeln. An dieser Stelle thematisierten wir die Machtunterschiede zwischen Erwachsenen und Kindern. Die althergebrachte Überzeugung, nach der Erwachsene per se über Kinder bestimmen dürfen und müssen, um sie zu ‚erziehen', kam ebenso zur Sprache wie eigene Erfahrungen aus der Kindheit und Beispiele, die zeigten, dass Kinder in unserer Gesellschaft nach wie vor nicht ernst genommen werden."
Beim abschließenden dritten Treffen überlegten die Kolleg*innen, welche konkreten Schritte Sie gehen möchten und sammelten folgende Punkte:

In Stress-Situationen:

- Da wir gemeinsam für alle Kinder verantwortlich sind, dürfen wir Kolleg*innen um Hilfe bitten.
- Für manche von uns ist das schwierig. Wir müssen aufmerksamer füreinander sein und dürfen Hilferufe nicht als Schwäche ansehen.
- Vertrauen und die gleiche Wellenlänge sind die Voraussetzung dafür, dass man ohne Gesichtsverlust um Hilfe bitten kann.
- Wir sollten generell im Alltag häufiger und bewusster innehalten, um mehr wahrnehmen, in Ruhe überlegen und uns austauschen zu können.

In Problemfällen:

- Wenn wir etwas nicht in Ordnung finden - zum Beispiel Strafen, ein Kinder beängstigender Tonfall oder unangemessene Ironie -, müssen wir das ansprechen.
- Aber wie und wo? Entweder direkt oder indem wir ein Gespräch vereinbaren: in der Abteilung, mit der Leitung, mit dem Team.

Zur Teamkultur:

- Wir wollen Wertschätzung leben und vorleben. Dazu gehört auch, wertschätzende Rückmeldungen zu geben.
- Wir brauchen Zeit für den Austausch über das, was uns schon gelingt und was uns noch schwerfällt, damit wir erkennen, wo Entwicklungsnotwendigkeiten bestehen.
- Dabei könnten wir auch Alltagssituationen betrachten, zum Beispiel mit der Methode der Perspektivenübernahme.

Das Beispiel macht deutlich, wie vielschichtig die Auseinandersetzung mit solchen Situationen ist. Lassen Sie sich nicht entmutigen. Einzuschreiten und sich zu positionieren bedarf neben einer klaren Haltung auch der Übung. Bleiben Sie immer, und besonders in Konflikten, miteinander in Kontakt, um gemeinsame Lösungen zu finden, und unterstützen sie sich gegenseitig.

Wirkmechanismen von Diskriminierung

Inklusive Praxis bedarf der Reflexion, Entwicklung und Veränderung auf verschiedenen Ebenen. Nachfolgend die Erfahrungsberichte zweier BPoC-Pädagog*innen die eindringlich verdeutlichen, wie Diskriminierung sich durch alle Strukturen zieht und fortgeschrieben wird. Sie veranschaulichen, welche ungerechten Ressourcenanforderungen entstehen, sowie, was es für marginalisierte Menschen bedeuten kann, in nicht diskriminierungskritischen Kontexten tätig und wirksam zu sein. Und sie zeigen, wie wichtig es für mehrheitlich privilegiert positionierte Menschen ist, zuzuhören, sich mit den eigenen Anteilen an diskriminierenden Praxen zu beschäftigen und diese abzubauen.

*„Ich bin Pädagogin of Color in einer Kinderkrippe. Als ich dort anfing, fiel mir auf, dass ein Kinderlied gesungen wurde, in welchem die rassistische Fremdbezeichnung für indigene Menschen und Gemeinschaften verwendet wird. Als Erstes sprach ich es in meinem Kleinteam an. Ich hatte das Gefühl, dass ich ein Tabuthema angesprochen habe und meine Kolleg*innen es eher so empfanden, dass ich ihnen den Begriff verbieten wollte. Weil das Lied bzw. die rassistische Fremdbezeichnung durch verschiedene Weisen überall in der Einrichtung verbreitet ist, habe ich versucht, das Thema im Großteam zu platzieren. Das hat nicht funktioniert, weil ich keinen Zugang zu diesem Meeting hatte. Also bin ich mit meinem Anliegen zu meinen Chefinnen gegangen. Allein bis dahin hat es mich viele Ressourcen gekostet – die eigentliche Arbeit hatte noch gar nicht angefangen! Immer wieder wurde mir entgegengesetzt, dass dieser Begriff sehr positiv besetzt ist. Es ist unglaublich schwer, diese Zentrierung und Deutungshoheit von Nicht-Betroffenen sichtbar zu machen und anzuerkennen, um dagegen vorzugehen. Es hat viele, wirklich viele Anläufe und Diskussionen gebraucht, um überhaupt erst einmal über den eigentlichen Gegenstand des Problems zu sprechen. Dafür habe ich viele Stunden unbezahlte Bildungsarbeit geleistet. Und der Fakt, dass ich selbst rassistisch markiert werde, hat mein Wissen und meine Kompetenzen herabgestuft bzw. unsichtbar gemacht. Obwohl ich alle erdenklichen Materialien vorgestellt habe, musste erst die unsägliche Nachricht aus Kanada über das Kindermassengrab im deutschen Mainstream gesendet werden, damit mein Anliegen Legitimität bekam. Es ist ein unfassbar aufreibender, ermüdender und entmenschlichender Kampf im Alltag, aber zu wissen, dass es noch andere Menschen gibt, die sich auch Tag für Tag dafür einsetzen, gibt mir Kraft und Zuversicht. Ich nehme mir jedenfalls vor, immer schonungslos und unbequem zu bleiben! Denn nur, wenn es immer und immer wieder zur Sprache gebracht wird, kann es reflektiert, anerkannt und verbannt werden.“* (Ertem 2021, S.1)

„In der Konzeption des Trägers, bei dem ich tätig bin, ist Anti-Diskriminierung offiziell fest verankert. Die Realität sieht jedoch leider häufig anders aus. Ich könnte eine Vielzahl von Beispielen aufführen, die zeigen, wie schwer der Weg von

*der Konzeption zur Praxis für viele Mitarbeiter*innen zu sein scheint. Es beginnt auf der Trägerebene, zieht sich durch die Leitungsstrukturen und wird auch in der Praxis nahezu täglich sichtbar. Wenn ich etwas anspreche, was diskriminierend ist, folgen die Reaktionen fast immer ähnlichen Mustern: Oftmals werde ich belächelt und mir wird ‚Übersensibilität' unterstellt. Ergänzt wird dies häufig durch das Absprechen von ‚Objektivität' durch meine Identität als Schwarze Frau. Ich möchte die Kolleg*innen dann zu gern fragen, wie ‚objektiv' sie denn durch ihre weiße Identität sind, weiß jedoch aus Erfahrung, dass dann in vielen Fällen Abwehr der nächste Schritt ist, und die weitere Auseinandersetzung auf Sachebene für Wochen, wenn nicht gar für immer unmöglich wird. Neben der Kraft und den Ressourcen, die es mich immer wieder kostet, ‚unbequeme' Themen auf den Tisch zu bringen, schmerzt es mich unsagbar, zu erleben, was es für Schwarze Kinder und Kinder of Color in unserer Einrichtung bedeutet, wenn diese Themen nicht endlich wirklich angegangen werden. Wie oft müssen sie noch besondert werden? Wie oft werden sie noch aus Hamburg, der Stadt, in der sie geboren sind und leben, auf andere Kontinente verwiesen? Wie oft müssen sie es noch aushalten, zu Repräsentant*innen ganzer Gruppen gemacht zu werden? Wie oft noch die abwertenden Zuschreibungen, die damit verbunden sind, ertragen? Wie lange sollen sie noch in den Materialien unsichtbar bleiben oder sich nur in stereotyper oder gar diskriminierender Art gezeigt und erzählt finden? Wie lange müssen sie noch Spiele, Lieder oder Kostüme ertragen, die ihre Menschenwürde verletzen? Wie oft noch hören, dass etwas ‚doch aber nicht so gemeint war' und ihren Schmerz bagatellisieren lassen? Wie oft müssen sie noch erleben, dass ihre Familien anders behandelt werden als die Familien weißer Kinder? Ihre Familienkulturen? Ihre Identitäten? Wie lange müssen sie noch darauf warten, dass Erwachsene erkennen, dass und wann sie diskriminiert werden und sie dabei unterstützen, dass es endlich aufhört?"* (Fortbildungsteilnehmerin)

Neben der Auseinandersetzung privilegierter Personen mit Diskriminierung ist es wichtig, dass für pädagogische Fachkräfte mit Diskriminierungserfahrungen **Empowerment Räume** geschaffen werden, in denen sie vor Diskriminierung geschützt(er) sind, sich austauschen, starken und vernetzen können. Das können zum Beispiel queere Empowerment-Räume sei, Empowerment-Räume für BIPoC-Mitarbeiter*innen oder Räume für Mitarbeiter*innen mit BeHinderungen.

EMPOWERMENT KANN:

- „Selbstwertgefühl und Stärke angesichts von Diskriminierungserfahrungen vermitteln.

- Marginalisiertes Wissen von unterdrückten Gruppen sicht- und hörbar machen.
- Betroffene können Strategien und Instrumente erlernen, mit Diskriminierung umzugehen.
- Diskriminierungsmechanismen können politisiert und öffentlich gemacht werden.
- Empowerment stellt ein Gegengewicht zu strukturellen Ungerechtigkeiten und verwehrten Machtzugängen dar.

Was ist das Besondere daran?

- Empowerment ist nicht defizitorientiert, sondern setzt auf die Möglichkeiten der Betroffenen.
- Empowerment richtet sich individuell nach den Bedürfnissen der Unterdrückten.
- Empowerment richtet sich an der Utopie der unterdrückungs- und dominanzfreien Gesellschaft aus.
- Empowerment verbindet politische Theorie und individuelle Praxis." (IDA e.V. 2018)

REFLEXION

Machen wir uns für Inklusion stark?

- Thematisieren wir diskriminierende Situationen in der Kita, die wir oder andere beobachtet haben?
- Machen wir uns bewusst, welche Haltungen oder Gefühle uns davon abhalten, bei diskriminierenden Äußerungen und Verhaltensweisen von Teamkolleg*innen, Bezugspersonen oder Kindern einzugreifen?
- Machen wir uns im Team gegenseitig darauf aufmerksam, wenn durch Beschwichtigungen, Relativierungsversuche, Bagatellisierungen oder Rechtfertigungen verhindert wird, Einseitigkeiten und Diskriminierung als solche zu benennen?
- Überprüfen wir kontinuierlich, wie wir in der Kita mit Diskriminierung, Einseitigkeiten und Vorurteilen umgehen, sowohl in unserer pädagogischen Arbeit mit Kindern als auch im Rahmen der Zusammenarbeit mit Bezugspersonen und im Team?
- Beachten wir bei all dem die unterschiedlichen Erfahrungen mit Diskriminierung und Privilegierung innerhalb des Teams und gehen macht-kritisch und achtsam damit um?
- Berichten wir im Team von gelungenen Aktivitäten gegen Diskriminierung und Ungerechtigkeit?

4.

Herausforderungen und Chancen auf dem Weg zu einer diskriminierungs-kritischen Praxis

Die Themen in diesem Kapitel sind

- → welche Herausforderungen es auf dem Weg zur Entwicklung einer diskriminierungskritischen Identität gibt
- → welche Chancen eine solche Entwicklung bietet
- → welche Möglichkeiten des Umgangs mit Abwehrmechanismen bestehen
- → welche kritischen Punkte Sie bei der Gestaltung vorurteilsbewusster Kita-Praxis kennen und vermeiden sollten

Gerade aus privilegierten Positionen sind die Auseinandersetzung mit und das Aktiv-Werden gegen Diskriminierung mit einer Vielzahl von, nicht selten sehr persönlichen, **Entwicklungsschritten** verbunden. Die nachfolgenden Kapitel können nur einen Einblick in die damit verknüpften Herausforderungen geben und möchten gleichzeitig die Chancen skizzieren, die darin liegen, sich den Anforderungen zu stellen und die daraus entstehende Kraft dafür zu nutzen, sich **solidarisch und gemeinsam mit anderen Menschen gegen Machstrukturen zur Wehr zu setzen.**

4.1 Lernen und Handeln in einem schwierigen Feld

> *„Die Bedingungen der Diskussion zu verändern, die Annahmen und Ausgangspunkte in Frage zu stellen, die Logik zu brechen – das ist eine gänzlich andere, langwierige und schwierige Aufgabe. Das setzt aber voraus, dass das sichtbar gemacht wird, was gewöhnlich unsichtbar bleibt: die Annahmen, auf denen die jetzigen Praxen beruhen."* Stuart Hall (Hall in: Kübler 2016, S. 13)

Unsere Gesellschaft basiert auf Ungleichheitsverhältnissen. Diskriminierende Strukturen und Mechanismen durchziehen alle gesellschaftlichen Zusammenhänge.

Die **Auswirkungen** unterscheiden sich je nach Positioniertheit in diesem Machtgefüge. Für marginalisierte Menschen beginnt die Auseinandersetzung mit Diskriminierung – gezwungenermaßen – zumeist sehr früh. Angehörige der Dominanzkultur hingegen haben die Wahl, ob sie sich mit dem Thema auseinandersetzen wollen – ein **Privileg** an sich. Für sie bedeutet vorurteilsbewusste Arbeit, zu erkennen, wie das individuelle Handeln von gesellschaftlichen Strukturen und Verhältnissen beeinflusst ist und diese wiederum aufrechterhält (vgl. Wagner 2009, S. 2). Die Herausforderung liegt darin, Diskriminierungen auch dann zu erkennen, wenn man nicht persönlich betroffen ist, und die eigene Position kritisch in den Blick zu nehmen. Dies ist ein aufwendiger Erkenntnisprozess, der Zeit, Kraft und Demut erfordert sowie die Bereitschaft, die eigenen Sichtweisen zu erweitern und Veränderungen aktiv zu gestalten, denn **„Diskriminierungen sind nicht vor allem Angelegenheiten von Diskriminierten, sondern eine gesamtgesellschaftliche Struktur und als solche eine Verantwortung vor allem derjeniger, die privilegiert sind"** (AG Feministisch SprachHandeln 2015, S. 48).

Marginalisierte Perspektiven einbeziehen

Die erforderlichen Erkenntnisprozesse sind untrennbar mit dem **Wahrnehmen von Perspektivenvielfalt** verbunden. Hierbei ist es von immenser Wichtigkeit, sich mit den Erfahrungen und Perspektiven marginalisierter Menschen zu beschäftigen und **ihr Wissen in die Weiterentwicklung pädagogischer Praxis zu integrieren,** ohne sich dies dabei unrechtmäßig anzueignen oder sie als „Lernobjekte" zu instrumentalisieren.

Ob Menschen ihre Erfahrungen teilen, obliegt hingegen uneingeschränkt der jeweiligen Person und kann niemals eingefordert werden. Es gibt umfassende Ressourcen (siehe auch S. 174), in denen Menschen ihr Wissen über Diskriminierung zur Verfügung stellen – **die Verantwortlichkeit, dies zu nutzen, obliegt der Dominanzgesellschaft,** denn „es ist in erster Linie die Verantwortung von privilegierten Personen, sich in Bezug auf Machtverhältnisse, von denen sie profitieren, zu sensibilisieren" (Dehler 2019, S. 144).

Zugleich gilt es zu beachten, dass **Menschen nicht zu Repräsentant*innen einer ganzen Gruppe gemacht werden,** wie auch das folgende Zitat verdeutlicht: „Schwarze Menschen/Menschen of Color sprechen nicht mit einer Stimme. Wir haben unterschiedliche Lebenserfahrungen, unterschiedliche Grade der Bewusstheit, unterschiedliche Strategien, Rassismus zu adressieren und zu begegnen, unterschiedliche Glaubensrichtungen. Jedoch gibt es eine Uniformität in der Schwarzen Botschaft, dass weiße Menschen niemals Schwarze Realitäten noch Schwarze Bedürfnisse definieren können" (Kwhali & Noble in: Auma 2000, S. 192f.).

Die Aufgabe besteht also darin, nicht zu kollektivieren, sondern die Individualität einer jeden Erfahrung anzuerkennen, zugleich zu verstehen, dass Diskriminierung strukturell gegen gesamte Gruppen von Menschen wirksam ist, und sich bewusst zu machen, dass es Personen, die nicht von der gleichen Diskriminierungsform betroffen sind, **nicht zusteht, Realitäten und Bedürfnisse zu definieren oder zu bewerten.**

Bewusstwerdungsprozesse im Sinne der vorurteilsbewussten Bildung und Erziehung sind dabei kein Selbstzweck, sondern sollten immer zur Weiterentwicklung der pädagogischen Praxis führen (vgl. Wagner 2009, S. 4). Die Professionalisierung zum Thema Inklusion entwickelt sich in der **Wechselbeziehung von Erfahrung und Erkenntnis** (vgl. Kobelt-Neuhaus 2015, S. 95). Es geht um Selbstreflexion, Wissenserweiterung, Praxisreflexion und -veränderung. Diese Verknüpfung ist lohnenswert und herausfordernd zugleich: Einstellungen ändern sich, wenn sie durch Irritationen ins Wanken geraten (vgl. Wagner 2009, S. 4). Das kann Verunsicherung hervorrufen. Worum es jedoch geht, ist die **Entscheidung**, ob ich „[...] unkritisch dazu beitragen möchte, alles so ungerecht zu erhalten, wie es ist, oder dies kritisch zu hinterfragen und im eigenen Handlungsbereich bewusst für Schutz vor Abwertung und Ausgrenzung und für Gerechtigkeit und Solidarität zu sorgen" (ebd., S. 8).

Phasen der Entwicklung einer diskriminierungskritischen Identität

Studien[50] und Erfahrungen zufolge verläuft die Entwicklung einer diskriminierungskritischen Identität in verschiedenen Phasen, die in direktem Zusammenhang mit der gesellschaftlichen Positioniertheit der jeweiligen Person stehen. Jede einzelne Phase birgt eigene Herausforderungen, und es gibt keinen Automatismus, sich von der einen in die nächste Phase zu bewegen, sondern erfordert auch hier bewusste Entscheidungen oder wie Tatum (1992, S. 4) in Bezug auf Rassismus formuliert: „Aufgrund der Vorurteile und der Rassismen, von denen wir als Kinder umgeben waren, können wir vermutlich nicht dafür beschuldigt werden, gelernt zu haben, was uns vermittelt wurde – bewusst oder unbewusst. Jedoch haben wir jetzt als Erwachsene die Verantwortung, den Kreislauf der Unterdrückung[51] zu erkennen und zu unterbrechen. Wenn wir realisiert haben, dass wir falsch informiert wurden, haben wir die Verantwortung, nach korrekten Informationen zu suchen und unser Verhalten entsprechend anzupassen."

Die Übergänge zwischen den Phasen sind oftmals fließend, und es kann passieren, dass Menschen immer wieder in einer der vorigen Phasen landen. Dann gilt es innezuhalten, zuzuhören, dazuzulernen, Praxen anzupassen und sich erneut auf den Weg zu begeben, der auch in Phase 4 kontinuierliche Weiterentwicklung erfordert.

Vereinfacht dargestellt können die **Phasen für die jeweils privilegierten Identitätsanteile im Kontext der Arbeit zum Ansatz der Vorurteilsbewussten Bildung und Erziehung** wie folgt dargestellt werden (vgl. Derman-Sparks, LeeKeenan & Nimmo 2015, S. 16ff.; ISTA/Fachstelle Kinderwelten 2018b, S. 38ff.):

50 Z.B. Cross (1991), Tatum (1992), Helms (1995), Auma (2005), Derman-Sparks, LeeKeenan & Nimmo (2015).

51 Weitere Informationen zum Kreislauf der Unterdrückung („Cycle of Oppression"), der darstellt, wie Stereotype, Vorurteile, Diskriminierung, Unterdrückung und verinnerlichte Unterdrückung in Zusammenhang stehen, finden Sie z.B. unter https://libraryguides.saic.edu/learn_unlearn/foundations11.

1. **Leugnung** („Denial") → Es gibt keine Diskriminierung!
2. **Sich den Themen stellen** („Beginning to face the issuses") → Es gibt Diskriminierung. Ich nehme sie wahr.
3. **Die Entscheidung für vorurteilsbewusstes Arbeiten treffen** („Committing to the Anti-Bias Journey and Work") → Ich will etwas gegen Diskriminierung tun und mich für soziale Gerechtigkeit einsetzen.
4. **Vorurteilsbewusstes Handeln als Norm der pädagogischen Praxis** („Anti-Bias as the Norm") → Ich tue etwas gegen Diskriminierung, verfüge über entsprechendes „Werkzeug" und erarbeite mir das, was noch fehlt.[52]

Zudem bedeutet das Verständnis der Mechanismen einer Diskriminierungsform nicht, dass automatisch auch für alle weiteren Formen sofort das passende Wissen zur Verfügung steht. Was die Erfahrungen jedoch bestätigen: Ist einmal die Phase des Wahrnehmens von Diskriminierung erreicht, ist es zumeist schwer, sich wieder in die Phase der Leugnung zu begeben. Und: Durch die **Verwobenheit verschiedener Diskriminierungsformen** sind grundlegende Erkenntnis- und Handlungsstrategien übertragbar oder erleichtern zumindest den Perspektivwechsel.

Auf der Reise zu uns selbst

Die Anti Bias-Reise ist weder in Verlauf noch in Geschwindigkeit planbar oder normierbar, sondern immer eine persönliche Lerngeschichte. Reflektieren wir unser pädagogisches Handeln, reflektieren wir immer auch unsere persönliche Geschichte. Wir decken Vorstellungen über uns selbst und andere Menschen auf. Das ist notwendig, um bisherige Praxen aufzugeben und uns für Veränderungen zu öffnen und einzusetzen. Selten verläuft ein solcher Prozess geradlinig, häufig ist er von inneren und äußeren Konflikten begleitet. Es gibt Irritationen oder „Reiseangst" (vgl. ISTA/Fachstelle Kinderwelten 2018b, S. 153): „Durch die Arbeit nach diesem Ansatz ist mir bewusst geworden, wie wichtig die Selbst- und Praxisreflexion für die Qualität unserer pädagogischen Arbeit ist. Ich dachte, dass ich viel von dem umsetze, was für Kinder und deren Entwicklung wichtig ist. Mir war jedoch nicht bewusst, wie stark ich von Vorurteilen beeinflusst bin, wie einseitig ich denke und handle. Durch die Arbeit im Projekt habe ich gelernt, darauf zu achten, was am An-

52 Derman-Sparks, LeeKeenan & Nimmo empfehlen Kita-Leitungen ihren Teamkolleg*innen das Phasenmodell vorzustellen, um gemeinsam zu erarbeiten, wo das Team aktuell steht, und gleichzeitig zu verdeutlichen, dass die Entwicklungsreisen individuell verlaufen und häufig in verschiedenen Phasen beginnen.

fang nicht leicht war und mich anstrengte. Je mehr ich mich jedoch darauf einließ, desto sicherer wurde ich“ (Pädagogische Fachkraft, ISTA/Fachstelle Kinderwelten 2016d, S. 26).

Den Weg gemeinsam gehen

Um die Reise gemeinsam antreten zu können, müssen wir bereit sein, einander zu hören, müssen Räume schaffen, in denen alle Beteiligten sich sicher genug fühlen, um sich zu öffnen, müssen Denkanstöße und kritisches Feedback zulassen. Es gilt, das gemeinsame Ziel, **Gerechtigkeit für alle Kinder,** im Auge zu behalten, es in Abgleich mit existierenden Strukturen zu bringen und vorurteilsbewusstes Arbeiten nicht als zusätzliches Konzept zu verstehen, sondern als Basis, die es uns ermöglicht, alle zu beteiligen und selbst beteiligt zu werden. Ist dies der Fall, kann ein solcher Weg sehr aufschlussreich und bereichernd sein, sowohl fachlich als auch persönlich.

Abb. 8: Reise zu einer diskriminierungskritischen Identität

4.2 Umgang mit Abwehrmechanismen

„Furcht ist, was wir fühlen, Verleugnung ist, was wir tun, und Abwehrhaltung ist die Art, wie wir es tun.“ Tema Jon Okun (Okun 2010, S. 69)

Das Aufkommen von Abwehr ist im Rahmen der vorurteilsbewussten Arbeit nicht selten und zeigt sich zum Beispiel durch Verharmlosungsversuche, Verleugnung der Existenz von Diskriminierung oder Zurückweisung der eigenen Verantwortung. Dies kann zu Arbeitsstörungen oder Veränderungsresistenzen führen.

Wenn die Beschäftigung mit Fragen sozialer Gerechtigkeit bisher nicht notwendig oder möglich war, ist es für viele Menschen schwer, die Verbindung zwischen sich selbst und sozialen Missständen herzustellen (vgl. Wagner 2014, S. 7). Sich **eigener Vorurteile und der eigenen Verwobenheit in ein System systematischer Benachteiligung** bewusst zu werden ist oft unangenehm. Darauf mit Abwehr zu reagieren, kann ein „Schutzreflex“ sein. Ziel ist der Schutz vor etwas, das bisher Geglaubtes zu deutlich infrage stellt, vor Impulsen, deren Folgen nicht einschätzbar sind, oder vor als schwierig empfundenen Veränderungsvorschlägen (vgl. Wagner et al. 2006, S. 33). Oder wie Emcke (2019, S. 65) formuliert: „Weil die Fähigkeit, etwas wahrzunehmen, also auch mit dem zu tun hat, was zuvor schon mal wahrgenommen wurde, weil sich neues Wissen und Verstehen auch zu dem verhält, was schon mal gewusst oder verstanden wurde, haben bei widersprüchlichen Informationen häufig diejenigen, die nicht an frühere Erfahrungen ankoppeln können, einen schweren Stand. Noch nie Gehörtes wird leicht als unerhört abqualifiziert, wird eher als unwahrscheinlich gedeutet, als jene Informationen, in denen sich altes Wissen spiegeln lässt. Das mag man bedauern, oder aber **als Aufgabe und Möglichkeit des Lernens, der Veränderung, der Handlungsmöglichkeit nutzen.**“

Abwehr hat dabei viele Formen und zeigt sich zum Beispiel durch verschlossene Körpersprache und Mimik, Zweifel an der Korrektheit von Aussagen („Man kann es auch übertreiben!“), durch Belustigung über beschriebene Zusammenhänge, das Ablehnen von Informationen als „zu theoretisch“, durch Aussagen, die Handlungsbedarf abstreiten („Das machen wir doch alles schon!“) oder auch durch das Abgeben von Verantwortung an andere (vgl. ISTA/Fachstelle Kinderwelten 2018b, S. 154ff.).[53] Solche Bedenken spiegeln Bedenken und Zweifel wider und sollten auf-

53 Okun (2010, S. 82ff.) benennt neben den beschriebenen Mechanismen weitere Abwehrstrategien, die besonders im Kontext Rassismus von weißen Menschen genutzt werden. Eine weitere Übersicht („Reactions of the Privileged to the Oppressed“) finden Sie in Bishop (2015, S. 90).

gegriffen sowie **in ihrer Funktion erkannt und thematisiert** werden, um erfassen zu können, was dahintersteckt: Welche Sorgen und Bedenken gibt es, beim Gedanken daran, die eigene Praxis inklusiver zu gestalten? Welche Vorbehalte existieren gegenüber bestimmten Menschen/-gruppen? Welche Erfahrungen oder mangelnde Erfahrungen spielen eine Rolle? (…) Durch Fragen wie diese kann es gelingen, gemeinsam einen Weg zu finden, der die weitere Auseinandersetzung mit dem jeweiligen Thema ermöglicht (vgl. Wagner et al. 2006, S. 33).

Ein weiterer häufiger **Abwehrmechanismus** macht die Kinder und besonders auch ihre Familien „zum Problem", was sich in Aussagen zeigt wie: „Bei unseren Familien hier bringt das gar nichts, das kommt bei denen nicht an!" Auch hier gilt es, das Gesagte genauer in den Blick zu nehmen: Zunächst sind in keiner Einrichtung alle Familien gleich. Die Formulierung „unsere Familien" unterstellt, dass die Aussage für alle Familien zutrifft. Die Aussage zeichnet überdies ein stereotypes und zumeist abwertendes Bild der Familien. Die Familien werden als Grund angeführt, warum eine bestimmte Praxis nicht funktioniert. Es ist jedoch Aufgabe der Kita, Zugänge und Beteiligungsformen für alle Familien zu finden. Werden die Familien zum „Problem" erklärt, bleiben problematische Mechanismen und Strukturen unerkannt, die für die Familien mit Nachteilen verbunden sind. Es ist wichtig, diese Problemverschiebung aufzudecken, denn nicht die Menschen sind das Problem, sondern es sind die exkludierenden Strukturen unserer Gesellschaft, die sich auch in pädagogischen Einrichtungen widerspiegeln.

Wenn pädagogische Fachkräfte ihr eigenes fachliches Handeln einer Prüfung unterziehen und ihnen dabei bewusst wird, dass es Situationen gibt oder gab, in denen sie anderen Menschen und besonders Kindern durch ihr Verhalten schaden, ist das ein durchaus schwieriger Moment, der allein schon genügt, um sich der weiteren Auseinandersetzung zu entziehen (vgl. Höhme-Serke & Beyersdorff 2011, S. 22).

Um Abwehrmechanismen abzubauen und das gemeinsame Nachdenken zu ermöglichen, kann es unterstützend sein, die nachfolgenden **Bedürfnisse zu berücksichtigen** (vgl. ebd.):

- **Wertschätzung:** Ich werde gesehen, wie ich bin. Ich werde respektiert für das, was ich mitbringe und kann.
- **Zugehörigkeit:** Ich bin anerkannter Teil der Gruppe. Ich werde beachtet. Ich werde – auch bei gegenteiligen Meinungen – nicht ausgegrenzt.
- **Integrität:** Ich kann mich darauf verlassen, nicht vorgeführt zu werden.

Auch dann, wenn ich Dinge äußere, die möglicherweise als „falsch“ bewertet werden.

- **Einflussnahme:** Ich kann mitbestimmen und das Geschehen beeinflussen. Ich habe die Möglichkeit, mitzugestalten. Ich kann aber für den Moment auch Nein sagen und mich zurückziehen.

REFLEXION

Umgang mit Abwehr

Vergegenwärtigen Sie sich in Momenten der Abwehr als Leitung die Ihrer Position innewohnende Macht und prüfen Sie, welche Hinweise Ihnen die Reaktionen von Kolleg*innen geben: Hat Ihr Verhalten Anteil daran? Wie wirkt Ihre Positionierung? Lassen Sie sich wirklich auf die Sichtweisen der Kolleg*innen ein oder „überrollen“ Sie sie gerade mit Ihren Ideen? Üben Sie möglicherweise moralischen Druck aus? Welche Botschaften erhalten die Kolleg*innen von Ihnen? Fühlen sie sich wirklich mit Respekt behandelt oder teilen Sie ihnen unterschwellig mit, dass mit ihnen und ihrer Arbeit etwas nicht in Ordnung ist? Lassen Sie die Meinungen der Kolleg*innen zu und erkennen sie an? Oder sind Sie vielleicht davon überzeugt, dass Sie es besser wissen oder können?
Überprüfen Sie selbstkritisch, ob Sie alle Kolleg*innen in ihrer Individualität annehmen und anerkennen oder Unterschiede machen, und seien Sie wachsam für **Ausgrenzungsmechanismen innerhalb des Teams.**
Es kann auch sein, dass Menschen aus eigener Betroffenheit heraus Abwehr als Schutzmechanismus wählen und ihre Beteiligung vorenthalten, etwa, weil sie selbst schwerwiegende Diskriminierungserfahrungen machen mussten. **Diese Entscheidung gilt es unbedingt zu respektieren.** Bieten Sie den Beteiligten immer auch an, die jeweilige Situation zu verlassen, erkundigen Sie sich danach, was sie brauchen, und sichern Sie Ihre Unterstützung zu, z.B. ein Gespräch zu einem späteren Zeitpunkt (vgl. ebd., S. 22).

Über den Umgang mit Scham- und Schuldgefühlen

Sobald wir unsere Privilegien erkennen und verstehen, dass wir bisher ignorant gegenüber bestimmten diskriminierenden Strukturen waren und gleichzeitig Teil derer sind, reagieren wir häufig mit dem Empfinden von Scham und/oder Schuld. Für Okun (2006, S. 10) ist das Vermeiden Wollen dieser Gefühle einer **der tragenden Gründe, um im Zustand der Leugnung zu verharren.** Intensive Gefühle sind jedoch Bestandteil dieses Lernens. Beziehen wir sie nicht ein, bleibt es bei einer rein kognitiven Auseinandersetzung, die nur selten zu wirklichen Veränderungen führt oder wie es die Teilnehmerin eines Multiplikator*innenkurses zu vorurteilsbewusster Bildung und Erziehung beschreibt: „Es war sehr schmerzhaft, meine bisher unerkannten Anteile an Diskriminierung vor Augen geführt zu bekommen. Schmerz gepaart mit einer Riesenportion Scham und Schuld. Es war kein leichter Prozess und dennoch bin ich dankbar für alles, was ich erkennen, verstehen, lernen und verlernen durfte. Die Scham und Schuld sind nicht verschwunden und ich erwische mich bis heute regelmäßig dabei, dass ich denke: Das hättest du doch längst bemerken, wissen, anders handhaben sollen, müssen, können! Und dann erinnere ich mich daran, diese Gefühle als Anzeichen für Entwicklungsbedarf zu sehen und nicht zuzulassen, dass sie mich in Passivität versetzen".

Gleichzeitig gilt es zu beachten, dass auch das **Zeigen von Verletzlichkeit ein Privileg** sein kann. Für Menschen mit Diskriminierungserfahrungen kann es bedeuten, sich der Gefahr (erneuter) Verletzungen auszusetzen. Ihre Offenheit kann und darf niemals eingefordert werden, sondern gilt es dankend anzuerkennen, wertzuschätzen und achtsam zu behandeln.

Verantwortungsübernahme statt Scham und Schuld[54]

„Es ist unmöglich, Menschen durch Beschämung oder durch Erniedrigung zu motivieren, sich zu verändern", denn „Scham zersetzt den Teil von uns, der sich für veränderungsfähig hält" (Brown zit. nach Dehler 2019, S. 87). Kilomba (2010, S. 22) definiert Scham und Schuld als emotionale Zustände, in denen wir einen Konflikt durchleben, weil wir etwas hätten tun sollen, was wir jedoch nicht getan haben, uns also für unser Nicht-Handeln schämen. Scham versteht Kilomba dabei als Reaktion auf das Nichterfüllen eines selbstgesetzten Ziels oder Ideals, Schuld als Reaktion auf eine (vermeintliche) Beschuldigung von außen.

Doch wem nützen diese Gefühle, wenn sie uns vom Handeln abhalten? „Selbstabwertung setzt Diskriminierung fort" (Dehler 2019, S. 84), indem sie diskriminierungskritisches Handeln verhindert. Oder wie Keim (2013b) schreibt: „Verantwortung ist für mich ein wichtiger Perspektivwechsel in Bezug auf Schuldgefühle, wenn es um mein solidarisches Handeln aus meinen privilegierten Positionen heraus geht. Mir und anderen bringt es nichts, wenn ich mich beispielsweise wegen

54 Die Themen Schuld und Scham im Zusammenhang mit Privilegierung und Diskriminierung sind zu komplex, um sie im Rahmen dieses Buches umfassend darzustellen, zur Vertiefung der Thematik empfiehlt sich z.B. das Buch „Scham umarmen. Wie mit Privilegien und Diskriminierungen umgehen?" von Sannik Ben Dehler (2019).

rassistischen Zuständen und Verhaltensweisen schuldig fühle. Und es bringt auch nichts, wenn ich in meinem schlechten Gewissen über Ungelerntem und Unreflektiertem verharre. Stattdessen will ich mich immer wieder neu fragen: **Wie kann ich Verantwortung für mein eigenes Handeln und diskriminierende Verhältnisse übernehmen?**" Keim (2013a) weiter: „Die Herausforderung ist, aufgerichtet zu bleiben, nicht vor Scham- und Schuldgefühlen zu versinken oder zu verschwinden, wenn Kritik an mich herangetragen wird. Aufgerichtet zu bleiben, um eine Fläche zu bieten, an der die Kritik nicht abprallt, sondern **möglichst viele Öffnungen zu schaffen, um Kritik aufzunehmen**".

Kritik als Lerngeschenk annehmen

> *„Wenn ich mich nicht in der Binarität von gut/böse verorte, gebe ich mir selbst und auch anderen die Chancen, zu lernen und weniger schamerfüllt und gerade dadurch selbstkritisch über mein Handeln nachzudenken und so weiter zu wachsen. Gesellschaftliche Strukturen sind durchzogen von Diskriminierung und Machtverhältnissen und wir als Personen sind nie frei von (internalisierten) Diskriminierungen. Sich untereinander im solidarischen Äußern und Annehmen von Kritik zu unterstützen ist eine wichtige Grundlage für gemeinsames Kämpfen gegen Machtstrukturen, denn contra- und anti-diskriminierendes Handeln bedeutet einen unabschließbaren Lernprozess"* (Krämer 2016, S. 31).

Dabei ist die **Unterscheidung von Mensch und Handlung** ein wichtiger Beitrag, um Entwicklungsprozesse – eigene und die anderer Personen – zu ermöglichen, oder wie Dehler (2019, S. 51f.) formuliert: „Menschen sind nicht per se diskriminierungskritisch oder privilegienbewusst, sondern ihr Handeln kann es in manchen Situationen eher sein und in anderen weniger. Ich betrachte Handlungen und bewerte nicht Menschen".

Hierbei lohnt es sich, die eigene Sozialisation in einem diskriminierenden System anzuerkennen und sich dafür zu entscheiden, die eigenen Ressourcen konstruktiv einzusetzen. Brown (2007, S. 59) schreibt dazu: „Ich bin an einem Punkt in meinem Leben angelangt, wo das Verlernen von Vorurteilen wichtiger für mich geworden ist, als Situationen zu vermeiden, in denen ich darauf hingewiesen werde, dass ich etwas Falsches gesagt oder getan habe. Ich habe gelernt, dass es besser für mich ist, den Fakt zu akzeptieren, dass ich mit den gleichen verinnerlichten Vorurteilen zu kämpfen habe, wie andere Menschen auch. Das hat mir erlaubt, mehr Energie in das Verlernen meiner Vorurteile zu investieren anstatt in das Beweisen, dass ich keine hätte."

Schaffen Sie ein vertrauensvolles Miteinander, schauen Sie gemeinsam hin, wenn Abwehrreaktionen[55] auftauchen, gehen Sie achtsam mit sich selbst und Ihren Kolleg*innen um, geben Sie sich Zeit, sich dieser umfassenden Thematik zu stellen, und denken Sie immer daran: „Ich muss nicht alles schon können, ich kann mich dem Nicht-Wissen stellen und genauer hinsehen. Abwehr und Verunsicherung sind Teil des Weges zu mehr Eigenverantwortung. Ich darf ausprobieren, stolpern, ich darf Fragen stellen. Ich bin mit anderen zusammen unterwegs" (Kübler 2016, S. 108).

4.3 Was es zu vermeiden gilt

Bei der Gestaltung einer inklusiven Praxis ist es oft nicht leicht, alle Aspekte im Blick zu behalten. Zudem gibt es einige **kritische Punkte,** die nicht immer sofort als solche zu erkennen sind. Die nachfolgenden Ausführungen möchten Sie dabei unterstützen, diese wahrzunehmen und zu vermeiden.

4.3.1 Pseudovielfalt (Tokenism)

Der Begriff „Pseudovielfalt" beschreibt eine Umgebung, in der nur ein Bild oder Buch, nur eine Puppe oder Spielfigur eine ganze Gruppe von Menschen repräsentieren soll (vgl. Derman-Sparks & Olsen Edwards 2010, S. 49). Zum Beispiel: Es gibt nur ein türkischsprachiges Buch, nur ein Buch, in dem die Hauptfigur ein Kind mit BeHinderung ist, nur eine Schwarze Puppe oder nur ein Bild einer Familie mit gleichgeschlechtlichen Eltern. Wenn aber eine ganze Gruppe durch eine einzige Figur oder Konstellation vertreten ist, dann missachtet das die Vielfalt innerhalb der jeweiligen Gruppe. Das wiederum verleitet Kinder zu Generalisierungen, festigt stereotype Vorstellungen oder lässt – wie im folgenden Beispiel – neue Vorurteile entstehen:

55 Eine Übersicht möglicher Abwehrmechanismen und entsprechender Reaktionsvarianten aus Leitungsperspektive sowie vielfältige Beispiele aus der Praxis finden Sie im Buch „Inklusion in der Kitapraxis #5: Die Kita vorurteilsbewusst leiten" (ISTA/Fachstelle Kinderwelten 2018b) sowie mit Fokus auf Rassismus bei Reddy (2020, S. 152ff. & 170f.).

BEISPIEL

„Alle Kinder wie du..."

In einer Kita gibt es nur ein einziges Buch, in dem ein Schwarzes Kind vorkommt: Paula, die - wenn ihre Eltern es erlauben würden - am liebsten den ganzen Tag Eis essen möchte. Als Mia, ein Schwarzes Mädchen, das erst seit kurzem in der Kita ist, Geburtstag hat, bringt ihr Vater einen Kuchen mit. Pele, weiß, sagt zu Mia: „Kein Eis? Ich dachte, alle Kinder wie Paula essen am liebsten Eis?"

Solche Situationen bzw. falschen Schlussfolgerungen lassen sich vermeiden, wenn man das Problem Pseudovielfalt erkennt und auf eine **ausgeglichene Materialauswahl** achtet.

4.3.2 Unterschiede leugnen (Differenzleugnung)

Es wird häufig davon ausgegangen, dass Kinder grundsätzlich „vorurteilsfrei" und offen für Unbekanntes sind, wenn man Ungleichheit nicht übermäßig thematisiert: „Wenn ich die Kinder auf ihre Unterschiede aufmerksam mache, schaffe ich ja erst recht eine Grundlage für Ausgrenzungen." Die damit häufig verbundene Aussage „Wir machen keine Unterschiede, wir behandeln alle Kinder gleich!" geht von der Annahme aus, dass Gerechtigkeit durch Gleichbehandlung erreicht werden könne und alle Kinder das Gleiche brauchen, um sich wohlzufühlen und stabil zu entwickeln. Kein Kind soll benachteiligt oder bevorzugt werden. Diese Annahme bedeutet jedoch auch: Andere Ansprüche oder Bedürfnisse zu haben, ist inakzeptabel, Abweichungen sind nicht erwünscht. Aber: **Gleich ist nicht gerecht! Gleichbehandlung in ungleichen Machtverhältnissen verstärkt ebendiese.** Zudem wird Vielfalt auf ein bestimmtes Level von „Normalität" reduziert. Dadurch wird verhindert, dass Kinder die individuelle Unterstützung erhalten, die sie benötigen.

Definiert man Kitas als Orte, die einen von der gesellschaftlichen Realität unbeeinflussten „Schonraum" bilden, nimmt man Kinder und ihre wachsende Wahrnehmung vorhandener Unterschiede zwischen Menschen nicht ernst. Damit wird ignoriert, dass bereits junge Kinder bewertende Botschaften über bestimmte Merkmale von Menschen empfangen. Das Leugnen von Unterschieden lässt Kinder an ihren Beobachtungen und Empfindungen zweifeln: „Das, was ich wahrnehme, ist nicht richtig!" Es vermittelt ihnen: Unterschiede sind heikel, Ungerechtigkeit nicht existent, man darf nicht darüber sprechen. Sie bekommen keine Unterstützung, sich

Unterschiede oder Ungerechtigkeiten, die sie spüren, zu erklären. Wichtig ist es daher, Unterschiede zu thematiseren sowie Ungleichheit und ihre Folgen wahrzunehmen, damit die Kinder Worte für das finden, was sie empfinden und beobachten.

Abb. 9: Gleich ist nicht gerecht

4.3.3 Unterschiede überbetonen (Differenzfixierung)

Neben der Differenzleugnung gibt es auch eine Überbetonung von Unterschieden. Dazu kommt es, wenn Menschen, die als „anders" oder „besonders" markiert werden, spezifische Aufmerksamkeit zuteil wird. Die Absicht hinter dieser Strategie ist meist, durch ein „Kennenlernen" zu Akzeptanz beizutragen. Ein einzelnes Kind oder eine einzelne Familie soll mit ihrer „Besonderheit" „integriert" werden, indem die Gruppenmehrheit ihr Wissen über sie erweitert. Durch die Begegnung mit dem vermeintlich Besonderen soll „Toleranz" erzeugt werden. **Problematisch ist hierbei die Aufteilung in ein „Wir" und „die Anderen" sowie die Tatsache, dass der Begriff „Toleranz" immer eine Hierarchie impliziert.** Die Mehrheit wird als Maßstab gesetzt: Sie gilt als „normal" und toleriert diejenigen, die als „anders" etikettiert werden. Alle Zugehörigen der jeweiligen Gruppen werden als „gleich“ dargestellt und gleichzeitig wird zwischen beiden Gruppen eine Barriere geschaffen, die Annäherung deutlich erschwert oder gar verhindert: „Es ist mühsam, eine Brücke der Verständigung über die tiefe Kluft der Fremdheit zu bauen, die man zuvor gegraben hat“ (ISTA/Fachstelle Kinderwelten 2016c, S. 94).

Vorhandene Gemeinsamkeiten der beiden Gruppen werden ebenso ignoriert wie die Unterschiede zwischen den Individuen der jeweiligen Gruppen. Kinder und Familien werden auf bestimmte Teilaspekte ihrer Identität festgelegt, alle anderen Identitätsmerkmale dabei ausgeblendet. Mit dieser Strategie der Besonderung (siehe auch S. 19) gehen oftmals vereinfachte und stereotype Darstellungen von Menschen oder Menschengruppen einher: Ein Erzieher zeigt Bilder von Familien in Vietnam, um über das Leben deutsch-vietnamesischer Familien in Berlin zu sprechen, in Büchern werden „afrikanische Traditionen“ thematisiert, ohne die Vielzahl und Individualität afrikanischer Länder und Traditionen zu berücksichtigen, (…). Was Kinder stattdessen brauchen, sind Informationen, die inhaltlich korrekt sind, die Menschen, um die es geht, als Individuen darstellen, und von ihnen, nicht über sie erzählt werden. Stereotype frühpädagogische Materialien sind bis heute im Handel erhältlich. Es ist nicht immer leicht, sie auf Anhieb zu erkennen, doch der Austausch im Team hilft, einen geschärften Blick für Einseitigkeiten zu entwickeln und kritischer zu werden.

4.3.4 Touristische Praxis

Einhergehend mit der Strategie des Überbetonens von Unterschieden kommt es in der pädagogischen Praxis häufig zu touristischen Handlungen wie zum Beispiel an vermeintliche oder zugeschriebene Nationalitäten gekoppelte Projekte („Asiatische Woche“ etc.), deren Ziel es ist, die so markierten „fremden Kulturen“ von Kindern und Familien „in die Kita zu bringen“. Was gut gemeint ist, wird jedoch auch hier zur Besonderung: Die „Tourismusfalle“ (Derman-Sparks & the A.B.C. Task Force 1989) schnappt zu. Während solcher Aktivitäten werden vermeintlichen „ethnischen“ Gruppen „Besuche abgestattet“. Diese widmen sich dem Außergewöhnlichen statt dem Alltäglichen und legen nahe, „Kulturen“ als homogene Einheiten zu verstehen. Die Aktionen beziehen sich häufig auf die Vergangenheit, stellen bestimmte Verhaltensweisen als „typisch“ dar und homogenisieren die Vielfalt der Menschen. Bezugspunkt ist manchmal ein Land, manchmal ein ganzer Kontinent. Nach diesen „touristischen Ausflügen“ kehrt man zum pädagogischen Normalprogramm zurück, das jedoch unverändert bleibt.

Was lernen Kinder auf diese Weise über Vielfalt? **Sie erhalten Sachinformationen, die nicht der Realität entsprechen.** Sie lernen als „anders" markierte Menschen als „exotisch" oder gar „merkwürdig" kennen. Gehören die Kinder selbst zu den Betrachteten, die ein Land oder gar einen Kontinent repräsentieren sollen, spricht es ihnen die Zugehörigkeit zur Gesellschaft, in der sie aufwachsen, ab. Die Botschaft „Du bist nicht wie wir, du gehörst nicht hierher und nicht zu uns" verunsichert massiv und stellt die **Identität der Kinder schmerzhaft in Frage,** denn genau hier ist der Ort, an dem sie geboren worden und aufgewachsen sind. Sie erfahren, dass zählt, was in der Dominanzkultur Bedeutung hat. Das erzeugt Ausgrenzung und Vorurteile und damit das Gegenteil von dem, was intendiert war.

Ein weiteres Beispiel sind „landestypische" Speisen, die Kita-Feste häufig krönen sollen. Vermutet oder unterstellt wird, es gäbe etwas Typisches in der Küche der Herkunftsländer, das für die Familien von Bedeutung ist. Möglicherweise kommen solche Speisen im Alltag der Familien aber gar nicht vor. Eine Alternative zeigt das folgende Beispiel auf:

BEISPIEL

Lieblingsgerichte der Familien

„In vielen Familien gibt es ein Lieblingsgericht oder ein Gericht, das besonders gern zubereitet und gegessen wird. Ein Kochbuch mit Rezepten solcher Lieblingsgerichte könnte ein Stück Familienkultur in der Kita sichtbar machen, dachten sich Erzieher*innen und baten Kinder und Familien, das Rezept eines solchen Gerichts für ein Kochbuch aufzuschreiben. So entstand ein Buch mit Fotos, Zeichnungen und Rezepten in verschiedenen Sprachen und Schriften. Es ist bei den Kindern beliebt und entkräftet etliche Vorurteile, denn: Es gibt vier Spaghetti-Rezepte - jedes ein bisschen anders und alle von Familien, deren Wurzeln nicht in Italien liegen. Eine Familie koreanischer Herkunft hat das Rezept für einen pfälzischen Braten beigesteuert, eine Familie rheinländisch-pfälzischer Herkunft isst gern Hühnchen in Kokosmilch" (ISTA/Fachstelle Kinderwelten 2016b, S. 160).

Auch bei der Beschäftigung mit Familienkulturen gilt es achtsam zu sein, wie das folgende Beispiel verdeutlicht:

BEISPIEL

Darstellung der Familienwurzeln statt Besonderung

„Als sich das Team der Kita mit dem Thema ‚Ich-Identität und Bezugsgruppen-Identität stärken' beschäftigte, stellten die Erzieher*innen mit allen Kindern und Eltern Familienbücher her. Mehrere Eltern hielten darin fest, dass sie nicht aus Deutschland stammen, ihre Kinder jedoch schon aufgrund ihrer Geburt hierzulande Deutsche sind. Daran hatten die Erzieher*innen nicht gedacht, sondern die Weltkarte an der Wand mit der Überschrift ‚Die Wurzeln unserer Kinder' versehen. Ihnen wurde bewusst, dass das nicht korrekt war. Sie hatten vielen Kindern eine Herkunft aus anderen Ländern zugeschrieben. Also änderten sie die Überschrift. Nun lautet sie: ‚Die Familienwurzeln unserer Kinder'" (ISTA/Fachstelle Kinderwelten 2016b, S. 160).

Die Beispiele zeigen, dass es oft kleine Veränderungen sind, die Großes bewirken und es allen Kindern und Familien ermöglichen, sich zugehörig zu fühlen. Nehmen Sie sich Zeit, genau hinzusehen und hinzuhören, bleiben Sie wachsam – für die Kinder, ihre Familien und für sich selbst.

5. Verbündet handeln

Die Themen in diesem Kapitel sind

→ was verbündet handeln bedeutet

→ welche Bedeutung es für eine vorurteilsbewusste Praxis hat

→ was das Konzept Powersharing umfasst

→ was marginalisierte Menschen sich von Personen wünschen, die verbündet handeln wollen

Wenn wir uns den Abbau von Diskriminierung in frühpädagogischen Kontexten zum Ziel gesetzt haben, ist es **unumgänglich verbündet zu handeln.** Verbündetenschaft (engl. allyship) „ist eine aktive, konstante und herausfordernde Praxis des Verlernens und Neubewertens, bei der eine Person in privilegierter und machtvoller Position versucht, in Solidarität mit einer marginalisierten Gruppe zu handeln. Verbündete*r ist keine Identität – es ist ein lebenslanger Prozess des Aufbaus von Beziehungen auf der Grundlage von Vertrauen, Beständigkeit und Verantwortlichkeit mit marginalisierten Personen und/oder Gruppen von Menschen. Verbündete*r ist keine Selbstdefinition – die Arbeit und die Bemühungen von Verbündeten müssen von den Menschen, mit denen sie sich verbünden wollen, anerkannt werden" (The Anti-Oppression Network).

Ziele verbündeten Handelns

Das verbündete Handeln bezieht sich dabei immer auf Macht- und Ungleichheitsverhältnisse mit dem Ziel, diese Verhältnisse zu überwinden (vgl. IDB 2021, S. 1). Es geht darum, aus der jeweils privilegierten Position heraus selbstreflexiv, das heißt im Bewusstsein über die eigene privilegierte Position, gegen Diskriminierung vorzugehen (ebd., S. 2). **Ein*e Verbündete*r übernimmt Verantwortung** oder wie Bishop (2015, S. 134) formuliert: „Verbündete sind Menschen, die ihre durch soziale Ungerechtigkeit erlangten Privilegien erkennen und Verantwortung dafür übernehmen, diese Strukturen zu verändern."

Ein Teil von Verbündentenschaft ist das **Teilen und Abgeben von Macht (Powersharing).** Wie dies geschehen kann und welche Punkte es zu beachten gilt, hat das Informations- und Dokumentationszentrum für Antirassismusarbeit e.V. zusammengefasst (IDA e.V. 2018, S. 2):

„Zum Beispiel können sie ihre Ressourcen mit anderen Menschen teilen und:

- Einen Raum zur Verfügung stellen und sicherstellen, dass es ein Schutzraum bleibt.
- Geld, Netzwerke und Plattformen nutzen, um Menschen Raum zu geben, die sonst keinen Zugang dazu haben.
- Auf Ungerechtigkeiten hinweisen, obwohl es bequemer wäre, sie zu ignorieren.
- Einfach mal fragen: Was braucht ihr, was wünscht ihr euch von mir? Was kann Ich tun?

Folgende Fragen sollten sich Menschen beim Powersharing stellen:

- Gestehe ich strukturell unterdrückten Menschen zu, dass sie ihre Unterdrückungserfahrungen kennen und selbst am besten wissen, was sie brauchen?
- Gestehe ich mir selbst ein, dass ich ebenfalls in einer rassistischen, sexistischen, ... Gesellschaft aufgewachsen bin, und reflektiere ich, welche Nachwirkungen das in meinem Verhalten und Denken hinterlassen hat?
- Kann es dann nicht auch einfach meine Aufgabe sein, mich zurückzuhalten und Raum zu geben? Fällt mir das schwer? Warum?
- Mache ich mir bewusst, welche Privilegien ich aufgrund meiner zugeschriebenen Zugehörigkeit besitze?
- Mache ich mir bewusst, welche Diskriminierungen für andere Menschen, die als nicht-zugehörig betrachtet werden, mit meinen Privilegien im Gegenzug verbunden sind?
- Habe ich das Bedürfnis zu bestimmen, was mit den von mir zur Verfügung gestellten Ressourcen passiert? Wenn ja, woher kommt dieses Bedürfnis und wie kann ich damit umgehen?
- Erwarte ich Gegenleistungen oder Dankbarkeit dafür, dass ich diese Privilegien teile? Warum?"

Was bedeutet das für frühpädagogische Fachkräfte? Es bedeutet zunächst, sich mit den verschiedenen Diskriminierungsformen auseinanderzusetzen, sich dann eigener Privilegien und der damit verbundenen Macht bewusst zu werden (zum Beispiel im Kontext Adultismus dem Machtvorteil Erwachsener gegenüber jungen Menschen), um im nächsten Schritt solidarisch mit den diskriminierten Personen/-gruppen zu handeln und Diskriminierung abzubauen. Wichtig ist dabei, **nicht paternalistisch** zu agieren, sondern an der Seite der Menschen und gemäß ihrer Bedürfnisse oder wie James Charlton (1998, S. 8) formuliert: **„Nichts über uns ohne uns.“**[56]

56 Charlton (1998, S. 8): „Ich hörte die Formulierung ‚Nothing about us without us‘ das erste Mal 1993 in Südafrika von Michael Masutha und William Roland, Leiter der südafrikanischen Organisation ‚Disabled People of South Africa‘ […].“

Paternalismus

Als **Paternalismus** oder **paternalistisch** werden Handlungen bezeichnet, die zumeist gegen den Willen, aber auf das vermeintliche Wohl einer anderen Person gerichtet sind. Paternalistisches Handeln erfolgt ohne Ab- oder Rücksprache mit den Menschen, denen „geholfen" werden soll und wird von den jeweiligen Adressat*innen häufig als bevormundend oder auch übergriffig erlebt.

DEFINITION

Im Fall von Adultismus bedeutet dies zum Beispiel, nicht über die Köpfe junger Menschen hinweg zu entscheiden, sondern mit ihnen in Austausch zu treten, ihre Standpunkte und Bedürfnisse in Erfahrung zu bringen und in Orientierung an ebendiesen Machtungleichheiten auszugleichen, um eine weniger adultistische Praxis zu gestalten.

Verbündetes Handeln ist dabei ein **fortlaufender Prozess, der nicht abgeschlossen ist, solange Diskriminierung noch existiert,** wie auch der folgende kritische Blick auf den Begriff „Allyship" verdeutlicht:

Der Begriff **Allyship** wird in letzter Zeit vor allem aufgrund der zunehmenden Vereinnahmung durch Weiße im Kontext von Anti-Rassismus-Arbeit kritisch betrachtet.[57] Die Kritiker*innen machen deutlich, „[...] dass Verbündetenschaft nicht einfach individuell für sich selbst beansprucht werden kann, und dass mit einer solchen Selbstbeschreibung Diskriminierungen fortgeschrieben werden. Es gehe nicht darum, verbündet zu sein, sondern verbündet zu handeln" (IDB 2021, S. 3). Das, was ursprünglich mit dem Schlüsselkonzept „Allyship" der US-amerikanischen Social Justice-Bewegung gemeint war und ist, wird nicht infrage gestellt, bedeutsam ist jedoch die Umsetzung. Weil der Begriff „Allyship" zu einem Label geworden ist, die Anforderung jedoch gerade darin besteht, Verbündetenschaft als aktives und kontinuierliches Handeln zu verstehen, schlägt McKenzie (2013) neue Begrifflichkeiten vor, zum Beispiel „in Solidarität handelnd mit", „Unterstützung zeigen für", „meine Privilegien nutzen, um" oder „mein Engagement gegen Diskriminierung zu beweisen, indem".

57 Auch die Organisation „Indigenous Action" (2014) kritisiert die Entwicklung von Allyship zu einem Label. Sie nutzt stattdessen „Kompliz*innenschaft" (engl. „accomplices") und fordert eine Entwicklung hin zu Kompliz*innen, die „bereit sind, Konfrontationen einzugehen und die damit einhergehenden Konsequenzen mitzutragen" (IDB 2021, S. 3).

Menschen, die verbündet handeln wollen, empfiehlt Ramsey (2014), die folgenden Punkte zu beachten:

- „Verstehe Deine Privilegien.
- Hör zu und mach deine Hausaufgaben.
- Sprich mit den Menschen, für die du ein*e Verbündete*r sein möchtest, nicht über oder für sie.
- Sei dir bewusst, dass du Fehler machen wirst, und entschuldige dich, wenn es passiert.
- Stelle sicher, dass du zuhörst, verpflichte dich, dein Verhalten zu ändern, und arbeite weiter.
- Und das Wichtigste: Vergiss nie, dass Verbündetenschaft ein Verb ist. Zu sagen, dass du ein*e Verbündete*r bist, genügt nicht, du musst die Arbeit machen."

Weil Zuhören ein so bedeutsamer Schritt ist, wenn Menschen verbündet handeln und sich gegen Diskriminierung einsetzen wollen, schließt dieses Buch mit den **Stimmen von Menschen mit Diskriminierungserfahrungen.** Nachfolgend finden Sie ihre Antworten auf die Frage:

Was wünschst du dir von Menschen, die verbündet handeln wollen?

„Wenn Erwachsene ungerecht sind, soll jemand Stopp sagen. Stopp ist ein gutes Wort, damit es aufhört."
(Elida, 4 Jahre)

„Ich möchte, dass Rassismus an Schulen gestoppt und das Recht auf Gleichheit Wirklichkeit wird. Als meine Tanten in die Schule gingen, gab die Lehrerin den anderen Kindern Extraunterricht, doch wegen ihrer Hautfarbe hat man meinen Tanten nichts davon gesagt. Ich finde man sollte alle Menschen gleich gerecht behandeln. Egal welche Religion, Herkunft, Hautfarbe oder Sprache." (Joel Dennis, 9 Jahre)

„Ich wünsche mir ganz sehr, dass die Erzieherinnen mir zuhören und nicht lachen oder sagen ‚Das ist doch nicht schlimm, das andere Kind hat es nicht so gemeint', wenn ich traurig bin und mich traue, ihnen zu sagen, warum."
(Mia, 6 Jahre)

„Ich möchte nie wieder gefragt werden, woher ich ‚wirklich komme'. Diese Blicke, wenn ich ‚aus Berlin' antworte ... es sind immer dieselben Blicke, die mir erzählen wollen ‚ja, ja, schon, vielleicht, aber du weißt doch, was ich meine'. Es ist ermüdend. Und schmerzhaft. Ich bin in Berlin geboren, Berlin ist meine Heimatstadt, ich bin Deutscher. Es ist 2021. Wann dürfen Schwarze Deutsche endlich Normalität werden?"
(Noah, 14 Jahre)

„Ich möchte, dass Erzieher*innen und Lehrer*innen und alle Erwachsenen verstehen, dass es nicht nur ‚Jungen' und ‚Mädchen' gibt, und das respektieren und nicht immer wieder infrage stellen oder so falsch erzählen. Und ich möchte, dass sie mich ohne diese komischen Blicke bei meinem Namen nennen." (Benja, 11 Jahre)

„Ich wünsche mir, dass Menschen aufhören so zu tun und mich so zu behandeln, als wäre ich aufgrund meiner BeHinderung weniger wert, als wäre ich bemitleidenswert, für immer bestraft, verloren. Das bin ich nicht! Ich bin ein vollwertiger Mensch, und es ist erschöpfend und verletzend, das immer noch und immer wieder deutlich machen zu müssen. Von Menschen, die Verbündete werden wollen, wünsche ich mir Achtsamkeit, sowohl im Sprechen als im Handeln, ich wünsche mir, gefragt zu werden – ohne ausgefragt zu werden –, und Einbezug. Bitte handelt nicht für mich, sondern solidarisch mit mir, an meiner Seite." (Lara, 16 Jahre)"

„Ich wünsche mir, dass Erwachsene aufhören zu denken, sie wüssten und könnten alles besser als wir, und dann über uns bestimmen, ohne uns zu fragen." (Yola, 10 Jahre)

„Ich wünsche mir, dass die Leute mit meinem Namen und mir ganz normal umgehen, wie mit allen anderen bekannten Namen. Dass sie die Neugierde über mein privates Leben und meine Geschichte verstecken, wie ich es auch mit ihnen mache. Ich frage auch nicht ‚Du willst bestimmt viel Zucker in den Tee, oder? In Deutschland isst man doch so viel Zucker' oder ‚Woher kommst Du? Oh, Du sprichst aber super hochdeutsch, obwohl du aus Bayern kommst."

„Ich möchte mich nicht Sarah nennen müssen, damit man mir nicht diese Musterfragen stellt." (Hend, 29 Jahre)

„Ich würde mir wünschen, dass meine Kolleg*innen verstehen, dass ich mehr bin als die ‚türkische Kollegin', die ihnen dann helfen kann, wenn sie mit der deutschen Sprache nicht weiterkommen. Ich bin keine Dolmetscherin, ich bin Erzieherin, so wie sie und ebenbürtig." (M., 52 Jahre)

„Ich glaube, ich wünsche mir, neben dem Ende jeglicher Diskriminierung, nichts so sehr wie das Verstehen, dass nicht die Absicht zählt, sondern das Ergebnis. Wie oft musste und muss ich bei diskriminierendem Sprechen oder Handeln im Nachhinein hören: ‚Ja, aber das war ja nicht so gemeint!' Das mag sein, die Verletzung ist dennoch passiert. Wenn wir jemandem auf den Fuß treten und der Person damit Schmerz zufügen, sagen wir auch nicht ‚Es war nicht so gemeint!'. Nein, wir entschuldigen uns und sind im besten Fall zukünftig achtsamer, um keine weiteren Menschen zu verletzen." (Ayo, 24 Jahre)

„Ich wünsche mir von dünnen Menschen, dass sie verstehen, was Dicken-Diskriminierung bedeutet und wie sie sich tagtäglich sowohl individuell als auch strukturell zeigt. Ja, auch bei uns in der Einrichtung. Zum Beispiel bei den Möbeln, beim Sprechen über Sportlichkeit und Unsportlichkeit, bei ‚Witzen', die ‚ja nicht so gemeint sind', beim Sprechen über Ernährung, beim Sprechen über dicke Kinder und ihre Familien, beim Sprechen mit Kindern, beim Definieren von ‚Gesundheit', beim Sprechen über Diäten im Teamraum und in unzähligen weiteren Momenten. Und nach dem Verstehen, was all dies für dicke Menschen bedeutet, wünsche ich mir Anerkennen statt Leugnen, Zuhören statt sofort Widersprechen, Entwicklung und eine Veränderung von Sprechen und Handeln, damit wir all dies nicht an die Kinder, mit denen wir arbeiten, weitergeben und damit bereits diesen jungen Menschen Schmerz und Leid zufügen oder ihnen vermitteln, so über andere zu sprechen wäre okay." (Ola, 49 Jahre)

„Ich wünsche mir, dass nicht alle so erwachsisch sind. Und ich wünsche mir, dass ich auch Geschichten aus Nicaragua im Buchladen finde. Warum kennt niemand Nicaragua?" (Vali, 7 Jahre)

„Erwachsene sollen sich über Adultismus schlau machen und versuchen, Kinder gerecht zu behandeln. Kinder sind klug und sollen nicht benachteiligt werden, nur weil sie Kinder sind. Sie spüren diese Ungerechtigkeit." (Elen Malaika, 9 Jahre)

„Ich wünsche mir, dass nie wieder ein Kind in einer Kita ‚Wer hat Angst vorm schwarzen Mann' spielen, nie wieder ‚Zehn kleine N.' singen, nie wieder diskriminierende Worte hören und stereotype Faschingskostüme sehen muss, nie wieder rassistische Bücher vorgelesen bekommt. Ich wünsche mir pädagogische Fachkräfte, die sich mit Diskriminierung auseinandersetzen, sie wahrnehmen, Eltern, die selbst Diskriminierung erlebt haben, zuhören und sie ernstnehmen und sich um eine Praxis bemühen, die kein Kind verletzt." (Vater, 35 Jahre)

„Ich wünsche mir für meinen Sohn Erzieher*innen, die ihm nie wieder als einziges Kind in die Haare fassen und dabei Dinge sagen, die ich nicht wiederholen möchte. Ich wünsche mir auch, dass sie einschreiten, wenn andere Kinder es tun oder ihn mit Wasser einreiben, weil sie der Meinung sind, seine Haut wäre schmutzig. Ich wünsche mir Erzieher*innen, die Rassismus verstehen, erkennen, ernstnehmen und sich dagegen einsetzen. Erzieher*innen, die mir zuhören und glauben, wenn ich ihn benenne, Erzieher*innen, die Rassismus nicht relativieren. Erzieher*innen, die sich weiterbilden, mein Kind schützen und auch durch eigenes Handeln und Sprechen nicht mehr verletzen." (Mutter, 34 Jahre)

„Ich möchte keine mitleidigen oder exotisierenden Blicke mehr spüren, wenn ich mit (m)einem Kind und (m)einer Partner*in über die Straße gehe. Die Menschen sind verwirrt, weil sie uns nicht einlesen können: ‚Sind das Mama-Papa-Kind? Sind das drei Geschwister? Ah nee, das sind doch Lesben mit einem Adoptivkind aus einem anderen Land, wie süß!' Wäre es nicht schöner sich zu fragen: ‚Was fühlen diese drei Menschen wohl, wenn sie da so zu dritt Händchen haltend über die Straße gehen?' Ich wünsche mir, dass nicht etwa die Verwandtschafts-, Heirats-, biologischen Elternschafts-Labels relevant sind, sondern das Gefühl von Zugehörigkeit, der Grad des Commitments und vor allem die SELBSTbezeichnungen, die Menschen für ihre Beziehungen wählen, die sich jeden Tag ändern und immer wieder neu erfinden können." (Len, weiß, queer)

„Ich wünsche mir ein Ende der Vorurteile und Zuschreibungen, die Familien wie unsere abwerten. Familien, die nicht der ‚Normfamilie' entsprechen. Unterstützend wäre das Anerkennen unserer Lebenssituation als Lebensrealität, die nicht repariert werden muss, sondern eine gleichwertige Form von Familie ist, die ebenso sein darf wie andere Familienformen und die unsere Kinder nicht immer wieder erklären oder gar verteidigen müssen." (Alan, 48 Jahre)

„Ein*e Verbündete*r sollte eine Person sein, die grundsätzliche Verbundenheit mit anderen Menschen spürt. Eine Person, die Empfindungen erfasst und mit der betroffenen Person handlungskompetent reagiert. Verbündetenschaft darf keine Alibihandlung sein! Sie muss aus Solidarität und tiefer Überzeugung geschehen, die mit großer Empathie einhergeht. Es darf nicht gehandelt werden, nur um einem Menschen zu gefallen. Das darf niemals die Intention sein. Schwarz zu sein sollte eigentlich heute keine Verbündeten mehr erforderlich machen! Da es dies aber leider immer noch braucht, ist es umso wichtiger, dass Menschen eine Selbstverständlichkeit entwickeln, konstant eine Unterstützung sind, die real und greifbar für all diejenigen ist, die unterstützt werden müssen, und empowernd wirkt. Es erfordert für mich in diesem Kontext Vertrauen und gesehen werden. Nicht ‚abgetan' werden! Und: Wir sind KEIN PROJEKT. Wir sind Menschen. Menschen, die aus vielen negativen Erfahrungen gelernt oder verstärkt vor Augen haben, wie wichtig Unterstützung, ehrliche Annahme eines jeden Selbst und vor allem bedeutungsvolle Akzeptanz sind. Wir müssen jetzt und in Zukunft eine Basis schaffen, die sich ehrlich, kompetent und weitblickend der Problematiken annimmt und diese durch Kommunikation, Worte und Taten weiterträgt."
(Ramona Sinram-Agyman, 37 Jahre)

„Ich wünsche mir, dass Menschen, die ernsthaft Verbündete werden wollen, wirklich und aufmerksam zuhören, wenn Diskriminierungserfahrungen mit ihnen geteilt werden. Dieses Zuhören sollte erfolgen, ohne etwaige Erfahrungen (in meinem Fall Rassismuserfahrungen) und die dadurch erfahrenen und entstandenen Verletzungen infrage zu stellen. Leider musste ich mir mein ganzes Leben von Angehörigen der Dominanzgesellschaft anhören, dass es entweder nicht so gemeint war oder ich mich nicht so haben solle. Was dazu führte, dass ich den Schmerz tief in mir vergrub und es mir inzwischen unsagbar schwer fällt, darüber zu sprechen, was sicherlich nicht der heilsamste Weg ist!" (Frank)

„Verbündet handeln heißt für mich auch, dass Menschen zuhören und nicht versuchen, meine Gefühle wegzureden, wenn ich Diskriminierung erfahren habe und davon berichte. Das passiert oft mit ‚gut gemeinten' Bemerkungen wie ‚Das war doch gar nicht so schlimm!' oder indem sie mir unterstellen, ich wäre ‚zu sensibel'. Und Menschen, die Verbündete sein wollen, sollten Kritik annehmen können, statt abwehrend zu reagieren. Gerade Menschen, die sich schon lange mit dem Thema Diskriminierung beschäftigen, sind oft diejenigen, die besonders abwehrend reagieren, weil sie vermeintlich ‚schon alles wissen'. Das ist schade, denn damit verhindern wir Weiterentwicklung und echte Kompliz*innenschhaft." (Lore)

„Ich wünsche mir Menschen, die sich ehrlich, aktiv und fortlaufend um solidarisches Handeln bemühen. Menschen, die sich an die Seite derer stellen, die in unserer Gesellschaft benachteiligt werden und dort auch bleiben, wenn es unbequem wird." (Mar, 44 Jahre)

„Ich wünsche mir mehr Zurückhaltung in den Worten und mehr Mut im Miteinander-Ankommen. Dass das, was wirklich zählt, vielleicht ein gemeinsamer Atemzug sein darf oder Rücken an Rücken die Bodenlosigkeit des Seins zu spüren. Um all die Etiketten abzulegen, gar nicht erst auszusprechen, ja gar nicht erst zu denken, weil das präsente Miteinander dem Kopf zuvorkommt. Denn ich bin so so müde von all diesen normativen Labels, in die ich mich einordnen soll. Ich bin müde davon, mich rechtfertigen zu müssen, warum ich mir eine Teeny-Schwangerschaft gewünscht habe oder warum ich mir wünsche, dass es selbstverständlich sein darf, mit meiner*m Partner*in, den Partner*innen meiner*s Ex-Partner*in, der bayerischen post-war-Nazi-Herkunftsfamilie ebenso wie der lateinamerikanischen post-colonial Familie des Kindes, das wir alle gemeinsam begleiten, Weihnachten zu feiern."
(Len, weiß, queer)

„Ich wünsche mir Interesse statt Neugier. Ich wünsche mir Menschen, die zuhören, ohne schon (ihre) Antworten zu kennen. Ich wünsche mir Nachfragen ohne Bewertungen. Ich wünsche mir laute Stimmen statt betretenem Schweigen. Ich wünsche mir gereichte Hände statt geballter Fäuste. Ich wünsche mir Mitgefühl, ohne die eigenen Gefühle in den Mittelpunkt zu stellen. Ich wünsche mir Demut vor diskriminierenden Erfahrungen, statt die Verantwortung bei den Betroffenen zu suchen. Und ich wünsche mir, dass diese Wünsche Wirklichkeit werden. Für jede*n von uns." (Mareike)

„Solange Diskriminierung existiert, wird die Zeit allein meine Wunden nicht heilen. Ich wünsche mir Kompliz*innen, die erste Hilfe leisten können und mich in und vor Gefahren beschützen, wenn ich wie erstarrt sein sollte. Mit dem Herzen verbunden, auf gleicher Augenhöhe gemeinsam zu handeln für Gerechtigkeit - das wäre toll!" (S., 46 Jahre)

„Was wäre, wenn wir uns trauen, uns gegenseitig unsere Narben zu zeigen und von den Tränen der Kids zu lernen, ja sogar gemeinsam zu weinen? Weil Tränen die Narben weicher machen und wir weiche Orte brauchen, um einander begegnen zu können. Ich glaube fest daran, dass wir uns umso weniger verletzen, je mehr wir uns verletzbar zeigen. Und ich wünsche mir, dass endlich denjenigen, die an der Kreuzung verletzt auf dem Boden liegen, die Definitionsmacht darüber gegeben wird, wie sich die Verletzung anfühlt: ‚Auf einer Skala von 1-10, wie doll ist der Schmerz?' anstelle ‚Ach komm, stell Dich nicht so an' oder ‚Ist doch nichts passiert' zu sagen."
(Len, weiß, queer)

Literaturverzeichnis

AG Feministisch SprachHandeln der Humboldt-Universität zu Berlin (2015): Was tun? Sprachhandeln – aber wie? W_Ortungen statt Tatenlosigkeit. Anregungen zum antidiskriminierenden Sprachhandeln. Online verfügbar unter: https://feministisch-sprachhandeln.org (Zugriff am 26.09.2021).

AG Lehre, Zentrum fur transdisziplinare Geschlechterstudien, Humbold-Universitat zu Berlin (Hrsg.) (2016): Diskriminierungskritische Lehre. Denkanstose aus den Gender Studies, 15–26.

Allgemeines Gleichbehandlungsgesetz (AGG) (2006): Online verfügbar unter: www.antidiskriminierungsstelle.de/SharedDocs/downloads/DE/publikationen/AGG/agg_gleichbehandlungsgesetz.pdf? blob=publicationFile (Zugriff am 01.10.2021).

Arndt, Susan (2011): Ethnie. In: S. Arndt & N. Ofuatey-Alazard (Hrsg.): Wie Rassismus aus Wörtern spricht. (K)Erben des Kolonialismus im Wissensarchiv deutscher Sprache. Münster: Unrast, S. 632 –633.

Auma (ehemals Eggers), Maisha-Maureen (2000): Rassismus, Ethnizität, Macht und ihre Auswirkung auf die Sozialisation Schwarzer und Weißer Kinder und Jugendlichen. Universität Kiel: Unveröffentlichte Diplomarbeit.

Auma (ehemals Eggers), Maisha-Maureen (2004): Anti-oppressive Standards für eine geschlechtsspezifische transkulturelle Bildungsarbeit. In: B. zur Nieden & S. Veth (Hrsg.): FEMINISTISCH, GESCHLECHTERREFLEKTIEREND, QUEER? Perspektiven aus der Praxis politischer Bildungsarbeit. Berlin: Rosa-Luxemburg-Stiftung, S. 27–34.

Auma (ehemals Eggers), Maisha-Maureen (2005): Rassifizierung und kindliches Machtempfinden. Dissertation. Online verfügbar unter: http://macau.uni-kiel.de/receive/dissertation_ diss_00002627 (Zugriff am 30.09.2021).

Auma (ehemals Eggers), Maisha-Maureen (2012): Gleichheit und Differenz in der frühkindlichen Bildung – Was kann Diversität leisten? Dossier Diversität und Kindheit – Frühkindliche Bildung, Vielfalt und Inklusion. Berlin: Heinrich Böll-Stiftung, S. 8–18.

Auma, Maisha-Maureen (2021): Die dekoloniale Qualität des Berliner Bildungsprogramms für Kitas und Kindertagespflege (BBP). Online verfügbar unter: https://decolonize-berlin.de/ de/koordinierungsstelle/#publikationen (Zugriff am 20.11.2021).

Ayim, May (1992): Rassismus hier und heute. Alltäglicher Rassismus in Kinder- und Jugendbüchern. In: M. Ayim, K. Oguntoye & D. Schultz (Hrsg.): Farbe bekennen. Afro-deutsche Frauen auf den Spuren ihrer Geschichte. Frankfurt am Main: Fischer, S. 126–144.

Ayten, Nuran (2020): Demokratische Prozesse in Kitas: Für wen und mit wem? KiTa aktuell spezial – Vorurteilbewusste Bildung & Erziehung© in der Kita, 70–71.

Ayten, Nuran & Ringkamp, Tajan (2021): Diskriminierung erkennen und entgegenwirken. Welt des Kindes, 5/2021, 10–14.

Beutke, Mirijam; Kotzur, Patrick & Bertelsmann-Stiftung (Hrsg.) (2015): Faktensammlung Diskriminierung. Online verfügbar unter: www.bertelsmann-stiftung.de/fileadmin/files/Projekte/28_Einwanderung_und_Vielfalt/Faktensammlung_Diskriminierung_BSt_2015.pdf (Zugriff am 30.10.2021).

Bildungsteam Berlin- Brandenburg e.V. (o.J.) (Hrsg.): Bildungsbausteine gegen antimuslimischen Rassismus (o.J.) Online verfügbar unter: https://bausteine-antimuslimischer-rassismus.de/von-diskriminierung-zu-antimuslimischem-rassismus/ (Zugriff am 02.10.2021).

Bildungswerk ver.di in Niedersachsen e.v. & Fachstelle Kinderwelten/ISTA (Hrsg.); Ayten, Nuran;

Richter, Sandra; Ringkamp, Tajan & Wagner, Petra (2019): Wir machen uns auf den Weg! Kitas qualifizieren sich für Vorurteilsbewusste Bildung und Erziehung. Online verfügbar unter: www.esf-projekte.de/fileadmin/Redaktion/6_Projekte/1_Projekte/KiTa-international/Bericht_Wir-machen-uns-auf-den-Weg_2019.pdf (Zugriff am 23.09.2021).

Bishop, Rudine Sims (1990): Mirrors, windows, and sliding glass doors. Perspectives 6.3. Auszug online verfügbar unter: https://www.youtube.com/watch?v=_AAu58SNSyc (Zugriff am 21.11.2021)

Bishop, Anne (2015): Becoming an Ally. Breaking the Cycle of Oppression in People. 3rd Edition. Nova Scotia: Fernwood Publishing.

Böcü, Gözde (2021): Guter Migrant, schlechter Migrant. renk.-Magazin, 2, 19–25.

Boger, Mai-Anh (2019a): Theorien der Inklusion: Die Theorie der trilemmatischen Inklusion zum Mitdenken. Münster: edition assemblage.

Boger, Mai-Anh (2019b): Subjekte der Inklusion: Die Theorie der trilemmatischen Inklusion zum Mitfühlen. Münster: edition assemblage.

Boldaz-Hahn, Stefani & Kuhnert, Anne (2018): Bildbuch: Kita-Alltag. Bildgestützte Kommunikation mit Eltern in der Kita. Online verfügbar unter: https://sprach-kitas.fruehe-chancen. de/themen/zusammenarbeit-mit-familien/bildbuch-kita-alltag/ (Zugriff am 25.09.2021).

Booth, Tony (2011): Wie sollen wir zusammen leben? Inklusion als wertebezogener Rahmen für die pädagogische Praxis. Online verfügbar unter: www.gew.de/index.php?eID=dumpFile&t=f&f=24107&token=72877d00d8142c7d3c29e2d717653f7388400e4e&sdownload= (Zugriff am 29.09.2021).

Bostancı, Seyran (2018): Eine inklusive Sprache entwickeln – Eine kritische Reflexion der Wirkung von Sprache auf die Identitätsentwicklung von Kindern. In: ISTA/Fachstelle Kinderwelten (Hrsg.): Inklusion in der Fortbildungspraxis: Lernprozesse zur Vorurteilsbewussten Bildung und Erziehung begleiten. Ein Methodenhandbuch, 1–4. Berlin: WAMIKI.

Bostancı, Seyran & Bovha, Cvetka (2018): Warum es wichtig ist, den Kulturbegriff zu reflektieren. In: ISTA/Fachstelle Kinderwelten (Hrsg.): Inklusion in der Fortbildungspraxis: Lernprozesse zur Vorurteilsbewussten Bildung und Erziehung begleiten. Ein Methodenhandbuch. Berlin: WAMIKI, S. 44–48.

Bostancı, Seyran; Biel, Christina; Neuhauser, Bastian & Berman, Elizabeth (2021): Unterbrechen oder (Re-)produzieren? Wie Eltern und Kita-Institutionen in Berlin Rassismus (de-) thematisieren. Bisher unveröffentlichtes Manuskript, Veröffentlichung: Frühjahr 2022, Infos unter: www.rassismusmonitor.de/netzwerk-rassismusforschung/kurzstudien/solidaritaet-in-der-pandemie/rassismus-in-der-kita/.

Brilling, Julia & Sharifi, Bahareh (2014): Kinderliteratur jenseits von Vorurteilen und hegemonialer Weltbilder. Online verfügbar unter: https://heimatkunde.boell.de/de/vorurteilsbewusste-kinderliteratur-jenseits-hegemonialer-weltbilder (Zugriff am 30.10.2021).

Britt, Helen & Kleine, Luisa (2020). Was wäre ein zukunftsfähiger Umgang mit jungen Menschen? KiTa aktuell spezial – Vorurteilbewusste Bildung & Erziehung© in der Kita, 54–56.

Brown, Brené (2007): I thought it was just me (but it isn't). Making the journey from „What will people think?" to „I am enough". New York: Avery.

Brown, Brené (2017): Verletzlichkeit macht stark. München: Goldmann.

Bundesforum Familie (Hrsg.) (2015): Familie ist Vielfalt. Inklusion leben, Teilhabe sichern. Berlin: Bundesforum Familie.

Bundesministerium für Arbeit und Soziales (Hrsg.) (2014): Leichte Sprache. Ein Ratgeber. Bonn:

BMAS. Online verfügbar unter: www.bmas.de/DE/Service/Publikationen/a752-leichte-sprache-ratgeber.html (Zugriff am 25.09.2021).

Bundeministerium für Familien, Senioren, Frauen und Jugend (2020): 16. Kinder- und Jugendbericht. Förderung demokratischer Bildung im Kinder- und Jugendalter. Online verfügbar unter: www.bmfsfj.de/resource/blob/162232/27ac76c3f5ca10b0e914700ee54060b2/16-kinder-und-jugendbericht-bundestagsdrucksache-data.pdf (Zugriff am 01.09.2021).

Bundeministerium für Familien, Senioren, Frauen und Jugend (2021): Gesetz zur Stärkung von Kindern und Jugendlichen (Kinder- und Jugendstärkungsgesetz/KJSG). Online verfügbar unter: www.bmfsfj.de/bmfsfj/service/gesetze/neues-kinder-und-jugendstaerkungsgesetz-162860 (Zugriff am 01.10.2021).

Busuleanu, Štěpánka & Höhme, Evelyne (2020): Eine vorurteilsbewusste Dialogkultur mit Familien entwickeln. KiTa aktuell spezial – Vorurteilbewusste Bildung & Erziehung© in der Kita, 51–53.

Charlton, James L. (1998): Nothing About Us Without Us: Disability Oppression and Empowerment. Oakland: University of California Press.

Cool Kids & Trần, Hoa Mai (2020): Wir Kinder aus dem (Flüchtlings)Heim. Berlin: Viel & Mehr. Online in 6 Sprachen (Deutsch, Arabisch, Farsi, Kurmancî, Tigrinya, Englisch) zum Download verfügbar unter: www.vielundmehr.de/bilderbuecher/wir-kinder-aus-dem-fluechtlingsheim/ (Zugriff am 03.09.2021).

Cuff-Schöttle, Stefanie (2018): Schattenbericht 2018: Rassismus gegen Kinder und Jugendliche – Eine Analyse aus psychologischer Sicht. Online verfügbar unter: https://rechtsaussen.berlin/2019/07/rassismus-gegen-kinder-und-jugendliche-eine-analyse-aus-psychologischersicht/ (Zugriff am 03.09.2021).

Cuff-Schöttle, Stefanie (2020): Rassismuskritische Praxis von Kinderbeinen an. KiTa aktuell spezial – Vorurteilbewusste Bildung & Erziehung© in der Kita, 56–58.

Clark Phipps, Mamie & Clark Bancroft, Kenneth (Video) (1940): Doll test–The effects of racism on children. Online verfügbar unter: www.youtube.com/watch?v=QRZPw-9sJtQ (Zugriff am 02.09.2021).

Crenshaw, Kimberlé (1989): Demarginalizing the Intersection of Race and Sex. Online verfügbar unter: https://chicagounbound.uchicago.edu/cgi/viewcontent.cgi?article=1052&context=uclf (Zugriff am 03.10.2021).

Crenshaw, Kimberlé; Gunda-Werner-Institut in der Heinrich-Böll Stiftung & Center für Intersectional Justice (Hrsg.) (2019): „Reach Everyone on the Planet …“ – Kimberlé Crenshaw und die Intersektionalität. Texte von und für Kimberlé Crenshaw. Berlin: Heinrich-Böll-Stiftung.

Cross, William (1991): Shades of Black: Diversity in African-American Identity. Philadelphia: Temple University Press.

DECET/V.B.J.K. Production (Video) (1998): How good it is to be you! The Journey of an Anti-Bias-Approach.

Dehler, Sannik Ben (2019): Scham umarmen. Wie mit Privilegien und Diskriminierungen umgehen? Berlin: w_orten & meer GmbH.

Della, Nancy J. & Rosentreter, Rina (2014): Das Wort, das Bauchschmerzen macht. Münster: edition assemblage.

Derman-Sparks, Louise & the A.B.C. Task Force (1989): Anti-Bias-Curriculum. Tools for Empowering Young Children. Washington: NAEYC.

Derman-Sparks, Louise (1998): Education without prejudice – Goals and principles of Practice. Vortrag in Dublin/Irland, unveröffentlichtes Manuskript.

Derman-Sparks, Louise (2001): Anti-Bias-Work with Young-Children in the US. Vortrag anlässlich der Kinderwelten-Fachtagung „Kleine Kinder, keine Vorurteile?". Berlin: Fachstelle Kinderwelten für Vorurteilsbewusste Bildung und Erziehung, unveröffentlichtes Manuskript.

Derman-Sparks, Louise; LeeKeenan, Debbie & Nimmo, John (2015): Leading Anti-Bias Early Childhood Education Programms. A Guide für Change. New York: Teachers College Press.

Derman-Sparks, Louise & Olsen Edwards, Julie (2010): Anti-Bias Education for Young Children and Ourselves. NAEYC: Washington.

Derman-Sparks, Louise & Olsen Edwards, Julie (2016): Anti-Bias Education. Exchange May/June 2016, 14–18.

Deutsche UNESCO-Kommission e.V. (Hrsg.) (2014): Inklusion: Leitlinien für die Bildungspolitik. Bonn, 3. erweiterte Auflage. Online verfügbar unter: www.unesco.de/sites/default/files/2018-05/2014_Leitlinien_inklusive_Bildung.pdf (Zugriff am 01.09.2021).

Diversity Arts Culture (o.J.): Wörterbuch – Marginalisierung. Online verfügbar unter https:// diversity-arts-culture.berlin/woerterbuch/marginalisierung (Zugriff am 03.10.2021).

Dodua-Otoo, Sharon (2019): Liebe. In: F. Aydemir & H. Yaghoobifarah (Hrsg.): Eure Heimat ist unser Albtraum. Berlin: Ullstein, S. 56–68.

Dreier, Katrin; Kugler, Thomas & Nordt, Stephanie (2012): Glossar zum Thema geschlechtliche und sexuelle Vielfalt im Kontext von Antidiskriminierung und Pädagogik. In: Bildungsinitiative QUEERFORMAT und Sozialpädagogisches Fortbildungsinstitut Berlin-Brandenburg (Hrsg.): Geschlechtliche und sexuelle Vielfalt in der pädagogischen Arbeit mit Kindern und Jugendlichen. Handreichung für Fachkräfte der Kinder- und Jugendhilfe. Berlin: QUEER-FORMAT.

Emcke, Carolin (2016): Gegen den Hass. Frankfurt am Main: S. Fischer.

Emcke, Carolin (2019): Ja heißt ja und… Frankfurt am Main: S. Fischer

Ertem, Emel (2021): Mutmachgeschichte. In: Fachstelle Kinderwelten/ISTA (2021): Mutmachgeschichten: Geschichten aus dem Publikum vom Aktivwerden gegen Diskriminierung. Dokumentation zu 10. Baustelle Inklusion: Aktivwerden gegen Diskriminierung – für eine demokratische Kultur in Kita und Schule! Online verfügbar unter: https://baustellen.kinderwelten.net/mutmachgeschichten/#drei (Zugriff am 29.09.2021).

Fachstelle Kinderwelten/ISTA (2015): Implementierung Vorurteilsbewusster Bildung und Erziehung in Kitas der Elbkinder Vereinigung Hamburger Kindertagesstätten gGmbH. Handreichung zur Begleitung der Implementierung für die Praxisbegleitung. Berlin: Fachstelle Kinderwelten.

Fachstelle Kinderwelten/ISTA (Hrsg.) (2019): Glossar. Online verfügbar unter: https://situationsansatz.de/publikationen/glossar-stand-2019/ (Zugriff am 29.09.2021) .

Fajembola, Olaolu & Nimindé-Dundadengar, Tebogo (2021): Gib mir mal die Hautfarbe. Mit Kindern über Rassismus sprechen. Weinheim: Beltz.

Förster, Jens (2007): Kleine Einführung in das Schubladendenken. Vom Nutzen und Nachteil des Vorurteils. München: DVA.

Frech, Verena (2008): Erkennen, fühlen, benennen. Grundlagen der emotionalen Entwicklung im frühen Kindesalter. Online verfügbar unter: www.kindergartenpaedagogik.de/1944.html (Zugriff am 23.09.2021).

Fricker, Miranda (2007): Epistemic Injustice: Power and the Ethics of Knowing. Oxford: Oxford University Press.

Gehlhaar, Laura (2021) auf Bundeszentrale für politische Bildung. Online verfügbar unter: www.instagram.com/saymyname_bpb/(Zugriff am 29.09.2021).

Gonzalez-Mena, Janet & Widmeyer-Eyer, Dianne (2008): Säuglinge, Kleinkinder und ihre Betreuung, Erziehung und Pflege. Ein Curriculum für respektvolle Pflege und Erziehung. Freiamt: Arbor.

Gottschalk, Ulrike (1999): „Sie haben Probleme mit Macht" – Therapieerfahrung aus 40 Jahren. In: Rommelspacher, B. (Hrsg.): Behindertenfeindlichkeit. Ausgrenzungen und Vereinnahmungen. Göttingen: Lamuv, S. 97–122.

Gunda-Werner-Institut in der Heinrich-Böll-Stiftung (2019): Intersektionalität: Eine kurze Einführung. Online verfügbar unter: www.gwi-boell.de/de/2019/04/12/intersektionalitaet-eine-kurze-einfuehrung (Zugriff am 03.10.2021).

Ha, Kien Nghi (2007): People of Color. Koloniale Ambivalenzen und historische Kämpfe. In: K.N. Ha; N. Lauré al-Samarai & S. Mysorekar, Sheila (Hrsg.): re/visionen. Postkoloniale Perspektiven von People of Color auf Rassismus, Kulturpolitik und Widerstand in Deutschland. Münster: Unrast, S. 31–40.

Ha, Kien Nghi (2009): „People of Color" als solidarisches Bündnis. Online verfügbar unter: www.migrazine.at/artikel/people-color-als-solidarisches-bundnis (Zugriff am 11.10.2021).

Hechler, Andreas & Anne Frank Zentrum (Hrsg.) (o.J.): Diskriminierung. Online verfügbar unter: www.annefrank.de/fileadmin/Redaktion/Themenfelder/Zivilgesellschaft_staerken/Dokumente/Diskriminierung Fokus_Kita.pdf (Zugriff am 02.10.2021).

Helms, Janet E. (1995): A Race Is a Nice Thing to Have: A Guide to Being a White Person or Understanding the White Persons in Your Life. Topeka: Content Communications.

Hiel, Martina (2015): Die Erzieherinnen haben viel Respekt für uns. Mit Eltern aus vielen Herkunftsländern kommunizieren. Inklusion (TPS-Sammelband), 82 –84.

Höhme-Serke, Evelyne & Beyersdorff, Sabine (2011): Mit Kindern Demokratie leben. Aachen: Shaker.

Höhn, Karina & Kercher, Angelika (2009): Raumerkundungsbuch. Kronach: Carl Link.

Hornstein, René_ (2016): Privilegierter Widerstand gegen diskriminierungskritisches Wissen. AG Lehre, Zentrum für transdisziplinäre Geschlechterstudien, Humbold-Universität zu Berlin (Hrsg.): Diskriminierungskritische Lehre. Denkanstöße aus den Gender Studies, 15–26.

IDA e.V. (2018): Was heißt eigentlich Empowerment? Online verfügbar unter: www.idaev.de/ fileadmin/user_upload/pdf/publikationen/Flyer/2018_IDA_Flyer_Empowerment.pdf (Zugriff am 30.10.2021).

IDA e.V. – Informations- und Dokumentationszentrum für Antirassismusarbeit e.V. (o.J.): Glossar. Online verfügbar unter: www.idaev.de/recherchetools/glossar (Zugriff am 03.10.2021).

IMST – Gender_Diversitäten Netzwerk (2014): Gender_diversitätssensibler Sprachgebrauch. Diskriminierungsfreie Schreib-, Sprech- und Bildsprache. Online verfügbar unter: www. imst.ac.at/app/webroot/files/GD-Handreichungen/handreichung_gender_diversitätssensibler_sprachgebrauch_.pdf (Zugriff am 26.09.2021).

Indigenous Action (2014): Accomplices Not Allies: Abolishing The Ally Industrial Complex. Online verfügbar unter: www.indigenousaction.org/accomplices-not-allies-abolishing-the- ally-industrial-complex/ (Zugriff am 01.10.2021).

Institut für diskriminierungsfreie Bildung (IDB) (2021): White Allyship: Keine Selbstbeschreibung, sondern handeln. Online verfügbar unter: https://diskriminierungsfreie-bildung.de/wp-content/uploads/2021/03/IDB-Paper-No-9_White-Allyship.pdf (Zugriff am 01.10.2021).

Ippolito, Enrico (2019): Beleidigung. In: F. Aydemir & H. Yaghoobifarah (Hrsg.): Eure Heimat ist unser Albtraum. Berlin: Ullstein, S. 82–100.

ISTA/Fachstelle Kinderwelten (Hrsg.) (2016a): Inklusion in der Kitapraxis #1 – Die Zusammenarbeit

mit Eltern vorurteilsbewusst gestalten. Berlin: WAMIKI.
ISTA/Fachstelle Kinderwelten (Hrsg.) (2016b): Inklusion in der Kitapraxis #2 – Die Lernumgebung vorurteilsbewusst gestalten. Berlin: WAMIKI.
ISTA/Fachstelle Kinderwelten (Hrsg.) (2016c): Inklusion in der Kitapraxis #3 – Die Interaktion mit Kindern vorurteilsbewusst gestalten. Berlin: WAMIKI.
ISTA/Fachstelle Kinderwelten (Hrsg.) (2016d): Inklusion in der Kitapraxis #4 – Die Zusammenarbeit im Team vorurteilsbewusst gestalten. Berlin: WAMIKI.
ISTA/Fachstelle Kinderwelten (Hrsg.) (2018a): Inklusion in der Fortbildungspraxis: Lernprozesse zur Vorurteilsbewussten Bildung und Erziehung begleiten. Ein Methodenhandbuch. Berlin: WAMIKI.
ISTA/Fachstelle Kinderwelten (Hrsg.) (2018b): Inklusion in der Praxis #5 – Die Kita vorurteilsbewusst leiten. Berlin: WAMIKI.
ISTA/Fachstelle Kinderwelten (2018c): Überlegungen beim Kauf von vorurteilsbewussten Spielmaterialien. Online verfügbar unter: https://situationsansatz.de/wp-content/uploads/2019/05/Checkliste_Spielmaterialien.pdf (Zugriff am 04.09.2021).
ISTA/Fachstelle Kinderwelten (Hrsg.) (2021): Qualitätshandbuch für Vorurteilsbewusste Bildung und Erziehung in Kitas. Verfahren und Instrumente für die interne Evaluation zur Weiterentwicklung inklusiver pädagogischer Praxis. 2. Auflage. Berlin: WAMIKI.
Jampert, Karin (2002): Schlüsselsituation Sprache: Spracherwerb im Kindergarten unter besonderer Berücksichtigung des Spracherwerbs bei mehrsprachigen Kindern. Wiesbaden: Opladen.
Jugendministerkonferenz (JMK) & Kultusministerkonferenz (KMK) (2004): Gemeinsamer Rahmen der Länder für die frühe Bildung in Kindertageseinrichtungen. Online verfügbar unter: www.kmk.org/fileadmin/Dateien/veroeffentlichungen_beschluesse/2004/2004_06_03-Fruehe-Bildung-Kindertageseinrichtungen.pdf (Zugriff am 26.10.2021) .
Kassama, Christiane (2021): Wir leben unsere Ziele in der Diversität. Welt des Kindes, 5/2021, 22–24.
Kelly, Natasha A. (2017): Intersektionalität. Online verfügbar unter: https://missy-magazine.de/blog/2017/05/29/hae-was-heisst-denn-intersektionalitaet/ (Zugriff am 03.10.2021).
Keim, Jay (2013a): Mich aufrichten, mich ausrichten. Online verfügbar unter: https://virtual-retreat-center.blogspot.com/2013/11/mich-aufrichten-mich-ausrichten.html (Zugriff am 01.10.2021).
Keim, Jay (2013b): Warum tue ich das, was ich tue? – Feministische Motivationen. Online verfügbar unter: https://virtualretreatcenter.blogspot.com/2013/06/warum-tue-ich-das-was- ich-tue.html (Zugriff am 01.10.2021).
Keller, Monika (2017): Die Entwicklung moralischen Denkens und moralischer Gefühle in der Kindheit. In: P. Wagner (Hrsg.): Handbuch Inklusion. Grundlagen vorurteilsbewusster Bildung und Erziehung. 4., überarbeitete Auflage. Freiburg: Herder, S. 66–86.
Kemper, Andreas & Weinbach, Heike (2009): Klassismus – Eine Einführung. Münster: Unrast.
KiDs – Kinder vor Diskriminierung schützen! (ISTA/Fachstelle Kinderwelten) (Hrsg.); Backhaus, Anne & Wolter, Berit (2019): Wenn Diskriminierung nicht in den Kummerkasten passt. Eine Arbeitshilfe zur Einführung von diskriminierungssensiblen Beschwerdeverfahren in der Kita. Online verfügbar unter: https://kids.kinderwelten.net/de/Publikationen (Zugriff am 03.10.2021).
KiDs – Kinder vor Diskriminierung schützen! (ISTA/Fachstelle Kinderwelten) (Hrsg.) (o.J.): Hörstücke „Beschwerden und Diskriminierung". Online verfügbar unter: https://kids.kinderwelten.net/de/Publikationen (Zugriff am 03.10.2021).
Kilomba, Grada (2020): Plantation Memories. 6. Auflage. Münster: Unrast.
Klemperer, Victor (2007): LTI. Notizbuch eines Philologen. 23. Auflage. Stuttgart: Reclam.

Kobelt Neuhaus, Daniela (2015): Fortbildung Inklusion. Autonomie gewinnen und Handlungsräume entdecken. Inklusion (TPS-Sammelband), 94–96.

Koné, Gabriele & Macha, Katrin (2019): „Die Puppe sieht aus wie ich!“ (Fehlende) Vielfalt in Spielmaterialien Anregungen für eine diskriminierungssensible Praxis. Online verfügbar unter: https://situationsansatz.de/wp-content/uploads/2020/06/kone_macha_die_puppe_ sieht_aus_wie_ich.pdf (Zugriff am 30.10.2021).

Krämer, Conni*(2016): Solidarische Kritik. AG Lehre, Zentrum für transdisziplinäre Geschlechterstudien, Humbold-Universität zu Berlin (Hrsg.): Diskriminierungskritische Lehre. Denkanstöße aus den Gender Studies, 27–32.

Kübler, Annette (2016): Zwischen Colorline und Handlungsmöglichkeiten – für Kinder, Eltern und Pädagog_innen. In: Anti-Bias-Netz (Hrsg.): Vorurteilsbewusste Veränderungen mit dem Anti-Bias-Ansatz. Freiburg: Lambertus, S. 95–111.

Kuyumcu, Şafak (2015): Positiver Blick – individuelle Betrachtung. Gelingende Kommunikation mit Migrantenfamilien. Inklusion (TPS-Sammelband), 68–71.

Leiprecht, Rudolf (2001): Alltagsrassismus. Eine Untersuchung bei Jugendlichen in Deutschland und den Niederlanden. Münster: Waxmann.

List, Gudula (2010): Frühpädagogik als Sprachförderung. Qualifikationsanforderungen für die Aus- und Weiterbildung der Fachkräfte. Weiterbildungsinitiative Frühpädagogische Fachkräfte, WiFF Expertisen, Band 2. München: DJI e.V.

Mac Naughton, Glenda (2006): Respect für Diversity. An international overview. Working Papers in Early Childhood Development, 40. Den Haag: Bernard van Leer Foundation.

Madubuko, Nkechi (2016): Empowerment als Erziehungsaufgabe. Münster: Unrast.

McKenzie, Mia (2013): No More „Allies“. Online verfügbar unter: https://charterforcompassion. org/peace-building/no-more-allies (Zugriff am 01.10.2021).

Memmi, Albert (1987): Rassismus. Frankfurt am Main: Athenäum.

Migrationsrat (2020): Begriffsglossar. Online verfügbar unter: www.migrationsrat.de/glossary/ (Zugriff am 30.10.2021).

Missy Magazin (2017): Hä? Was heißt denn nicht-binär? Online verfügbar unter: https://missy-magazine.de/blog/2017/10/04/hae-was-heisst-denn-nicht-binaer/ (Zugriff am 30.10.2021). NCBI Schweiz & Kinderlobby Schweiz (2004): Not 2 young 2 – Alt genug um. Rassismus und Adultismus überwinden. Schaffhausen: K2.

NCBI Schweiz/Kinderlobby Schweiz (2004): Not 2 young 2 – "Alt genug um..." Rassismus und Adultismus uberwinden. Schaffhausen: K2.

Nduka-Agwu, Adibeli & Hornscheidt, Lann (2010): Rassismus auf gut Deutsch: Ein kritisches Nachschlagewerk zu rassistischen Sprachhandlungen. Frankfurt am Main: Brandes & Apsel.

Ng, Celeste (2016): Was ich euch nicht erzählte. München: dtv.

Öhlschläger, Annelie (2006) (Hrsg.): Mit Janusz Korczak die Kinderwelt verstehen. Freiburg: Herder.

Okun, Tema Jon (2006): From White Racist to White Anti-Racist. The Life-Long Journey. Online verfügbar unter: https://collectiveliberation.org/wp-content/uploads/2013/01/White_Anti-Racist_Life-Long_Journey_Okun.pdf (Zugriff am 01.10.2021).

Okun, Tema Jon (2010): The Emperor Has No Clothes: Teaching About Race and Racism to People Who Don't Want to Know. Greensboro: The University of North Carolina at Greensboro.

Paley, Vivan G. (1994): Mitspielen verbieten ist verboten. Gegenseitige Achtung und Akzeptanz unter Kindern. Weinheim und Berlin: Quadriga.

Panagiotopoulou, Argyro (2016): Mehrsprachigkeit in der Kindheit. Perspektiven für die früh-pädagogische Praxis. Weiterbildungsinitiative Frühpädagogische Fachkräfte, WiFF Expertisen, Band 46. München: DJI e.V.

Pates, Rebecca; Schmidt, Daniel & Karawanskij, Susanne (Hrsg.); Liebscher, Doris & Fritzsche, Heike (2010): Antidiskriminierungspädagogik: Konzepte und Methoden für die Bildungsarbeit mit Jugendlichen. Wiesbaden: VS.

Pieper, Marianne & Haji Mohammadi, Jamal (2014): Partizipation mehrfach diskriminierter Menschen am Arbeitsplatz. Ableism und Rassismus – Barrieren des Zugangs. In: G. Wansing & M. Westphal (Hrsg.): Behinderung und Migration. Erkundungen in einem neuen Forschungsfeld. Wiesbaden: VS.

Piesche, Peggy (2012) (Hrsg.): Euer Schweigen schützt euch nicht: Audre Lorde und die Schwarze Frauenbewegung in Deutschland. Berlin: Orlanda Frauenverlag.

Preissing, Christa & Wagner, Petra (Hrsg.) (2003): Kleine Kinder, keine Vorurteile? Interkulturelle und vorurteilsbewusste Arbeit in Kindertageseinrichtungen. Freiburg: Herder.

Projekt 100% Mensch (o.J.): Lexikon. Online verfügbar unter: https://100mensch.de/lexikon/binaere-geschlechter/ (Zugriff am 30.10.2021).

Queerformat – Fachstelle Queere Bildung (2021): Informationen zum Kinder- und Jugendstärkungsgesetz. Online verfügbar unter: /www.queerformat.de/wp-content/uploads/Info-KJSG-2021.pdf (Zugriff am 01.09.2021).

Ramsey, Franchesca (2014): 5 Tipps For Being An Ally. Online verfügbar unter: www.youtube. com/watch?v=_dg86g-QlM0 (Zugriff am 0.10.2021).

Reddy, Prasad (2020): „Hier bist Du richtig, wie Du bist!“ Theoretische Grundlagen, Handlungsansätze und Übungen zur Umsetzung von Anti-Bias-Bildung für Schule, Jugendarbeit, Soziale Arbeit und Erwachsenenbildung. Düsseldorf: IDA e.V.

Richter, Sandra (2013): Adultismus: Die erste erlebte Diskriminierungsform? Theoretische Grundlagen und Praxisrelevanz. Online verfügbar unter: www.kita-fachtexte.de/fileadmin/ Redaktion/Publikationen/KiTaFT_richter_2013.pdf (Zugriff am 03.09.2021).

Riehl, Claudia Maria (2014): Mehrsprachigkeit. Eine Einführung. Darmstadt: WBG.

Ritz, ManuEla (2017): Adultismus – (un)bekanntes Phänomen: „Ist die Welt nur für Erwachsene gemacht?“ In: P. Wagner (Hrsg.): Handbuch Inklusion. Grundlagen vorurteilsbewusster Bildung und Erziehung. 4. Überarbeitete Auflage. Freiburg: Herder, S. 185–193.

Ritz, ManuEla (2021): Die Erwachsenen bestimmen. Welt des Kindes, 5/2021, 16–19.

Rommelspacher, Birgit (1998): Dominanzkultur. Texte zu Fremdheit und Macht. 2. Auflage. Berlin: Orlanda Frauenverlag.

Rosenthal, Robert & Jacobson, Lenore (1966): Teacher's expectancies: Determinants of pupils' IQ gains. Psychological Reports, 19, 115–118.

Sächsisches Staatsministerium für Kultur (Hrsg.) (2011): Der Sächsische Bildungsplan – ein Leitfaden für pädagogische Fachkräfte in Krippen, Kindergärten und Horten sowie für die Kindertagespflege. Weimar/Berlin: verlag das netz.

Saenger, Len (2020): Von den Wunde(r)n des vorurteilsbewussten (Vor-)Lesens und Spielens. KiTa aktuell spezial – Vorurteilbewusste Bildung & Erziehung© in der Kita, 65–67.

Schäfer, Gerd E. (Hrsg.) (2005): Bildung beginnt mit der Geburt. Weinheim: Beltz.

Schmude, Corinna & Pioch, Deborah (2014): Schlüssel zu guter Bildung, Erziehung und Betreuung – Kita inklusiv! Berlin: Der Paritätische Gesamtverband; Diakonie Deutschland & GEW

(Hrsg.) Online verfügbar unter: www.der-paritaetische.de/uploads/tx_pdforder/Expertise_final_web.pdf (Zugriff am 03.09.2021).

Selasi, Taiye (2015): „Don't ask me where I'm from, ask me where I'm local". TED-Talk. Online verfügbar unter: www.youtube.com/watch?v=LYCKzpXEW6E (Zugriff am 30.10.2021).

Serres, Alan & Fronty, Aurélia (2013): Ich bin ein Kind und habe Rechte. Zürich: NordSüd Verlag, 2. Auflage.

Spivak, Gayatri (1985): The Rani of Simur: An Essay in Reading the Archives. History and Theory, 24 (3), 247–272.

Sow, Noah (2011): Indianer. In: S. Arndt & N. Ofuatey-Alazard (Hrsg.): Wie Rassismus aus Wörtern spricht. (K)Erben des Kolonialismus im Wissensarchiv deutscher Sprache. Münster: Unrast, S. 690–691.

Stefanowitsch, Anatol (2018): Eine Frage der Moral. Warum wir politisch korrekte Sprache brauchen. Berlin: Duden.

Tatum, Beverly Daniel (1992): Talking about Race, Learning about Racism: The Application of Racial Identity Development Theory in the Classroom. In: Harvard Educational Review, Vol.62, No.1. Online verfügbar unter: https://equity.ucla.edu/wp-content/uploads/2019/12/ Tatum-Talking-About-Race.pdf (Zugriff am 29.09.2021).

Technische Universität Dresden (2019): Sprache und Diskriminierung. Dokumentation eines Seminarprojekts. Online verfügbar unter: https://tu-dresden.de/gsw/slk/germanistik/al/ ressourcen/dateien/dateien/190702_Sprache_und_Diskriminierung.pdf?lang=de (Zugriff am 20.09.2021).

The Anti-Oppression Network (o.J.): Allyship. Online verfügbar unter: https://theantioppressionnetwork.com/allyship/ (Zugriff am 01.10.2021).

Tomás, Adalca & Richter, Sandra (2020): „Worte tun im Herzen weh!" – Über die Bedeutung inklusiver Sprache. KiTa aktuell spezial – Vorurteilbewusste Bildung & Erziehung© in der Kita, 48–50.

UNESCO (1990): Deklaration „Bildung für alle". Online verfügbar unter: https://unesdoc. unesco.org/ark:/48223/pf0000127583 (Zugriff am 01.10.2021).

UN-Behindertenrechtskonvention (UN-BRK) (2009): www.menschenrechtsabkommen.de (Zugriff am 01.10.2021).

UN-Deklaration der Rechte indigener Völker (2001): www.menschenrechtsabkommen.de (Zugriff am 01.10.2021).

UN-Frauenrechtskonvention (1979): www.menschenrechtsabkommen.de (Zugriff am 01.10.2021).

UN-Kinderrechtskonvention (1989). www.menschenrechtsabkommen.de (Zugriff am 01.10.2021).

UN-Konvention gegen Diskriminierung im Unterrichtswesen (1960): www.menschenrechtsabkommen.de (Zugriff am 01.10.2021).

UN-Übereinkommen zur Beseitigung jeder Form von rassistischer Diskriminierung (2001): www.menschenrechtsabkommen.de (Zugriff am 01.10.2021).

Utlu, Deniz (2011): „„Migrationshintergrund". In: S. Arndt & H. Ofuatey-Alazard (Hrsg.): Wie Rassismus aus Wörtern spricht. Münster: Unrast, S. 445–448.

Utlu, Deniz (2019): Vertrauen. In: F. Aydemir & H. Yaghoobifarah (Hrsg.): Eure Heimat ist unser Albtraum. Berlin: Ullstein, S. 38–55.

Van Ausdale, Debra & Feagin, Joe R. (2001): The First R: How Children Learn Race and Racism. Lanham: Rowman & Littlefield Publishers.

Vu, Vanessa (2019): Keine Antwort schuldig. Online verfügbar unter: https://www.zeit.de/campus/2019-02/herkunft-identitaet-diskriminierung-rassismus-selbstbestimmung (Zugriff am 30.10.2021).

Wagner, Petra (2003): Kinder brauchen Bücher – und welche? Online verfügbar unter: https://situationsansatz.de/wp-content/uploads/2019/08/Wagner2003_Kinder-brauchen-Bücher.pdf (Zugriff am 05.09.2021).

Wagner, Petra (2009): Den Teufelskreis der Unterdrückung erkennen und unterbrechen. Vorurteilsbewusste Bildung und Erziehung in Qualifizierungsmaßnahmen für pädagogische Fachkräfte. Online verfügbar unter: https://situationsansatz.de/wp-content/uploads/2019/08/ Wagner2009_ Teufelskreis-d-Unterdrückung.pdf (Zugriff am 29.09.2021).

Wagner, Petra (2014): Gemeinsam Vielfalt und Fairness erleben. Berlin: Cornelsen.

Wagner, Petra (Hrsg.) (2017): Handbuch Inklusion. Grundlagen vorurteilsbewusster Bildung und Erziehung. 4., überarbeitete Auflage. Freiburg: Herder.

Wagner, Petra (2019): Junge Kinder geflüchteter Familien zwischen Sondermaßnahmen und Nichtbeachtung. Überlegungen und Erfahrungen auf der Grundlage vorurteilsbewusster Bildung und Erziehung. Online verfügbar unter: https://situationsansatz.de/?s=flucht (Zugriff am 29.09.2021).

Wagner, Petra; Hahn, Stefani & Enßlin, Ute (Hrsg.) (2006): Macker, Zicke, Trampeltier. Vorurteilsbewusste Bildung und Erziehung in Kindertageseinrichtungen. Handbuch für die Fortbildung. Berlin: verlag das netz.

Winkelmann, Anne Sophie (2019): Machtgeschichten. Ein Buch für Kinder über das Leben mit Erwachsenen + Ein Fortbildungsbuch zu Adultismus für Kita, Grundschule und Familie. Limbach-Oberfrohna: edition claus.

WIR MACHEN DAS-Magazin (2019): Sprache und Diskriminierung. Online verfügbar unter: https://magazin.wirmachendas.jetzt/magazin/editorial-oktober/ (Zugriff am 30.09.2021).

Wihstutz, Anne (Hrsg.) (2019): Zwischen Sandkasten und Abschiebung. Zum Alltag junger Kinder in Unterkünften für Geflüchtete.O pladen/Berlin/Toronto: Barbara Budrich.

Wolter, Berit (2018): Diskriminierung und Sprache in der Fortbildung – Eine Frage der Entscheidung. In: ISTA/Fachstelle Kinderwelten (Hrsg.): Inklusion in der Fortbildungspraxis: Lernprozesse zur Vorurteilsbewussten Bildung und Erziehung begleiten. Ein Methodenhandbuch, 1–3. Berlin: WAMIKI.

Wolter, Berit & Schmidt, Hannah-Louisa (2021): Demokratiebildung im Bereich Kita in den Bildungsprogrammen der Bundesländer. Online verfügbar unter: ttps://situationsansatz. de/publikationen/recherche-zu-demokratiebildung-im-bereich-kita-in-den-bildungsprogrammen-der-bundeslaender/ (Zugriff am 30.10.2021).

York, Stacey (2003): Roots & Wings – Affirming Culture in Early Childhood Programms. St. Paul/Minnesota: Redleaf Press.

Zentralwohlfahrtsstelle der Juden in Deutschland e.V. (2010a): Perspektivwechsel. Theoretische Impulse. Methodische Anregungen. Frankfurt am Main.

Zentralwohlfahrtsstelle der Juden in Deutschland e.V. (2010b): Perspektivwechsel. Theorie, Praxis, Reflexion. Frankfurt am Main.

Zick, Andreas; Küpper, Beate & Hövermann, Andreas (2011): Die Abwertung der Anderen. Eine europäische Zustandsbeschreibung zu Intoleranz, Vorurteilen und Diskriminierung. Berlin: Friedrich-Ebert Stiftung.

Ressourcen zum Weiterlernen

Adiechie, Chimamanda Ngozi (2014): We should all be Feminists. Glasgow: Harper Collins. Amjahid, Mohamed (2021): Der weisse Fleck. Eine Anleitung zu antirassistischem Denken. München: Piper.

Attia, Iman & Popal, Mariam (Hrsg.) (2018): BeDeutungen dekolonialsieren. Spuren von (anti-muslimischem) Rassismus. Münster: Unrast.

Aukongo, Stefanie-Lahya (2018): Buchstabengefühle: Eine poetische Einmischung (wider_sätzen). Berlin: w_orten & meer.

Aydemir, Fatma & Yaghoobifarah, Hengameh (Hrsg.) (2019): Eure Heimat ist unser Albtraum. Berlin: Ullstein, 3. Auflage.

Barankow, Maria & Baron, Christian (Hrsg.) (2021): Klasse und Kampf. Berlin: Ullstein.

Bennett, Britt (2021): Was fange ich bloß mit guten weißen Menschen an? Hamburg: Rowohlt.

Bishop, Anne (2002): Becoming an Ally. Breaking the Cycle of Oppression in People. London: Zed Books, 2nd Edition.

bildungsLab* (2021): Bildung: Ein postkoloniales Manifest. resistance & desire #1. Münster: Unrast.

BIPOCCAST der Fachstelle Kinderwelten (Podcast). Online verfügbar unter: https://www.youtube.com/@fachstellekinderwelten9554/videos

Boger, Mai-Anh (2019): Subjekte der Inklusion: Die Theorie der trilemmatischen Inklusion zum Mitfühlen. Münster: edition assemblage.

Boger, Mai-Anh (2019): Theorien der Inklusion: Die Theorie der trilemmatischen Inklusion zum Mitdenken. Münster: edition assemblage.

Boger, Mai-Anh (2019): Politiken der Inklusion: Die Theorie der trilemmatischen Inklusion zum Mitdiskutieren. Münster: edition assemblage.

Brehme, David; Fuchs, Petra; Köbsell, Swantje & Wesselmann, Carla (Hrsg.) (2020): Disability Studies im deutschsprachigen Raum. Zwischen Emanzipation und Vereinnahmung. Weinheim/Basel: Beltz.

Choudry, Shakil (2017): Deep Diversity – Die Grenze zwischen „uns" und den „Anderen" überwinden. Münster: Unrast.

Deutsches Rotes Kreuz e.V. (Hrsg.) (2016): Curriculum: Was MACHT was?! Berlin: DRK e.V.

Diamond, Darla; Schmid, Lea & Pflaster, Petra (Hrsg.) (2017): Lookismus. Normierte Körper. Diskriminierende Mechanismen. (Self-)Empowerment. Münster: Unrast.

Eddo-Lodge, Reni (2019): Warum ich nicht länger mit Weißen über Hautfarbe spreche. Stuttgart: Tropen, 4. Auflage.

Erkurt, Melissa (2020): Generation haram. Warum Schule lernen muss, allen eine Stimme zu geben. Wien: Paul Zsolnay, 5. Auflage.

Fajembola, Olaolu & Nimindé-Dundadengar, Tebogo (2021): Gib mir mal die Hautfarbe – Mit Kindern über Rassismus sprechen. Weinheim/Basel: Beltz.

Fernandez, Elsa (2021): Fragmente über das Überleben. Romani Geschichte und Gadje-Rassismus. Münster: Unrast.

Gay, Roxane (2019): Bad Feminist. München: btb.

Gehlhaar, Laura (2016): Kann man da noch was machen? Geschichten aus dem Alltag einer Rollstuhlfahrerin. München: Heyne.

Grossmann, Juna (2018): Schonzeit vorbei. Über das Leben mit dem täglichen Antisemitismus. München: Droemer.

Gümüşay, Kübra (2020): Sprache und Sein. Berlin: Hanser.
Hasters, Alice (2019): Was weiße Menschen nicht über Rassismus hören wollen aber wissen sollten. München: hanserblau.
hooks, bell (2020): Die Bedeutung von Klasse. Münster: Unrast.
Ibacka Valiente, AnouchK (Hrsg.) (2015): Vertrauen, Kraft & Widerstand: Kurze Texte und Reden von Audre Lorde. Berlin: w_orten & meer.
Hornscheidt, Lann & Oppenländer, Lio (2019): Exit Gender. Berlin: w_orten & meer.
Jewell, Tiffany & Durand, Aurélia (2020): Das Buch vom Anti-Rassismus – 20 Lektionen, um Rassismus zu verstehen und zu bekämpfen. Berlin: Zuckersüß Verlag.
Jonuz, Elisabeth & Weiß, Jane (2011): (Un-)Sichtbare Erfolge. Bildungswege von Romnja und Sintizze in Deutschland. Marburg/RomnoKher: I-Verb.
Joseph, Frederick (2021): The Black Friend. On Being a better White Person. London: Walker Books.
Kelly, Natasha A. (2021): Rassismus. Strukturelle Probleme brauchen strukturelle Lösungen. Zürich: Atrium.
Kendi, Ibram X. (2019): How To Be An Antiracist. London: Bodley Head.
Kendi, Ibram X. (2020): Antiracist Baby. New York: Kokila.
Krauthausen, Raúl & Schwarz, Benjamin (2021): Wie kann ich was bewegen? Die Kraft des konstruktiven Aktivismus. Hamburg: Edition Körber.
Ladau, Emily (2021): Demystifying Disability. What to Know, What to Say, and How to be an Ally. New York: Ten Speed Press.
Literarische Diverse (2019): #1 Engagement. Berlin: Literarische Diverse Verlag.
Literarische Diverse (2020): #2 Sprache. Berlin: Literarische Diverse Verlag.
Literarische Diverse (2020): #3 Widerstand. Berlin: Literarische Diverse Verlag.
Literarische Diverse (2021): #4 Liebe. Berlin: Literarische Diverse Verlag.
Litwinow, Eugen (2013): Mein Name ist Eugen. Gespräche über das Aufwachsen zwischen zwei Kulturen. Berlin: Eugen Litwinow.
McKenzie, Mia (2011): Black Girl Dangerous on Race, Queerness, Class and Gender. BDG Press.
Michelberger, Melody (2021): Body politics. Hamburg: Rowohlt Verlag.
Obulor, Evein & Rosa Mag (Hrsg.) (2021): Schwarz wird großgeschrieben. München: & Töchter.
Ogette, Tupoka (2019): exit RACISM. Rassismuskritisch denken lernen. Münster: Unrast, 5. Auflage.
Oluo, Ijeoma (2020): Schwarzsein in einer rassistischen Welt. Warum ich darüber immer noch mit Weißen spreche. Münster: Unrast.
Reynolds, Peter H. (2019): Trau dich, sag was! Frankfurt am Main: Fischer.
Richter, Sandra (2024): Vorurteilen und Diskriminierung in der Kita begegnen. 40 Reflexionskarten für die Teamarbeit. Freiburg: Herder.
Ritz, ManuEla & Schwarz, Simbi (2022). Adultismus und kritisches Erwachsensein - Hinter (auf-)geschlossenen Türen. Münster: Unrast.
Robinet, Jayrôme C. (2019): Mein Weg von einer weißen Frau zu einem jungen Mann mit Migrationshintergrund. Berlin: Hanser.
Roig, Emilia (2021): Why We Matter. Das Ende der Unterdrückung. Berlin: Aufbau Verlag.
Saad, Layla F. (2021). Me and White Supremacy – Warum kritisches Weißsein mit dir selbst anfängt: Bekämpfe Rassismus und verändere die Welt. München: Penguin.
Seeck, Francis & Theißl, Brigitte (Hrsg.) (2021): Solidarisch gegen Klassismus – organisieren, intervenieren, umverteilen. Münster: Unrast, 2. Auflage.

Shooman, Yasemin (2014); „… weil ihre Kultur so ist“: Narrative des antimuslimischen Rassismus. Bielefeld: transript.

Sow, Noah (2009): Deutschland Schwarz Weiss. Der alltägliche Rassismus. München: Goldmann, 5. Auflage.

SVK – Selbstverteidigungskurs mit Worten (2017): Wir sind Heldinnen! Unsere Geschichten (wider_sätzen). Berlin: w_orten & meer.

Williams, Sophie (2020): Anti Racist Ally. An Introduction to Action & Activism. Glasgow: Bell and Bain Ltd.

Winkelmann, Anne Sophie (2019): Machtgeschichten – Ein Buch für Kinder über das Leben mit Erwachsenen & Ein Fortbildungsbuch zu Adultismus für Kita, Grundschule und Familie. Limbach-Oberfrohna: edition claus.

Im Rahmen dieses Buches kann leider nur ein kleiner Teil der verfügbaren Ressourcen abgebildet werden. Eine fortlaufend aktualisierte Übersicht mit weiteren wichtigen Büchern, Artikeln, Leitfäden, Webseiten, Videos, Social-Media-Kanälen und Podcasts finden Sie unter www.sandrarichter.net.
40 Refelxionskarten für die Teamarbeit